읽고 쓰고 소유하다

READ WRITE OWN

읽고 쓰고 소유하다

Read
Write
Own

크리스 딕슨 지음 | 김의석 옮김

블록체인이 바꾸는 인터넷의 새로운 질서

어크로스

엘리나에게

위대한 혁신이 세상에 나타났을 때,

그 모습은 거의 언제나 혼란스럽고, 불완전하다.

그 혁신을 발견한 사람조차도 단지 절반 정도 이해했을 뿐이며,

그 밖의 나머지 사람들에게 그 혁신은 미스터리일 것이다.

언뜻 정신 나간 것처럼 보이지 않는 것에는 어떠한 희망도 없다.[1]

— 프리먼 다이슨

| 차례 |

PART 1 지금까지의 인터넷: 읽기-쓰기

PART 2 소유하기

PART 3 새로운 시대의 질서

PART 4 두 진영의 충돌

PART 5 네트워크의 다음 물결

ㄴ **인터넷의 다음 시대를 구축하다**

20세기 가장 중요한 발명은 아마도 인터넷일 것이다. 인터넷은 인쇄술, 증기기관, 전기 등과 같은 이전의 혁신적인 기술들처럼 세상을 크게 변화시켰다.

그러나 다른 많은 발명과는 달리, 인터넷은 곧바로 수익을 만들지는 못했다. 초기 인터넷 설계자들은 인터넷을 중앙집중형이 아닌 아티스트, 일반 사용자, 개발자, 기업 등 누구나 동등하게 접속할 수 있는 개방형 플랫폼으로 제작했다. 사용 비용은 상대적으로 저렴했으며, 사용 승인을 받을 필요도 없었다. 모든 사람이 어느 곳에서나 프로그램, 예술작품, 글, 음악, 게임, 웹사이트 등 사용자가 상상할 수 있는 모든 것을 만들어 다른 사람들과 공유할 수 있었다.

무엇을 만들었든 만든 사람이 온전히 소유했으며, 사용자가 이 규칙을 지키는 한 누구도 그 규칙을 바꾸고, 그로부터 더 많은 돈을 가져가거나 그가 만든 것을 갑자기 빼앗을 수 없었다. 인터넷은 이메일, 웹과 같은 원래의 네트워크와 마찬가지로 사용 허가를 받을 필요가 없으며 민주적으로 관리되도록 설계되었다. 어떤 참여자도 다른 참여자에 비해 특권을 받아 누리지 않았으며, 누구나 인터넷 위에 자신만의 경제적인 운명을 창의적으로 만들고 제어할 수 있었다.

이런 자유로움과 주인의식 덕분에 이 세상과 우리 삶의 방식을 변화시킨 수많은 애플리케이션이 등장하며, 인터넷은 1990년대와 2000년대 창의와 혁신의 황금기를 맞이해 크게 성장했다.

그러나 모든 것이 변했다.

2000년대 중반부터 소수의 거대 기업이 인터넷 제어권을 빼앗았다. 오늘날 상위 1%의 소셜 네트워크가 소셜 네트워크 웹 트래픽의 95%와 모바일 앱 사용량의 86%를 차지하고 있다.[2] 또한, 상위 1%의 검색엔진과 전자상거래 사이트가 각각 검색 트래픽의 97%와 전자상거래 트래픽의 57%를 차지하고 있다.[3] 또한, 중국을 제외하면 애플과 구글은 모바일 앱스토어 시장의 95% 이상을 차지한다. 지난 10년 동안 상위 다섯 개 기술 기업이 나스닥100에서 차지하는 시가총액 비중은 약 25%에서 50%에 가까운 수준으로 증가했다.[4] 스타트업과 창의적인 사람들은 잠재고객을 발굴하고, 고객이나 관객을 만들며, 관련 업체나 관련자와 잘 지내기 위해 알파벳(구글과 유튜브의 모기업), 아마존, 애플, 메타(페이스북과 인스타그램의 모기업), 트위터(2023년에 브랜드명을 X로 변경)와 같은 거대 기업이 운영하는 네트워크에 점점 더 의존하고 있다.

인터넷에 중개자가 생겼으며, 허가받지 않고 사용했던 인터넷은 허가받아 사용하도록 바뀌었다.

변화의 좋은 점은 수십억 명의 사람이 놀라운 기술들을 상당 부분 무료로 접속해 사용할 수 있다는 것이다. 반면에 나쁜 점은 이런 수십억 명의 사람에게 주로 광고 기반 서비스로 운영되는 소수의 중앙집중형 인터넷은 소프트웨어 선택권의 축소, 개인정보 보호의 약화, 온라인 삶에 대한 개개인의 통제력 감소를 뜻한다는 것이다. 결과적으로 스타트업, 창작자 혹은 기타 사용자 그룹은 중앙집중형 플랫폼 운영자가 규칙을 바꾸거나 고객, 이익, 영향력을 빼앗아갈 걱정 없이 인터넷에서 입지를 넓히기가 점점 어려워지고 있다.

거대 기술 기업들은 분명 매우 가치 있는 서비스를 제공하고 있다. 그러나 부정적인 효과 역시 상당하다. 예를 들어, 광범위한 사용자 감시는 대표적인 문제다. 메타, 구글 및 기타 광고 기반 기업들은 고객의 클릭, 검색, 소셜 네트워킹을 정교하게 추적하는 시스템을 운영한다.[5] 이에 따라 인터넷은 적대적인 공간이 되었다. 인터넷 사용자의 약 40%가 추적을 막기 위해 광고 차단기를 사용한다.[6] 애플은 메타와 구글을 은근히 비꼬며 개인정보 보호를 마케팅의 중심에 놓고 있는 동시에 자신의 광고 네트워크를 확장하고 있다.[7] 사용자는 온라인 서비스를 사용하기 위해 소수의 사람만이 읽으며 그 가운데 일부 사람만 간신히 이해하는 복잡한 개인 정보 보호 정책에 동의해야 한다. 그리고 그 복잡한 정책에 따르면 서비스 기업은 고객의 개인 데이터를 거의 자신의 입맛대로 사용할 수 있다.

또한, 거대 기술 기업은 우리가 보거나 주시하고 있는 것을 제어한다. 가장 명백한 예로 투명하고 적당한 절차를 거치지 않고 서비스 사용자를 내보내는 디플랫포밍(deplatforming)이 있다.[8] 또 다른 예로 사용자의 게시물을 다른 사용자가 볼 수 없도록 사용자 몰래 차단하는 섀도배닝(shadowbanning)이 있다.[9] 검색 및 소셜 순위 알고리즘은 사용자의 삶을 변화시키거나 비즈니스를 성공 혹은 실패하게도 만들 수 있다. 심지어 선거에 영향을 끼칠 수도 있다. 그러나 이런 영향력을 가진 알고리즘을 아무런 책임도 없는 기업 관리팀이 통제할 뿐만 아니라 공적으로 감시하지도 않는다.

좀 더 민감한 문제는 이런 막강한 인터넷 중개자가 스타트업을 제한하고, 창작자에게 높은 사용료를 부과하며, 사용자의 권리를 박탈하도록 네트워크를 설계하는 방식이다. 이에 따라 세 가지 부정적인 문제가 나타난다. 첫째, 혁신을 막는다. 둘째, 창의성에 세금을 물린다. 셋째, 소수의 사람이 돈과 힘을 독차지한다.

이는 인터넷의 킬러 앱이 네트워크라는 것을 고려하면 특히 위험하다. 사람들이 인터넷에서 하는 일 대부분은 네트워크를 포함한다. 예를 들어, 웹과 이메일이 네트워크다. 인스타그램, 틱톡, 트위터 같은 소셜 앱이나 페이팔, 벤모 같은 전자결제 앱 역시 네트워크다. 또한, 에어비앤비와 우버 같은 온라인 마켓도 네트워크다. 이처럼 거의 모든 유용한 온라인 서비스가 네트워크다.

컴퓨팅 네트워크, 개발자 플랫폼, 온라인 마켓, 금융 네트워크, 소셜 네트워크 및 모든 다양한 온라인 커뮤니티 등과 같은 네트워크는 인터넷의 성공 가능성에서 늘 강력한 부분을 차지했다. 개발자, 기업가 및 일반 인터넷 사용자들은 전례 없는 창의성을 발휘하며 수만 개의 네트워크를 육성하고 살찌워왔다. 그러나 현재까지 지속된 네트워크들은 대부분 개인 기업이 소유하고 통제하고 있다.

문제는 허가에서 비롯된다. 오늘날 창작자와 스타트업이 새로운 제품을 출시해 성장시키기 위해서는 중앙집중형 네트워크의 관리자에게 승인을 요청해 허가받아야 한다. 비지니스에서 허가란 부모님이나 선생님께 허락을 구하고 '하도록 해' 혹은 '하면 안돼'라는 말을 듣는 일과는 다르다. 도로 위 교통 신호등과도 물론 다르다. 비즈니스에서 허가는 독재를 보기 좋게 포장한 용어가 되었다. 지배력 있는 기술 기업들은 경쟁을 방해하고, 경쟁자를 몰아내며, 수수료를 착취하기 위해 허가의 힘을 이용한다.

게다가 수수료가 엄청나다. 상위 다섯 개 소셜 네트워크 기업인 페이스북, 인스타그램, 유튜브, 틱톡, 트위터의 매출을 모두 합하면 연간 약 1500억 달러에 달한다. 주요 소셜 네트워크 업체 대부분은 수수료율이 100%이거나 100%에 가깝다(유튜브는 예외적으로 수수료율이 45%인데, 그 이유는 뒤에서 자세히 살펴보기로 하자). 이는 1500억 달러의 상당 부분이 네트워크 위에 무언가 만들어 가치를 생성하는 데 기여한 사용자, 창작자, 사업가 대신에 상위 다섯 개 소셜 네트워크 기업에 들어간다는 뜻이다.

오늘날 전 세계적으로 컴퓨팅을 점유하고 있는 휴대폰은 이런 불균형을 더욱 잘 보여준다. 사람들은 인터넷에 연결된 기기를 하루에 약 7시간 정도 사용한다.[10] 이 7시간 중 절반은 휴대폰을 사용하는 시간이며,[11] 휴대폰 사용 시간 중 90%는 앱 사용 시간이다. 이는 사람들이 하루에 약 3시간을 앱스토어 독점자인 애플과 구글에 묶인 채 보낸다는 뜻이다. 애플과 구글은 사용자 결제 금액의 최대 30%를 청구해 가져가며,[12] 이는 결제 업계의 평균 수수료율보다 10배 이상 높다. 이런 듣도 보도 못한 높은 수수료율은 애플과 구글이 얼마나 강력한 기업이 되었는지 잘 보여준다.

앞서 창의성에 세금을 물린다고 하였는데 바로 이를 두고 하는 말이다. 글자 그대로 세금이다.

거대 기술 기업들은 힘으로 경쟁자를 짓눌러 소비자의 선택지를 좁혀버린다. 예를 들어, 페이스북과 트위터는 2010년대 초 자신들의 플랫폼 위에 사용자를 위한 앱을 만들던 업체들을 쫓아내며 안티 소셜적인 방향으로 전환했다. 이런 갑작스러운 조치는 많은 개발자에게 충격을 안겼으며, 결과적으로 이용할 수 있는 앱의 숫자를 줄이고 선택의 범위를 좁혀 자유를 제한함으로써 사용자에게도 충격을 주었다. 대부분의 다른 대형 소셜 네트워크 플랫폼도 마찬가지였다. 개발자들 역시 모래 위에 기초를 세울 만큼 어리석지 않다. 그 결과 오늘날 신생 스타트업이 소셜 네트워크 위에서 무언가 하는 일은 거의 없다.

잠시 멈춰 생각해보자. 소셜 네트워크는 대면이든 온라인이든 사람들 사이를 연결하는 것이 핵심이다. 소셜 네트워크는 나이에 상관없이 모든 사람이 가장 널리 사용하는 앱이다. 그러나 오랜 세월이 지났지만 아직 어떤 신생 스타트업도 이런 소셜 네트워크 플랫폼을 토대로 번창은 고사하고 살아남지도 못했다. 이유는 간단하다. 거대 기술 기업 때문이다.

페이스북만 변덕스러운 것은 아니다. 2020년 말 미국 연방거래위원회와 주 법무장관들이 제기한 반독점 소송에서 페이스북이 지적했듯이,[13] 다른 플랫폼 기업들 역시 무자비하다. 페이스북 대변인은 제삼의 업체를 고사시키는 플랫폼 기업의 관습들에 대해 링크드인, 핀터레스트, 우버 및 기타 유사 업체들의 비슷한 정책을 인용하며 "이런 제한은 업계 표준입니다."라고 말했다.

가장 규모가 큰 플랫폼들은 반경쟁적이다. 아마존은 자신이 운영하는 전자상거래 사이트에서 어떤 제품들이 가장 잘 팔리는지 파악하고는[14] 기본 기능만 갖춘 유사 제품을 값싸게 만들어 해당 제조업체들보다 더 싼값에 판매한다. 소매업체인 타깃과 월마트 역시 자체 브랜드로 이런 일을 하지만, 아마존과는 차이가 있다. 아마존은 단순한 점포가 아니라 하나의 인프라이기 때문이다. 이를 타깃의 경우로 바꿔 말하면 점내 진열대뿐만 아니라 모든 점포가 건설된 도로까지도 통제하는, 실제로는 가져서는 안 될 힘을 가진 것과 같다. 한마디로 한 기업이 휘두르기에는 너무 큰 지배력이다.

구글 역시 자신의 힘을 남용한다. 모바일 결제 수수료를 비싸게 부과하는 것 이외에도 경쟁사 상품보다 자사 상품의 인기를 높이기 위해 구글 검색엔진을 동원한 것에 대해 조사를 받고 있다.[15] 구글을 포함한 여러 검색엔진은 검색 결과 화면 윗부분에 돈을 지불한 광고만을 보여주며 소규모 경쟁사를 밀어낸다. 또한, 구글은 타깃 광고 효과를 높이기 위해 공격적으로 사용자 데이터를 추적하고 수집한다. 아마존 또한 구글(2250억 달러)과[16] 메타(1140억 달러)의 광고 사업[17] 규모에 크게 뒤처지기는 해도 380억 달러 수준의 광고 사업을[18] 확장하기 위해 자신들 제품의 순위를 높이고[19] 사용자 데이터를 수집하는 등 구글과 비슷하게 사업을 운영한다.

애플도 마찬가지다. 많은 사람이 애플 기기 사용을 좋아하지만, 애플은 통상적으로 앱스토어에서 경쟁사를 배제하거나, 현재 세간의 주목을 받고 있는 여러 소송에 휘말릴 만큼 등록된 앱을 쥐어짠다. 매우 인기 높은 게임인 포트나이트를 개발한 에픽은 자사의 게임 개발자들이 앱스토어 접속을 차단당하자 애플을 고소해 법정에 세웠다. 스포티파이, 틴더, 위치추적 태그 제작사 타일과 기타 다른 업체들 또한 애플의 높은 수수료와 반경쟁적인 규칙에 대해 비슷한 불만을 제기하고 있다.[20]

거대 기술 기업의 플랫폼은 홈구장 이상의 이점을 가진다. 플랫폼 개발사는 오직 자신의 이익만을 위해 게임의 규칙 전체를 다시 작성한다.

이런 현실이 그렇게 나쁜 일일까? 거대 기술 기업이 제공하는 편안함에 만족한 많은 사람은 이런 상황에 대해 딱히 문제의식을 느끼고 있지 않으며, 생각조차 하지 않는다. 우리는 풍요의 시대에 살고 있다. 여러분이 이용하는 기업 네트워크의 소유자가 허락한다는 가정하에, 여러분은 원하는 누구와도 연결될 수 있다. 여러분은 원하는 만큼 읽고, 보고, 공유할 수 있다. 우리를 만족시키는 무료 서비스는 잔뜩 있다. 사용 비용은 단지 우리의 데이터뿐이다. 바꿔 말해, 서비스 개발자가 "서비스 이용은 무료예요. 대신 여러분이 곧 상품입니다."라고 말하는 것이다.

많은 사람이 현재 상황에 만족한다. 아마 여러분도 무료 서비스와 데이터의 교환이 그럴 만한 가치가 있다고 생각할지도 모르겠다. 온라인 삶에서는 다른 선택지가 보이지 않으니 말이다. 어느 쪽이든, 여러분 입장이 어떠하든, 한 가지 방향성은 분명하다. 중앙집중형 세력들이 탈중앙형으로 설계된 인터넷의 힘을 중앙으로 끌어모으고 있다. 이와 같은 내부로의 방향 전환은 혁신을 억누르며, 결국 인터넷을 덜 재미있고, 덜 역동적이며, 덜 공정하게 만든다.

사람들이 이런 문제를 인식하게 되면, 그들은 일반적으로 정부 규제만이 거대 기술 기업을 통제할 수 있으리라 생각한다. 정부 규제는 일부 해결책이 될 수도 있다. 그러나 정부 규제는 종종 의도와는 달리 거대 기술 기업의 힘을 더 키워주는 부작용을 가져온다. 기업은 규모가 클수록 규모가 작은 신생 기업은 도저히 감당하기 힘든 규제 비용과 규제 복잡성을 더 잘 감당할 수 있다. 결과적으로 관료적 사고방식에서 나온 규제는 오히려 신생 기업을 제한한다. 우리에게는 공평한 경쟁의 장이 필요하다. 이를 위해서는 스타트업과 기술 기업들이 기존 네트워크 소유자의 영향력을 더 잘 억제할 방법을 내놓는다는 기본적인 사실을 염두에 두고 신중하게 규제할 필요가 있다.

게다가 규제 위주의 기계적 대응은 인터넷을 다른 기술들과 구분 짓는 요소들을 고려하지 않는다. 일반적으로 상당수의 규제 요구는 인터넷이 전화, 케이블 TV 등과 같은 과거의 통신 네트워크와 비슷하다고 가정한다. 그러나 이런 하드웨어 기반의 구식 네트워크는 소프트웨어 기반의 네트워크인 인터넷과는 다르다.

물론 인터넷은 통신사가 소유한 케이블, 라우터, 기지국, 통신 위성 같은 물리적인 인프라에 의존한다. 역사적으로 이런 인프라는 엄격히 중립적인 전송 계층이었으며, 모든 인터넷 트래픽을 동등하게 처리했다. 오늘날 '통신망 중립성'에 관한 규제는 계속 바뀌고 있지만, 현재까지 통신 분야는 대개 비차별화 정책을 고수해왔다. 이런 모델에서는 소프트웨어가 차이를 만든다. 소프트웨어는 네트워크 가장자리(edge)에 있는 PC, 스마트폰, 서버에서 동작하는 코드로 인터넷 서비스의 동작을 주도한다.

이 코드는 업그레이드될 수 있다. 새 소프트웨어는 적절한 기능 및 인센티브와 더불어 인터넷을 통해 퍼져나갈 수 있다. 인터넷은 유연한 특성 덕분에 혁신과 시장의 힘을 통해 새로운 모양으로 탈바꿈할 수 있다.

소프트웨어는 표현력에 거의 한계가 없다는 점에서 특별하다. 즉, 여러분이 상상할 수 있는 거의 모든 것을 소프트웨어로 코드화할 수 있다. 소프트웨어는 글, 그림 혹은 동굴 벽화와 마찬가지로 사람이 생각한 것을 코드화한 것이다. 컴퓨터는 생각을 적은 코드를 입력으로 받아 빛의 속도로 실행한다. 이런 특징 때문에 스티브 잡스는 컴퓨터를 '생각을 위한 자전거'라고 묘사하였다.[21] 소프트웨어는 우리의 능력을 가속한다.

소프트웨어는 표현력이 너무 뛰어나서 공학보다는 예술로 생각하는 편이 더 낫다. 코드의 표현성과 유연성은 거의 무한한 설계 공간을 제공하며, 가능성의 폭이 교량 건설 같은 공학 활동보다는 조각이나 소설 등과 같은 창작 활동에 훨씬 가깝다. 다른 예술 형식들과 마찬가지로, 소프트웨어 업계 종사자들도 가능성의 지평을 근본적으로 바꿔놓는 장르와 동향을 곧잘 만들어낸다.

이는 바로 오늘날 일어나는 일이다. 인터넷을 재정의할 수 있는 새로운 소프트웨어 동향이 출현했다. 이런 동향에는 초창기 인터넷의 정신을 되살리고, 창작자의 재산권을 보호하며, 사용자의 소유권과 제어권을 되찾고, 우리 삶에 대한 거대 기술 기업의 구속을 깰 수 있는 잠재력이 들어 있다.

이런 이유로, 나는 현재가 여전히 인터넷의 초기 단계이며 더 나은 길이 있다고 믿는다. 인터넷은 여전히 최초의 비전이 제시했던 기대를 충족시킬 수 있다. 기업가와 기술자, 창작자, 사용자가 그 일을 가능하게 할 수 있을 것이다.

창의성과 기업가 정신을 키우는 개방형 네트워크의 꿈은 사라질 필요가 없다.

네트워크의 3시대:
읽기-쓰기-소유하기

우리가 어떻게 여기까지 왔는지 이해하려면 먼저 인터넷 역사의 큰 흐름에 익숙해질 필요가 있다. 여기서는 큰 흐름을 간략히 이야기하고, 더 자세한 내용은 이어지는 각 장에서 설명한다.

무엇보다 인터넷의 힘은 네트워크 설계 방식에서 비롯된다는 것을 가장 먼저 알아야 한다. 노드들을 연결하고, 노드 간에 데이터를 주고받으며 네트워크 구조를 형성하는 방식인 네트워크 설계는 이해하기 힘든 난해한 기술 주제처럼 보인다. 그러나 인터넷에서 돈과 권한을 배분하는 방식을 결정짓는 유일한 요소가 바로 이것이다. 그러므로 네트워크 설계 초기에 내린 작은 결정조차도 인터넷 서비스의 경제성과 제어에 큰 영향을 끼칠 수 있다.

한마디로 네트워크 설계가 네트워크 성과물을 결정한다.

최근까지 네트워크에는 경쟁 관계에 있는 두 가지 유형이 있었다. 첫 번째 유형은 이메일, 웹 같은 '프로토콜 네트워크'로, 소프트웨어 개발자들과 다른 네트워크 이해관계자들의 커뮤니티들이 제어하는 개방형 시스템이다. 이런 네트워크들은 평등하고, 민주적이며, 사용 허가를 받을 필요가 없다. 즉, 누구나 무료로 접속해 사용할 수 있다. 이런 시스템에서는 네트워크 가장자리 주변에서 시스템이 성장하도록 돈과 힘이 네트워크 가장자리로 흘러가는 경향이 있다.

두 번째 유형은 '기업 네트워크'로, 커뮤니티 대신에 기업이 소유하고 제어하는 네트워크다. 이는 관리인이 있는 벽으로 둘러싸인 정원과 같으며, 단일 거대 기업이 제어하는 일종의 테마파크다. 기업 네트워크는 허가받아 사용하는 중앙집중형 서비스를 운영한다. 기업 네트워크는 이 서비스 덕분에 첨단 기능을 재빨리 구현해 투자를 유치하고 성장을 위해 재투자할 수 있는 이익을 얻는다. 이런 시스템에서 돈과 힘은 네트워크 가장자리의 사용사와 개발자로부터 멀어져 네트워크의 중앙, 즉 네트워크를 소유한 기업으로 흘러 들어간다.

나는 인터넷의 역사를 3세대로 펼쳐서 본다. 각 세대는 그 당시 가장 주요하고 널리 퍼진 네트워크 구조로 표시한다. '읽기 시대'라고 부르는 인터넷 제1세대(대략 1990~2005년)에서는 초기 인터넷 프로토콜 네트워크가 정보 접근의 문턱을 낮추었다. 누구든 웹 브라우저에 단어 몇 개를 입력하면 웹사이트에 있는 거의 모든 관련 주제를 읽을 수 있었다. '읽기-쓰기 시대'라고 부르는 인터넷 제2세대(대략 2006~2020년)에서는 기업 네트워크가 정보 게시의 문턱을 낮추었다. 누구든 글을 써 소셜 네트워크 혹은 기타 유사한 서비스를 통해 대중에게 게시할 수 있게 되었다. 현재는 새로운 유형의 네트워크 구조가 인터넷 제3세대를 열고 있다.

이 네트워크 구조는 앞선 두 가지 네트워크 유형의 자연적인 합성으로 소유의 문턱을 낮추고 있다. '읽기-쓰기-소유하기 시대' 가 시작되면서 이전에는 주주, 직원 같은 소수의 기업 관계자만 누렸던 권한과 경제적 상승효과를 누구나 얻으며 네트워크 이해관계 자가 될 수 있다. 이 새로운 네트워크의 시대는 거대 기술 기업의 독주를 막고 인터넷을 역동적인 근원으로 되돌릴 것을 약속한다.

사람들은 인터넷에서 읽고 쓸 수 있으며, 이제는 소유할 수도 있다.

블록체인으로 무엇을 바꿀 수 있나

이 새로운 동향을 부르는 몇 가지 이름이 있다. 어떤 사람은 이 새로운 인터넷의 움직임이 '암호화(cryptography, 크립토그래피)'에 기반을 두고 있다 하여 '크립토'라고 부른다. 인터넷 제3세대로 이어지는 기술이라는 의미로 '웹3'이라고 부르는 사람도 있다. 나 역시 가끔 이런 이름들을 사용하기는 하지만, 이런 새로운 흐름을 이끄는 '블록체인' 혹은 '블록체인 네트워크'라는 잘 정의된 용어를 쓰고자 노력한다(다수의 관련 분야 종사자가 블록체인 네트워크를 '프로토콜'

이라고 부르지만, 나는 이 책에서 완전히 다른 개념으로 설명한 프로토콜 네트워크와 구분하기 위해 프로토콜이라고 부르지 않는다).

여러분이 어떤 이름을 선호하든, 어느 곳을 어떻게 살펴봐야 할지 안다면 블록체인 핵심 기술은 고유한 이점을 제공한다.

어떤 사람들은 블록체인이 여러 당사자가 작성 또는 편집하고, 공유하며, 신뢰할 수 있는 새로운 유형의 데이터베이스라고 말할 것이다. 거기서부터 시작해도 좋다. 블록체인을 좀 더 정확하게 설명하자면, 블록체인은 호주머니나 책상 서랍에 넣을 수 있는 스마트폰, 노트북과는 달리 호주머니나 책상 서랍에 넣을 수 없는 새로운 계층의 컴퓨터다. 그런데도 블록체인은 컴퓨터의 고전적인 정의에도 잘 들어맞는다. 블록체인은 정보를 저장하고, 그 정보를 처리할 수 있는 소프트웨어로 코딩된 규칙을 수행한다.

블록체인의 중요성은 블록체인과 그 위에 만들어진 네트워크를 제어하는 고유한 방식에 있다. 기존의 컴퓨터에서는 하드웨어가 소프트웨어를 제어한다. 하드웨어가 실제 세계에 존재하고, 실제 세계의 개인 혹은 조직이 하드웨어를 소유하고 제어한다. 이는 본질적으로 개인 혹은 그룹이 하드웨어와 소프트웨어 모두를 책임진다는 뜻이다. 사람들은 생각을 바꿀 수 있고, 이에 어느 때든 소프트웨어를 조절할 수 있다.

블록체인은 인터넷에서처럼 하드웨어와 소프트웨어의 역학 관계를 바꾸어준다. 즉, 블록체인에서 소프트웨어는 하드웨어 장치로 구성된 네트워크를 관리하며 책임진다.

이것이 왜 중요할까? 블록체인이 역사상 처음으로 소프트웨어에 위반할 수 없는 규칙을 내장한 컴퓨터이기 때문이다. 이런 특징 덕분에 블록체인은 소프트웨어 차원에서 강제력을 띤 강력한 약속을 사용자와 맺을 수 있다.

간단히 설명했지만, 여러분은 "그래서 뭐가 좋은 건데요? 도대체 블록체인이 무슨 문제를 해결하나요?"라고 반문하며 여전히 의아하게 생각할지도 모르겠다.

블록체인 네트워크는 미래에 어떻게 행동할지 확실하게 약속한다는 특징 덕분에 새로운 네트워크를 만들 수 있으며, 이전 네트워크의 문제들을 해결할 수 있다. 블록체인 네트워크는 소셜 네트워크에서 사용자에게 기업의 이익을 넘어서는 권한을 부여하면서 사람들을 연결할 수 있다. 또한, 전자상거래를 촉진할 수 있도록 수수료율을 지속해서 낮추면서도 시장과 결제 네트워크를 보강할 수 있다. 또한 블록체인 네트워크는 새로운 형태의 현금화 가능한 매체, 상호운용 가능하고 몰입도 높은 디지털 세계 및 창작자를 말살하는 대신 보완하는 인공지능 제품을 구현할 수 있다.

그렇다. 블록체인은 네트워크를 생성할 수 있다. 그러나 다른 네트워크와는 달리 결과물이 좀 더 바람직하다는 것이 핵심적인 차이다. 블록체인 네트워크는 혁신을 장려할 수 있고, 창작에 부과되는 세금을 줄이며, 네트워크에 기여한 사람들이 의사결정에 참여해 네트워크 성장 결과물을 나눌 수 있도록 한다.

'블록체인으로 무슨 문제를 해결할 수 있나요?'라는 질문은 가령 '나무 대신 쇠를 사용하면 무슨 문제를 해결할 수 있나요?'라고 묻는 것과 같다. 여러분은 나무와 쇠 어느 쪽을 사용해서든 건물 혹은 철로를 건설할 수 있다. 그러나 산업혁명 초기, 철을 사용해 더 높은 빌딩을 건축하고, 더 튼튼한 철로를 만들며, 더 규모가 큰 공공 공사를 할 수 있었다. 이처럼 블록체인을 사용하면 오늘날의 네트워크보다 더 공정하고, 더 오래가며, 더 복원력 높은 네트워크를 만들 수 있다.

블록체인 네트워크는 프로토콜 네트워크의 사회적 이점과 기업 네트워크의 경쟁적 이점을 결합한 형태다. 소프트웨어 개발자가 허가 없이 접근할 수 있으며, 창작자는 관객과 직접 관계를 맺을 수 있다. 네트워크 사용 수수료는 낮으며, 사용자는 경제성과 지배구조에 소중한 권리를 가진다. 동시에 블록체인 네트워크는 기술과 자본 측면에서 기업 네트워크와 경쟁할 수 있는 역량을 갖추고 있다.

한마디로 블록체인 네트워크는 더 나은 인터넷을 만들기 위한 새로운 건축자재다.

낙관과 냉소 너머의 진실을 바라보기

신기술은 흔히 논란을 불러일으킨다. 블록체인 역시 예외는 아니다. 많은 사람이 블록체인을 사기 혹은 일확천금 수법과 연관

시킨다. 1830년대 철도 붐으로부터 1990년대 닷컴 버블에 이르기까지, 과거에도 기술 주도의 금융 광풍이 있었다. 그리고 그런 기술 주도의 금융 광풍을 비난하는 주장에 일부 맞는 부분이 있었던 것처럼, 블록체인을 비난하는 주장에도 일부 맞는 부분이 있다. 1990년대는 펫츠닷컴(Pets.com)과 웹벤(Webvan) 같은 닷컴회사들의 실패와 도산이 줄을 이었으며,[22] 공개 토론은 주로 기업공개(IPO)와 주식 가격에 초점을 맞추었다. 그러나 그런 와중에도 주식 가격의 상승과 하락에 신경 쓰지 않고 미래를 바라보며 소매를 걷어붙이고 약속했던 제품과 서비스를 만든 기업가들과 기술자들이 있었다. 즉, 투기꾼도 있었지만, 만든이도 있었다.

오늘날에도 이런 문화적 차이와 이로 인한 두 개의 그룹이 블록체인을 중심으로 존재한다. 내가 '카지노'라고 부르는 한 그룹은 종종 다른 한 그룹보다 훨씬 목소리가 크며, 주로 거래와 투기에 관심이 있다. 최악의 경우, 그들의 도박 문화로 인해 암호화폐 거래소 FTX가 파산하는 파국이 발생한다. 이 그룹은 미디어의 관심을 독점하고, 그 결과 전체 블록체인에 대한 대중의 이미지에 영향을 끼친다.

내가 '컴퓨터'라고 부르는 다른 한 그룹은 훨씬 더 진지하며 장기적 비전을 동기로 삼는다. 이 그룹에 속한 실무자들은 블록체인의 금융적 측면이 목적을 위한 수단이자 더 큰 목표를 향해 인센티브를 정렬하는 한 방법인 것을 이해하고 있다. 그들은 블록체인 사용의 진정한 잠재력이 더 좋은 네트워크, 나아가 더 좋은 인터넷을 만드는 것이라는 사실을 깨달아 알고 있다. 이 그룹의 사람들은 카지노 그룹의 사람들보다 조용하며, 그래서 그다지 주목받지 못하지만, 지속해서 영향을 끼칠 사람들이다.

컴퓨터 문화의 그룹이 돈 버는 일에 관심이 없다는 뜻은 아니다. 나는 벤처캐피털에서 일하며, 대부분의 기술 산업은 적극적으로 이윤을 추구한다. 두 문화 사이의 차이는 진정한 혁신이 수익을 내기까지 시간이 걸린다는 것이다. 이는 벤처캐피털의 투자금이 의도적으로 긴 보유 기간을 갖는 10년 투자금으로 구조화된 이유이기도 하다. 가치 있는 신기술 개발은 10년 아니 때론 그 이상의 시간이 걸리기도 한다. 따라서 컴퓨터 문화는 장기적인 데 반해, 카지노 문화는 그렇지 못하다.

그러므로 블록체인이라는 소프트웨어 동향에 관한 이야기는 컴퓨터와 카지노의 다툼이다. 물론 낙관주의와 냉소주의 모두 지나친 것일 수 있으며, 닷컴 버블은 많은 사람에게 그 사실을 상기시켰다.

기술의 특정한 사용 및 오용과 기술의 본질을 분리하면 진실을 볼 수 있다. 망치로 집을 지을 수도 있지만 집을 부술 수도 있다. 질소 비료는 수십억 명의 사람이 먹을 곡식을 재배하는 데 유용하지만, 폭발물을 만드는 데도 사용할 수 있다. 주식시장은 사회가 돈과 자원을 가장 생산적으로 쓰일 수 있는 곳에 분배하는 데 유용하지만, 파괴적 투기를 초래할 수도 있다. 이처럼 모든 기술은 쓸모 있을 수도 해로울 수도 있으며, 블록체인 또한 다르지 않다.

결국 문제는 '해로움은 최소화하면서 쓸모는 극대화할 방법은 무엇인가?'이다.

인터넷의 미래를 결정하며

나는 이 책을 통해 독자들에게 컴퓨터 기술이라는 블록체인의 본질과 이를 이용해 할 수 있는 새롭고 흥미로운 일들을 알려주고자 한다. 그 과정에서 여러분이 블록체인이 해결할 문제와 제시하는 해결책의 시급성을 정확히 이해하게 되기를 바란다.

이 책에서 공유하는 생각, 직접적인 관찰, 정신 모델은 지난 25년 동안 인터넷 분야에 몸담으며 얻은 경험의 결과다. 나는 소프트웨어 개발자로 시작해 2000년대에 기업가가 되었다. 나는 두 개의 기업을 각각 맥아피와 이베이에 팔았다. 그 과정에서 킥스타터, 핀터레스트, 스택 오버플로, 스트라이프, 오큘러스, 코인베이스에 초기 투자자로 참여해 투자를 시작했다. 이 기업들은 모두 현재 널리 사용되는 제품을 보유하고 있다. 나는 오랫동안 커뮤니티 소유 소프트웨어와 네트워크를 지지해왔으며, 2009년 이후 기술과 스타트업 및 이를 주제로 블로그를 운영해오고 있다.

블록체인 네트워크와 인연을 맺은 건 2010년 초 오픈소스 퍼블리싱 프로토콜인 RSS 같은 프로토콜 네트워크가 페이스북, 트위터 같은 기업 소유의 라이벌 네트워크에 밀려 실패하는 것을 되짚어보며 시작되었다. 이런 경험이 나를 오늘날 내 철학을 이끄는 새로운 투자모델로 향하게 하였다.

나는 인터넷의 미래를 이해하려면 인터넷의 과거를 이해해야 한다고 믿는다. 이에 PART 1에서는 1990년대 초부터 오늘날까지 1세대, 2세대 인터넷에 초점을 맞춰 인터넷의 역사를 정리해 기술하였다.

PART 2에서는 블록체인의 작동 원리와 중요성을 설명하며, 블록체인을 더욱 깊이 있게 살펴본다. 또한 블록체인과 토큰으로 블록체인 네트워크를 구축하는 방법을 보여주고, 블록체인과 토큰이 작동하는 기술적·경제적 메커니즘을 설명한다.

PART 3에서는 '왜 블록체인인가?'라는 사람들의 빈번한 질문에 답하며, 블록체인 네트워크에서 사용자와 다른 네트워크 참여자에게 권한을 부여하는 방법을 보여준다.

PART 4에서는 정책과 규제를 다룬다. 또한, 블록체인에 대한 대중의 인식과 블록체인의 잠재력을 훼손시키는 해로운 카지노 문화를 포함해 논쟁적인 질문들을 직접적으로 다룬다.

마지막으로 PART 5에서는 앞서 설명한 역사와 개념을 토대로 소셜 네트워크, 비디오 게임, 가상현실, 미디어 비즈니스, 공동창작, 재무, 인공지능 등과 같은 교차 분야의 주제를 좀 더 깊이 있게 살펴보며 블록체인 네트워크의 힘을 보여주려 한다. 그에 더해 블록체인 네트워크가 기존 응용을 개선하고, 이전에는 불가능했던 새로운 응용을 어떻게 뒷받침하는지도 이야기하고 싶다.

지난 25년 동안 인터넷 분야에서 경험하며 배운 것을 이 책에 담았다. 나는 운 좋게도 수많은 뛰어난 기업가 및 기술자와 함께 일해왔으며, 이 책에서 다루는 많은 것을 그들로부터 배웠다. 여러분은 제작자, 창업자, 기업 리더, 정책 입안자, 분석가, 언론가일 수 있으며 혹은 단순히 세상이 어떻게 변해가는지 이해하고자 하는 사람일 수도 있다. 나는 여러분이 어떤 일을 하든, 이 책이 여러분이 미래에 참여해 함께 미래를 만들며 나아가는 데 도움이 되길 바란다.

블록체인 네트워크는 기업 네트워크로 무게 중심이 쏠린 인터넷의 균형을 맞추는 가장 확실하고 시민의식적인 힘이다. 나는 이것이 인터넷 혁신의 끝이 아닌 시작이라고 믿는다. 그러나 이런 확신에는 시급함이 있다.[23] 전 세계 소프트웨어 개발자 가운데 미국 개발자의 비중이 지난 5년간 40%에서 29%로 줄어들었으며, 미국은 이미 이런 새로운 흐름에서 주도권을 잃고 있다. 인공지능의 급속한 발전은 거대 기술 기업 중심의 통합을 가속할 것 같다. 인공지능은 믿기 힘든 장밋빛 미래를 약속하지만, 엄청난 데이터를 축적하고 있는 자본력을 갖춘 기업들에 유리한 경향이 있다.

지금 우리의 결정이 '누가 만들고, 소유하고, 사용할지', '어느 곳에서 혁신이 일어날지', '무엇이 모든 사람을 위한 것인지' 등과 같은 인터넷의 미래를 결정할 것이다. 블록체인과 이를 통한 네트워크는 캔버스에 예술작품을 그리듯, 인터넷에 소프트웨어의 엄청난 힘을 풀어낸다. 이런 동향은 역사의 흐름을 변화시키고, 인류와 디지털 사이의 관계를 재정립하며, 가능한 일의 범위를 재정의할 기회를 제공한다. 개발자, 창업자, 기업가, 사용자 그 누구든 참여할 수 있다.

블록체인 네트워크는 물려받은 인터넷이 아닌 원하는 인터넷을 직접 만들 기회다.

PART 1

지금까지의 인터넷

↳ 읽기-쓰기

01 네트워크가
중요한 이유

나는 지금 원자폭탄보다 훨씬 더 중요한 것을 생각하고 있다. 바로
컴퓨터에 대해 생각하고 있다.[1]

— 존 폰 노이만

네트워크 설계가 운명을 결정한다.

네트워크는 수십억 명의 사람들이 손쉽게 상호 교류할 수 있
게 해주는 조직구성의 틀을 제공하며, 세상의 승자와 패자를 결정
한다. 네트워크 알고리즘은 돈과 사람들의 관심이 어디로 흘러갈
지 결정한다. 네트워크의 진화 방법과 네트워크에서 부와 힘이 축
적되는 곳은 네트워크 구조에 따라 달라진다. 오늘날의 인터넷 규
모를 고려하면, 겉보기에 사소해 보이는 상위 소프트웨어 설계 결
정이 하방으로 연쇄적인 결과를 가져올 수 있다. 결국 누가 네트워
크를 제어하는지가 인터넷에서 영향력을 분석할 때 핵심이다.

이것이 '원자'보다 '비트(bit, 컴퓨터에서 데이터 표시의 최소 단위)',
다른 말로 실제 세계보다 디지털 세계를 더 강조한다는 이유로 비

평가들이 기술 스타트업들을 비판하면서 헛다리를 짚는 이유다.[2] 인터넷의 영향은 디지털 영역을 훨씬 넘어서 거대한 사회 경제적 구도를 형성하고 이를 관통한다.

전문 기술 투자가조차도 헛다리 짚는 비평가들과 같은 생각을 하고 있다.[3] 예를 들어, 페이팔의 공동창업자이자 벤처 투자가인 피터 틸은 "하늘을 나는 자동차를 원했는데, 얻은 것은 140자뿐이다."라고 말하기도 했다. 잘 알려진 대로 이 비평은 140글자 트윗을 개발한 트위터를 향한 것이었지만, 소프트웨어에 집착하는 기술 업계의 공공연한 경박함을 전반적으로 혹평하려는 것이기도 했다.

트윗이 하찮게 보일 수도 있지만, 트윗은 개인의 생각 및 의견들, 더 나아가 선거와 전 세계 규모의 질병에까지 영향을 미칠 수 있다. 기술자들이 에너지, 식량, 교통, 주거 등과 같은 문제에 충분히 집중하지 않는다고 주장하는 사람들은 실제 세계와 디지털 세계가 연결되고 얽혀 더 이상 별개가 아니라는 사실을 간과한다. 이두 세계는 점점 더 서로 맞닿아가고 있다. 인터넷 네트워크는 사람과 '실제 세계'와의 상호작용을 담당한다.

실제 세계와 디지털 세계의 통합은 조심스럽게 일어난다. 공상과학 소설에서는 종종 자동화를 하나의 개체를 다른 개체가 직접 대체하는 시각적인 과정으로 묘사한다. 그러나 실제로 자동화 대부분은 직접적인 대체보다는 실제적인 개체가 디지털 네트워크로 변환되는 방식으로 일어난다. 예를 들어, 로봇 여행사 직원이 인간 여행사 직원을 대체하기보다는 검색엔진과 여행 웹사이트가 인간 여행사 직원의 일을 대신한다. 또한, 우편실과 우체통은 여전히 존재하지만, 이메일 덕분에 예전에 비해 훨씬 적은 양의 우편물을 다룬다. 개인 항공기가 실제적인 교통을 뒤바꾸지는 않았지만, 인터넷 화상회의로 인해 많은 경우 출장의 필요성이 없어졌다.

우리는 하늘을 나는 자동차를 원했지만, 대신 인터넷 화상회의 서비스 '줌'을 얻었다.

사람들은 인터넷이 새로우므로 디지털 세계를 과소평가하는 경향이 있다. 사람들이 사용하는 언어를 생각해보자. 이메일(e-mail)과 이커머스(e-commerce, 전자상거래)의 '이(e)'라는 접두사는 '실제 세계'의 우편과 상거래에 비해 디지털 활동의 가치를 감소시킨다. 그러나 점점 우편(mail)은 이메일을, 상거래는 전자상거래를 뜻한다. 물질세계를 가리켜 '실제 세계'라고 말할 때, 사람들은 스스로 시간을 점점 더 많이 보내는 곳이 어디인지 인식하지 못한다. 초창기 하찮은 것으로 여겨졌던 소셜 미디어와 같은 혁신들은 오늘날 한 사람의 세계관부터 전 세계 정치, 경제, 문화에 이르기까지 모든 것에 중대한 영향을 끼치고 있다.

신기술은 디지털 세계와 실제 세계를 더욱 융합할 것이다. 또한, 인공지능 기술 덕분에 컴퓨터는 훨씬 더 똑똑해질 것이다. 아울러 가상/증강현실 헤드셋은 디지털 경험의 몰입도를 높일 것이다. 사물과 장소에 내장된 인터넷 연결 컴퓨터인 사물인터넷(Internet of Things, IoT)이 우리를 둘러싼 일상 환경에 스며들 것이다. 우리 주변의 모든 것에는 세상을 이해하기 위한 센서와 세상에 반응해 움직이기 위한 액추에이터가 있을 것이며, 이 모두는 인터넷 네트워크를 통해 연동될 것이다.

그래서? 맞다. 네트워크는 중요하다.[4]

가장 기본적인 수준에서 설명하면, 네트워크는 사람들 혹은 사물들 사이의 연결 목록이다. 온라인에서 네트워크는 흔히 사람들이 관심 두는 것을 목록으로 만든다. 또한, 여러분의 관심을 안내하는 알고리즘에 영향을 미친다. 여러분이 자신의 소셜 미디어 피드를 방문한다면, 알고리즘은 당신에 대해 추정한 관심사를 토대로 모든 종류의 콘텐츠와 광고를 잔뜩 보여준다. 소셜 미디어에서의 '좋아요'와 전자상거래 사이트에서의 별점은 아이디어, 관심, 충동의 흐름에 직접 영향을 준다. 이런 식의 큐레이션이 없다면, 인터넷은 비구조적이고 데이터가 범람해 이용할 수 없게 될 것이다.

인터넷 경제는 네트워크에 날개를 달아주었다. 산업 경제에서 기업은 주로 규모와 범위의 경제를 통해 생산 비용을 낮추는 방식으로 힘을 축적한다. 철, 자동차, 의약품, 탄산음료 혹은 다른 어떤 제품이라도 더 많이 생산해 비용을 낮추면 생산 수단을 소유하거나 생산 수단에 투자한 사람은 이득을 얻는다. 인터넷에서는 유통 비용이 매우 작으므로 힘은 주로 다른 방식, 즉 네트워크 효과를 통해 축적된다.

네트워크에 새로운 노드나 연결점을 추가할 때, 네트워크 효과가 네트워크 가치의 증가를 결정짓는다. 여기서 노드는 전화 회선, 공항과 같은 교통 허브, 컴퓨터 혹은 심지어 사람일 수도 있다. 네트워크 효과에 관해 잘 알려진 공식인 멧커프 법칙(Metcalfe's law)에 따르면, 네트워크의 가치는 노드 개수의 제곱에 비례해 증가한다. 예를 들어, 10개의 노드로 이루어진 네트워크는 2개의 노드로 이루어진 네트워크보다 25배 가치 있으며, 100개의 노드로 이루어진 네트워크는 10개의 노드로 이루어진 네트워크보다 100배 가치 있다. 이 법칙의 이름은 1980년대 네트워크에 대한 이런 생각을 대중화한 스리콤(3Com, 이더넷과 전자기기 제조사)의 공동창업자인 로버트 멧커프에서 따왔다.[5]

모든 유형의 네트워크 연결이 똑같이 유용한 것은 아니기 때문에, 몇몇 사람들은 멧커프 법칙의 변형을 주장한다.[6] 1999년, 컴퓨터 과학자인 데이비드 리드는 자신의 이름을 딴 리드의 법칙(Reed's law)을 내놓았다.[7] 이 법칙에 따르면 거대한 네트워크의 가치는 네트워크 크기에 따라 기하급수적으로 증가할 수 있다. 이 법칙은 사람이 노드인 소셜 네트워크에 가장 잘 적용된다. 페이스북의 경우, 월 단위 실사용자 수가 거의 30억 명에 달한다.[8] 여기에 리드의 법칙을 적용하면 이는 페이스북 네트워크의 가치가 2의 30억 승이라는 뜻으로, 이 어마어마한 숫자를 단순히 인쇄만 하더라도 분량이 300만 페이지에 달할 것이다.

여러분이 어떤 법칙을 선호하든 네트워크의 가치를 나타내는 숫자가 매우 빠르게 증가한다는 사실은 분명하다.

네트워크 효과가 궁극적으로 네트워크의 네트워크인 인터넷에 적용된다고 생각하는 것은 타당하다. 사람들은 다른 사람들이 있는 곳에 모인다. 트위터, 인스타그램, 틱톡 같은 서비스가 가치 있는 이유는 수억 명의 사람이 그 서비스를 이용하기 때문이다. 인 터넷을 구성하는 많은 네트워크도 마찬가지다. 더 많은 사람이 웹에서 생각을 교환할수록 정보 네트워크는 더 풍성해진다. 더 많은 사람이 이메일과 왓츠앱에서 메시지를 주고받을수록 이런 커뮤니케이션 네트워크의 가치는 더욱 높아진다. 또한, 더 많은 사람이 벤모, 스퀘어, 우버, 아마존에서 사업을 할수록 그 시장들의 가치는 점점 더 높아진다. 한마디로 사람이 더 많을수록 가치는 더 높아진다.

네트워크 효과에 의해 작은 이점들이 모여 큰 이점이 된다. 그러므로 네트워크에 대한 제어권을 가진 기업은 자신의 이점을 악착같이 지키며, 누구도 떠나기 어렵게 만든다. 예를 들어, 여러분이 기업 네트워크에서 구독자를 만들었다면, 네트워크를 떠나는 순간 구독자를 잃기 때문에 다른 곳으로 가려 하지 않을 것이다. 이는 인터넷에서 힘이 소수 거대 기술 기업에 집중되는 부분적인 이유이기도 하다. 이런 경향이 지속되면, 인터넷은 혁신과 창의성을 몰아내기 위해 힘을 사용하는 강력한 중개자의 손안에 떨어져 더욱 중앙집중적이 될 것이다. 또한, 이런 문제를 방치하면 경제 정체, 다양성의 소멸, 비생산성, 불평등이 나타날 것이다.

일부 정책 입안자들은 규제를 통해 가장 큰 인터넷 기업의 위험을 없애려 한다.[9] 그들이 취한 조치에는 인수합병 금지, 기업 분

43

리 등이 들어 있다. 그 밖에도 네트워크들을 손쉽게 통합할 수 있도록 기업들에 네트워크 상호운용을 요구한다.[10] 사용자들은 원하는 네트워크 어느 것에든 접속해 선호하는 네트워크들을 누비며 게시물을 읽거나 게재할 수 있다. 이런 제안들 가운데 일부는 기존 업체를 통제할 수 있고 경쟁자에게 시장 진입의 여지도 제공할 수 있다. 그러나 장기적인 관점에서 가장 좋은 방법은, 애초에 중앙집중화가 불가능해 힘의 집중이 일어나지 않는 새로운 네트워크를 처음부터 구축하는 것이다.

많은 돈을 투자받은 자금력 있는 스타트업들은 새로운 기업 네트워크를 구축하기 위해 노력하고 있다. 그러나 그들이 성공한다고 해도, 그들 역시 오늘날 거대 기업 네트워크의 문제를 피할 수 없을 것이다. 우리에게는 시장에서 기업 네트워크와 상대해 승리할 수 있으면서도 더 큰 사회적 이점을 제공하는 새로운 도전자가 필요하다. 특히, 초기 인터넷인 개방형·무허가형 프로토콜 네트워크가 제공했던 이점을 다시 제공하는 네트워크가 필요하다.[11]

02 프로토콜 네트워크

사람들은 설계에 대해 흔히 URL, HTTP, HTML 외에는 아무것도
없다는 사실을 잘 이해하지 못했다. 웹을 '제어'하는 중앙 컴퓨터가
없고, 프로토콜들이 동작하는 단일 네트워크도 없었다. 심지어
어느 곳에도 웹을 '운영'하는 조직이 없었다. 웹은 특정 '장소'에
존재하는 실제적 '사물'이 아니라, 정보가 존재하는 '공간'이었다.[1]

— 팀 버너스 리

프로토콜 네트워크의 간략한 역사

1969년 가을, 미군은 인터넷의 최초 버전인 아르파넷을 개발
했다.[2] 참고로 아르파넷이라는 이름은 미국 국방고등연구계획국
(Department of Defense's Advanced Research Projects Agency, ARPA)의 이름을 따
라 지은 것이다.

다양한 커뮤니티의 연구원들과 개발자들이 이후 20년간 인터
넷 개발을 이끌며 개방형 접근이라는 전통을 인터넷에 갖고 들어
왔다. 그들은 아이디어의 자유로운 교환, 평등한 기회, 능력주의를
신봉했다. 그들이 생각하기에 인터넷 제어권은 서비스 사용자가
가져야 했다. 그들이 속한 연구 커뮤니티, 자문 그룹, 태스크포스

의 조직과 운영체계는 그들의 민주적인 이상을 구현했다.

1990년대 초, 인터넷이 정부와 대학으로부터 일반사용자에게로 확산되며, 개발자의 문화도 함께 전달되었다. 더욱 많은 사람이 인터넷에 참여하면서 평등주의 정신도 물려받았다. 사이버공간은 급진적으로 개방돼 있었다. 행동주의 시인이자 한때 록 밴드 그레이트풀 데드의 작사가였던 존 페리 발로는 1996년 '가상공간 독립선언문'에서 "우리는 모든 사람이 인종, 경제력, 군사력 혹은 출생지에 따른 특권이나 편견 없이 참여할 수 있는 세상을 만들고 있습니다."라고 썼다.[3] 인터넷은 새로운 출발인 자유를 상징했다.

동일한 신념이 기술 자체에도 스며들었다. 인터넷 개발자들은 컴퓨터가 네트워크에 참여하기 위한 규칙의 집합인 프로토콜을 무허가형으로 만들어 인터넷을 뒷받침하였다. 그리스어 'prōtokollon'에서 유래한 '프로토콜'은 고대에서 흔히 목차에 해당하는 '책의 첫 페이지'를 뜻했다. 시간이 흘러 프로토콜은 '외교 협약'을 뜻하는 것으로, 이후 20세기에는 '소프트웨어에 관한 기술 표준'을 뜻하는 것으로 변화했다. 아르파넷이 등장하며 컴퓨팅 분야의 의미가 널리 퍼졌는데, 이는 모든 사람이 접근할 수 있고 모든 사람에게 개방된 프로토콜이 인터넷 발전의 기본이었기 때문이었다.

프로토콜을 영어, 스와힐리어 같은 자연어와 비슷하다고 생각하라. 컴퓨터는 프로토콜을 통해 다른 컴퓨터와 소통할 수 있다. 만일 여러분이 말하는 법을 바꾼다면, 다른 사람은 당신을 이해하지 못할 위험이 있다. 그러므로 기술 방언을 사용하면 상호운용이 멈춘다. 여러분이 충분히 영향력 있는 사람이라면, 다른 사람들이 말하는 법을 바꾸도록 할 수도 있다. 그러나 이 또한 다른 사람들이 변화에 동의하고 참여하는 경우에만 가능하다. 이처럼 프로토콜과 언어는 합의가 필요하다.

프로토콜은 다른 프로토콜의 위에서, 궁극적으로는 컴퓨팅 장치의 위에서 계층을 이룬다. 그리고 이를 인터넷 스택(stack)이라고 부른다.[4] 컴퓨터 과학자가 스택의 모든 계층과 계층들 사이의 차이를 안다면 유용할 것이다(예를 들어 Open Systems Interconnection, OSI 라는 잘 알려진 모델은 7개의 프로토콜 계층을 나타낸다). 이에 대한 논의를 위해, 단순한 3층 구조를 그려보자. 이때, 가장 아래쪽 계층은 서버, PC, 스마트폰, TV 혹은 카메라 같은 인터넷 연결 기기, 이것들을 모두 연결하는 네트워킹 장치 같은 하드웨어로 구성된다. 나머지 계층들은 이 하드웨어 계층 위에 있다.

물리 계층 위에는 간단히 인터넷 프로토콜로 알려진 네트워킹 계층이 있다.[5] 네트워킹 계층은 첫째 계층의 기계 사이를 오가는 정보 패킷에 대해 패킷 포맷 정의, 주소 지정, 경로 탐색 방법을 정의한다. 아르파넷을 담당한 연구실의 연구원인 빈트 서프와 로버트 칸은 이 표준을 1970년대에 개발했다(훗날 다르파(DARPA)로 이름을 바꾼 아르파(ARPA)는 인터넷 외에도 스텔스 운반체 및 GPS 같은 미래 기술 발명에 기여했다[6]). 인터넷 프로토콜은 공식적으로 1983년 1월 1일에 구현 완료되었다. 이에 대다수 사람은 이 날짜를 인터넷의 생일로

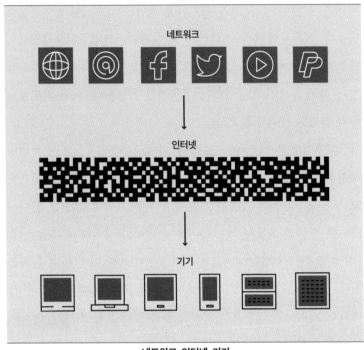

네트워크, 인터넷, 기기

여긴다.

인터넷 계층 위에는 사용자 애플리케이션이 자리하는 애플리케이션 계층이 있다. 주로 두 개의 프로토콜이 이 계층을 정의한다.

첫째, '이메일'이다. 이메일 뒤에는 SMTP(Simple Mail Transfer Protocol)라는 프로토콜이 있다.[7] 서던 캘리포니아 대학의 연구원인 존 포스텔은 1981년 이메일 통신을 표준화하는 프로토콜을 만들었으며, 이는 이메일 확산의 밑받침이 되었다. 케이티 하프너와 매슈 라이언은 《인터넷의 기원》에서 "오디오 전문가와 애호가를 대상으로 발명된 LP가 모든 사람을 대상으로 하는 시장을 만들어냈듯이, 아르파넷을 사용하는 몇몇 컴퓨터 과학자 사이에서 성장한 이메일은 바다의 플랑크톤처럼 인터넷 전체에서 만개했다."라고 썼다.[8]

둘째, 수많은 애플리케이션이 꽃을 피운 '웹'이다. 웹 뒤에는 HTTP(HyperText Transfer Protocol)라는 프로토콜이 있다. 1989년 영국 과학자인 팀 버너스 리가 스위스에 있는 유럽입자물리연구소인 CERN에서 일하는 동안 웹사이트를 구성하기 위해 HTML과 함께 이 프로토콜을 만들었다(사람들은 흔히 '인터넷'과 '웹'을 구분하지 않고 사용하지만, 이 둘은 엄연히 다른 네트워크다. 인터넷은 기기들을 연결하는 반면, 웹은 웹 페이지들을 연결한다).

이메일과 웹은 단순성, 일반성, 개방성이라는 특징 덕분에 성공했다. 이 두 가지 프로토콜이 개발된 이후, 프로그래머들은 이 프로토콜들을 이메일 클라이언트(오늘날 대다수 사람은 클라이언트 대신 '앱'이라고 부른다)와 웹 브라우저로 만들었다. 이 중 상당수는 오픈소스였다. 즉, 누구나 네트워크에 참여하기 위해 클라이언트를 다운로드 받을 수 있었다. 사람들은 프로토콜 위에 만들어진 클라이언트를 사용해 네트워크에 접속할 수 있었다. 클라이언트는 프로토콜 네트워크에 대한 포털 혹은 게이트웨이와 같다.

사람들은 클라이언트를 통해 프로토콜을 사용한다. 예를 들어, 웹은 1993년 일반 사용자가 사용하기 편한 모자이크 웹 브라우저라는 클라이언트가 등장한 이후에야 널리 사용되기 시작했다.[9] 오늘날 가장 인기 있는 웹 브라우저는 구글 크롬, 애플 사파리, 마이크로소프트 엣지 같은 기업 소유의 웹 브라우저들이며, 가장 인기 있는 이메일 클라이언트는 지메일(구글 소유 소프트웨어로 구글 서버에서 서비스한다)과 마이크로소프트 아웃룩(개인 기기로 다운로드 받을 수 있다)이다. 또한, 웹과 이메일 서버를 구동할 수 있는 다양한 기업 소프트웨어와 오픈소스 소프트웨어가 존재한다.

　인터넷을 밑받침하고 있는 통신 시스템은 탈중앙형으로 설계되었다. 그래서 설사 핵 공격을 받는다 하더라도 충분히 원래의 모습을 되찾을 수 있다. 또한 모든 노드를 동등하게 다루므로 일부가 파괴된다고 하더라도 계속 작동할 수 있다. 이메일과 웹 역시 이런 설계 철학을 물려받아 모든 노드가 서로 동등하며, 어떤 노드도 다른 노드에 비해 우위에 있지 않다.

　그러나 인터넷의 한 가지 구성요소는 다르게 설계되었으며, '네이밍(Naming)'이라는 특별한 기능을 제어한다.

　네이밍은 모든 네트워크의 필수조건이며, 네임(네트워크에서 사용하는 이름. 일종의 ID로 실제 이름과 구분하기 위해 '네임'으로 번역했다-옮긴이)은 커뮤니티 구축에 필요한 가장 원시적 형태의 아바타다. 나는 트위터에서 @cdixon이며, 내 웹사이트는 cdixon.org이다. 이런 익숙한 형태의 네임은 다른 사람이 나를 쉽게 분별해 내게 접근할 수

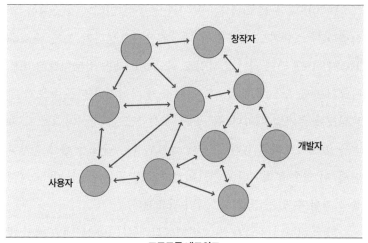

프로토콜 네트워크

있게 한다. 사람들이 나를 팔로우하고, 나와 친구를 맺거나 혹은 내게 무언가 보내려 한다면, 그들은 나의 네임 가운데 하나를 이용해 그렇게 할 수 있다.

기기들 역시 네임을 갖고 있다. 인터넷에서 컴퓨터는 인터넷 프로토콜 주소로 서로를 인식한다. 숫자로 이루어진 이 주소는 사람이 기억하기는 어렵지만 기기들은 쉽게 다룰 수 있다. 여러분이 방문하고자 하는 모든 웹페이지를 숫자로 호출해야 한다고 상상해보라. 위키피디아 웹페이지를 보려면? 198.35.26.96을 사용해야 한다. 유튜브 비디오를 찾으려면? 208.65.153.238을 입력해야 한다. 이 긴 숫자들을 매번 기억하기란 쉽지 않다. 그래서 사람들에겐 일종의 전화번호부 같은 것이 필요하다.

1970년대와 1980년대, 한 기관이 공식 인터넷 주소록을 관리했다.[10] 스탠퍼드 연구소의 네트워크정보센터가 모든 주소를 'HOSTS.TXT'라는 하나의 파일로 취합하고 계속 업데이트해 네트워크의 모든 노드에게 배포했다. 주소가 바뀌거나 다른 노드가 네트워크에 추가될 때마다(자주 발생), 모든 노드는 자신의 호스트 파일을 업데이트해야 했다. 그런데 네트워크의 규모가 점점 증가하면서, 이 일은 무척이나 번거로워졌다. 사람들은 이 기능을 수행해줄 신뢰할 수 있는 단일 시스템이 필요했다.

미국 컴퓨터 과학자 폴 모카페트리스는[11] 1983년에 도메인 네임 시스템(Domain Name System, DNS)이라는 해결책을 발명했다.[12] DNS 내부는 복잡하지만, 사실 DNS의 핵심 아이디어는 '사람들에게 친숙한 이름'을 '컴퓨터의 IP 주소'에 맵핑하는 간단한 방식이다. DNS는 계층적으로 분산돼 있다. 최상위 레벨에서는 정부 산하 기관, 대학, 기업, 비영리 그룹 등으로 이루어진 국제기관들이 오늘날까지도 DNS에서 가장 중요한 루트 서버 그룹 13개를 관리한다.

1980년대에서부터 1990년대 상업용 인터넷의 성장을 거치며, 존 포스텔의 팀은 서던 캘리포니아 대학에서 DNS를 관리했다.[13] 〈이코노미스트〉는 존 포스텔이 맡은 역할의 중요성을 "네트워크에 신이 존재한다면, 그 신은 아마도 존 포스텔일 것이다."라는 말로 표현했다.[14] 인터넷이 시작되면서 DNS 지배구조에 대한 좀 더 장기적인 해결책이 필요해졌다. 1998년 가을, 미국 정부는 인터넷 네임 관리를 새로운 비영리 기관인 국제인터넷주소관리기구(Internet Corporation for Assigned Names and Numbers, ICANN)로 이전하기 시작했다 (2016년 10월, 국제인터넷주소관리기구는 독립했으며,[15] 국제적인 다자간 지배구조 모델을 채택해 오늘날까지도 사용하고 있다).

DNS는 인터넷 동작에서 매우 중요하다. 웹 브라우저에서 'google.com', 'wikipedia.org' 같은 웹사이트에 접속하려 한다면, 인터넷 서비스 업체는 DNS 해석기라는 특별한 서버를 통해 .com 혹은 .org 같은 도메인 접미사 처리를 담당하는 최상위 도메인 서버들에게 다음 방향을 요청하며, 이 서버들은 여러분의 웹 브라우저에 적당한 IP 주소를 제공할 하위 서버를 지정한다. 이 과정을 DNS 룩업(Lookup)이라 부르며, 웹사이트에 접속할 때마다 눈 깜빡할 사이에 일어난다(DNS 제공자는 룩업 과정을 좀 더 빠르게 수행하도록 사용자에게 좀 더 가까운 서버들에 IP 주소를 저장하거나 캐싱한다).

이메일과 웹을 밑받침하는 프로토콜들은 무료로 사용할 수 있지만, DNS는 예외적으로 국제인터넷주소관리기구와 인터넷 등록 기관에 들어가는 약간의 수수료를 부과한다. 사용자들이 1년에 약 10달러가량의 요금을 내고 관련 규정을 지키기만 하면, 그들은 자신의 도메인 네임을 이용해 원하는 모든 일을 할 수 있다. 사용자는 도메인 네임을 사고팔거나 혹은 무기한 보유할 수도 있다. 따라서 수수료는 대여료보다는 재산세에 가깝다.

네임은 네트워크 제어에서 중요하다. 트위터나 페이스북 같은 네트워크에서는 네트워크를 소유한 기업이 네임을 제어한다. 나는 트위터에서 @cdixon이지만, 이 네임의 소유자는 트위터다.

트위터는 이 네임을 무효로 할 수 있고, 내게 더 많은 돈을 요구하거나 심지어 팔로워를 없앨 수도 있다. 트위터는 내 트위터 네임을 제어해 나와 다른 사람들과의 관계를 제어할 수 있다. 예를 들어, 트위터는 내 게시물이 좀 더 자주 혹은 드물게 보이도록 알고리즘을 수정할 수도 있다. 이 경우 나는 트위터 사용을 그만두는 것 이외에는 할 수 있는 일이 없다.

DNS를 설계할 때 내렸던 중요한 결정 사항은, 기업이나 다른 기관이 아닌 사용자가 자신의 네임을 소유하고 제어한다는 것이다. 특히, 사용자는 자신의 네임과 IP 주소 사이의 연결을 제어한다. 이에 사용자는 자신의 네임을 언제든지 무슨 이유로든 이 컴퓨터에서 저 컴퓨터로 옮길 수 있다. 또한, 네트워크 사용 권한이나 자신이 네트워크에서 구축한 것을 잃어버리는 일 없이 원하는 모든 소프트웨어를 실행할 수 있다.

내가 아마존 웹 호스팅 서비스에서 cdixon.org를 호스팅한다고 가정해보자. 이때, 아마존이 내게 더 많은 요금을 부과하고, 웹사이트 이용량을 조절하며, 내 콘텐츠를 검열하거나 그 밖에 내가 원하지 않는 무언가를 한다고 상상해보자. 나는 이 문제에 대응하기 위해 간단히 내 콘텐츠 파일을 다른 서비스 업자에게 옮기고 cdixon.org에 대한 DNS 등록 정보를 변경할 수 있다. 심지어 나는 직접 서버를 구입해 운영할 수도 있다. 이렇게 변경하더라도 나의 모든 네트워크 연결은 그대로 유지된다. 사람들은 여전히 내게 이메일을 보낼 수 있으며, 내 사이트의 순위를 매기기 위해 검색엔진이 사용하는 웹사이트 접속들 또한 여전히 동작한다. 새로운 호스팅 업자로의 변경은 아무도 모르게 일어나며, 다른 네트워크 사용자들은 이런 변경을 알지 못한다. 아마존도 이런 상황을 알고 있으며, 스스로가 네트워크 규범과 시장 역학 관계의 테두리 안에서 합리적인 조치를 해야 하고 그렇지 않을 경우 고객을 잃을 위험이 있다는 것 또한 알고 있다.

사용자에게 네임에 대한 완전한 제어권을 부여한다는 이 단순한 설계 결정은 기업들을 정직하게 만든다. 아마존을 포함한 관련 기업들이 경쟁력 있는 서비스를 경쟁력 있는 가격으로 제공하게 만드는 것이다. 기업들은 여전히 규모의 경제(더 많은 서버를 운영할수록, 비용은 낮아지고 이익률은 높아진다)와 같은 전통적인 비즈니스 경쟁력과 보호장치를 이용할 수 있지만, 중앙집중형 네트워크처럼 사용자를 묶어두기 위해 네트워크 효과에 의존할 수는 없다.

여러분이 트위터나 페이스북 같은 서비스를 그만 이용하고자 할 때 일어날 일을 앞서 설명한 DNS 경우와 비교해보자. 기업 네트워크에는 대부분 '데이터 다운로드'와 '계정 삭제' 기능이 있다. 따라서 그간 올린 게시물과 아마도 팔로워/친구에 대한 기록은 얻을 수 있을 것이다. 그러나 네트워크 연결과 이를 통해 연결된 사람들을 잃는다. 이는 그 사람들이 트위터나 페이스북에 존재하는 여러분의 계정을 팔로우하였고, 여러분은 그 계정을 다른 새로운 서비스와 연결할 수 없기 때문이다. 여러분은 맵핑을 제어할 수 없으며, 그 결과 데이터는 얻어도 네트워크는 잃어버린다. 엄밀히 말하면 '데이터 다운로드' 기능조차 일종의 속임수다. 기업 네트워크들은 개방적이고 자유를 지향하는 것처럼 우리를 향해 손짓하지만, 실은 우리의 선택 권한을 높이기 위한 어떤 일도 하지 않는다. 기업은 전적으로 완전한 제어권을 가진다. 우리가 할 수 있는 선택은 머물거나, 다른 곳으로 떠나 완전히 새로 시작하거나 둘 중 하나다.

페이스북이나 트위터 같은 기업 서비스들은 HTTP 등을 이용해 웹과 연동하는 네트워크를 운영하지만, 웹의 진정한 일부는 아니다. 기업 서비스들은 웹에서 확립된 관습이나 규범을 따르지 않는다. 정말로 그들은 개방성, 무허가 혁신, 민주적 관리와 같은 수많은 웹의 기술적, 경제적, 문화적 원칙을 깨뜨린다. 그러므로 기업에서 운영하는 중앙집중형 네트워크는 본질적으로 웹에 인접한 별도의 다른 네트워크이며, 자체적인 규칙, 경제성, 네트워크 효과를 갖고 있다.

DNS의 기막힌 특징 가운데 하나는 사용자가 자신의 네임에 대해 온라인 재산권을 부여받아 실제 세계에서처럼 소유한다는 것이다. 사람은 무언가 소유했을 때, 그것에 투자할 동기를 갖는다. 이것이 1990년대 시작해 오늘날까지 이메일, 웹 및 DNS를 중심으로 구축된 네트워크에 그렇게 많은 투자가 따랐던 이유다.

사용자에게 네임에 대한 제어 권한을 부여하는 것은 그리 중요하지 않은 설계 결정처럼 보일지 모른다. 그러나 상위에서 그러한 결정을 내리면 하위에까지 영향을 미쳐 연쇄적인 결과들이 나타난다. 실제로 검색엔진과 소셜 네트워크를 비롯해 미디어와 전자상거래 사이트에 이르기까지 광범위한 영역에서 새로운 산업이 자라나 번성하였다.

물론 부작용도 있을 수 있는데, 디지털 소유권은 투기 시장을 낳을 수 있다. 도메인 거래는 수십억 달러 규모의 산업이다. '짧은 영어 단어.com' 도메인의 경우, 통상 수백만 달러에 팔린다(최근 voice.com이 3000만 달러에 팔렸다). 도메인 네임 시장은 오르락내리락하며 부를 만들고 없애기를 반복한다. 이런 모습은 투기와 거품으로 어려움을 겪는 부동산 시장과 비슷하다. 뒤에서 논의할 텐데, 블록체인 토큰 또한 좀 더 새로운 형태의 디지털 소유권을 가능하게 하며 투기 시장을 낳았다. 이 모든 경우에서 투기는 부작용이다. 그러나 소유권의 긍정적인 면은 부정적인 면을 훨씬 능가한다.

오늘날 콘텐츠 모더레이션(moderation, 욕설 또는 모욕, 인종차별, 불법적인 내용 등을 감지해 필터링하는 기능-옮긴이)은 특히 소셜 네트워크와 관련해 많은 사람이 관심을 갖는 주제다. 그러나 이메일과 웹에는 이런 기능이 없다. 이메일과 웹은 오직 정보를 확실히 전달하는 한 가지 기능만 수행한다. 이는 프로토콜에 감시 활동 기능이 있다면, 프로토콜이 파편화되고 장애가 발생할 것이라는 철학 때문이다. 지역이 다르면 법도 다르다. 한 나라에서 불법인 관습이 다른 나라에서는 합법이 되기도 한다. 프로토콜이 보편성을 가지려면, 개발자의 의견이 들어가서는 안 된다.

콘텐츠 모더레이션을 하더라도, 사용자, 클라이언트, 네트워크 가장자리의 서비스에서 해야 한다. 이는 자칫 위험해 보인다. 탈중앙화된 집단이 스스로를 성공적으로 감시할 수 있다고 믿는가? 그러나 실제로 시스템은 잘 동작한다. 클라이언트와 서버가 법, 규범, 모더레이션을 강제하기 때문이다. 만일 여러분이 불법 웹사이트를 운영한다면 도메인 네임 등록 기관과 웹 호스팅 기업에서 해당 웹사이트를 차단하고, 검색엔진은 검색 목록에서 이를 제외할 것이다. 또한, 소프트웨어 개발자 커뮤니티, 앱과 웹사이트 제작사, 기술 기업, 웹 관리 국제기구에서 그 웹사이트를 추방할 것이다. 이메일의 경우도 마찬가지다. 네트워크 가장자리의 클라이언트와 서버가 스팸 메일, 피싱 메일 혹은 악성 메일을 필터링한다. 법과 인센티브가 이 시스템을 작동하게 한다.

DNS가 밑받침하는 이메일과 웹은 강력하고 범용적인 네트워크를 인터넷으로 들여왔다. 덕분에 사용자는 가장 중요한 '네임'을 소유한다. 그리고 네임을 소유한 덕분에 커넥션과 그 밖의 네트워크에 구축하기로 한 모든 것을 소유한다.

결정은 기업이 아니라 커뮤니티가 내린다

프로토콜 네트워크는 사용자에게 소유권을 부여하며, 이 소유권은 창작자, 기업가, 개발자 등 모든 네트워크 사용자에게 유익하다.

　다른 모든 네트워크와 마찬가지로, 프로토콜 네트워크에도 사용자가 많아질수록 가치가 올라가는 네트워크 효과가 있다. 예를 들어, 이메일은 수많은 사람이 이메일 주소를 갖고 있으므로 유용하다.

　이메일 같은 프로토콜 네트워크와 트위터 같은 기업 네트워크 사이의 차이는 네트워크 효과가 기업이 아닌 커뮤니티에 축적된다는 것이다. 어떤 기업도 이메일을 소유하거나 제어하지 못한다. 독립적인 개발자가 이메일 프로토콜을 지원하는 소프트웨어를 제작하고, 누구라도 그 소프트웨어를 사용해 이메일을 이용할 수 있다. 무엇을 만들고 사용할지는 개발자와 소비자가 결정한다. 또한, 커뮤니티에 영향을 주는 결정들은 커뮤니티가 내린다.

　프로토콜 네트워크에는 중앙 중개자가 없으므로, 네트워크를 통해 움직이는 돈에는 수수료가 부과되지 않는다(수수료율과 그 영향에 대해서는 8장 〈수수료율〉에서 상세히 다루겠다). 게다가 프로토콜 네트워크는 미래에도 수수료를 부과하지 않을 것이라는 강한 믿음을 주고, 이로써 프로토콜 네트워크를 기반으로 한 혁신이 장려된다. 여러분이 이메일 혹은 웹 위에 무언가 구축하고 있다면, 여러분은 자신이 구축한 모든 것을 소유하고 제어할 수 있다는 사실을 알고 있으며, 그 때문에 시간과 돈을 기꺼이 투자할 수 있다. 이런 약속이 레리 페이지, 세르게이 브린, 제프 베이조스, 마크 저커버그를 포함해 수많은 인터넷 기업가들의 사업 욕구를 고취시켰다.

사용자 또한 프로토콜 네트워크에서 이익을 볼 수 있다. 활발한 소프트웨어 시장과 낮은 전환 비용 덕분에 사용자는 다양한 제품을 구매할 수 있다. 사용자가 알고리즘 작동 방식이나 서비스가 자신의 데이터를 추적하는 방식을 좋아하지 않는다면, 그들은 언제든 서비스를 바꿀 수 있다. 사용자가 가입비를 내거나 광고를 본다면, 수익은 네트워크 중개자가 아닌 창작자에게 직접 가며, 이는 창작자가 자신이 좋아하는 콘텐츠에 지속적으로 투자를 하도록 장려한다.

재산권과 같은 예측 가능한 법률이 투자를 끌어내는 실제 세계와 마찬가지로, 혜택은 예측 가능할수록 더 좋다. 민간 기업들과 고속도로 시스템 사이의 상호작용을 떠올리면 이해하기 쉬울 것이다. 고속도로는 개방돼 있고 대개 무료인 것을 예측할 수 있으므로(미국은 고속도로 이용료가 대개 무료다-옮긴이), 사람들과 기업들은 고속도로 시스템을 기반으로 기꺼이 무언가를 만들려고 한다. 즉, 고속도로와 연관성 있고 지속적인 가치를 가진 건물, 탈것, 커뮤니티 같은 자원에 기꺼이 투자하려 한다. 이는 결과적으로 더 많은 고속도로 사용으로 이어지고, 이는 다시 더 많은 투자로 이어진다. 이처럼 잘 설계된 네트워크에서는 건강하고 역동적인 시스템이 만들어져 성장이 성장을 불러온다.

페이스북과 트위터 같은 기업 네트워크에서는 프로토콜 네트워크와 달리 혜택을 예측하지 못하므로 제삼자의 투자가 제한적이다. 게다가 기업 네트워크는 네트워크에서 얻은 이익의 많은 부분을 가져가기 위해 대체로 수수료율이 높다. 오늘날 페이스북, 인스타그램, 페이팔, 틱톡, 트위터, 유튜브 같은 기업 네트워크는 시가총액이 수조 달러에 이르는 거대 기업들이 소유하고 있다. 이런 기업 네트워크가 프로토콜 네트워크였다면, 가치의 상당 부분이 네트워크 가장자리에 있는 개발자와 창작자에게 대신 분배되었을 것이다.

이런 역학 관계는 이메일 뉴스레터가 수많은 콘텐츠 제작자 사이에서 유행하는 이유를 설명해준다.[16] 경제성에 영향을 주고, 즉흥적으로 접속규칙이나 콘텐츠 순위를 바꿀 수 있는 중앙집중형 네트워크와 달리, 이메일은 제작자가 구독자들과 직접적인 관계를 맺을 수 있다. 이메일을 기반으로 한 서브스택(Substack) 같은 뉴스레터 서비스가 규칙이나 수수료율을 바꾼다면, 사용자는 그 서비스 구독자들을 데리고 언제든 서비스에서 떠날 수 있다(이런 서비스의 다수는 사용자가 이메일 구독자 리스트를 옮기도록 허용한다). 덕분에 서비스 전환 비용과 수수료율이 낮다. 이것이 프로토콜 네트워크에서 서비스와 네임을 분리해 얻는 효과다. 사용자들은 네트워크 설계에 담긴 미묘한 의미 모두를 이해하지 못할 수도 있지만, 콘텐츠 제작자와 기업 네트워크 사이에서 확인된 기존 이슈들을[17] 오랫동안 보고, 겪은 후에 경제적 위협을 직감한다.

소프트웨어 개발자들은 환멸감을 더 크게 느끼고 있다. 2010년대 초, 페이스북과 트위터 같은 기업은 원래 자신들을 개방적이고 많은 기회를 제공하는 기업으로 소개했음에도 불구하고,

네트워크를 차단하고 개발자의 접근을 막았다. 2013년 1월, 숏폼 비디오 앱 제작사인 바인(Vine)이 등장했을 때(몇 달 전에 트위터에 인수된 상태였다), 마크 저커버그는 바인을 무력화시키는 일을 승인했다. 훗날 공개된 법원 문서들에 따르면, 저커버그는 바인의 페이스북에 대한 API 접속 차단을 승인했다.[18] 또한 그는 다른 임원에게 '잘해보세요'라고도 했다. 이런 조치 때문에 바인의 성장세는 꺾였으며, 결국 트위터는 이 문제를 수년간 방치한 후 2017년에 서비스를 중단했다. 바인의 실패는 잘 알려진 예다. 바인만큼 널리 알려지진 않았지만 페이스북은 브랜치아웃(BranchOut, 일자리 찾기 앱)이나[19] 메시지미(MessageMe, 메시지 앱),[20] 패스(Path, 소셜 네트워킹 앱),[21] 포토(Phhhoto, 사진 편집 앱),[22] 복서(Voxer, 음성 채팅 앱) 등의 앱을 방해하고 단속하기도 했다.[23]

소유권 보장은 제작자와 투자자 모두에게 동기부여가 된다. 프로토콜 네트워크가 현재 네트워크 수수료를 부과하지 않을 뿐만 아니라 앞으로도 부과하지 않을 것이 확실하다는 사실은, 스타트업이 프로토콜 네트워크를 기반으로 무언가 개발하는 일에 강력한 동기를 부여한다. 예를 들어, 초창기 웹은 탐색과 검색이 쉽지 않았다. 그런데 야후, 구글처럼 잘 알려진 기업들을 포함해 수십 개의 기술팀이 이 문제를 해결하기 위해 기업을 세웠다. 1990년대 후반, 스팸 메일이 심각한 문제로 떠오르자[24] 벤처 투자자들은 이 문제를 다루는 수십 개의 기업에 투자했으며, 대부분 성공했다. 그 결과 여전히 스팸 메일은 골칫거리이기는 하지만 이전에 비하면 훨씬 잘 처리되고 있다.

이를 오늘날 트위터 같은 기업 네트워크가 스팸 메일, 악성 봇 및 기타 유사 문제를 다루는 방식과 비교해보자. 기업의 경우, 이런 문제들을 해결할 동기가 기업 바깥에는 전혀 없다. 오직 기업 스스로가 자신의 인력과 자원을 소진하며 문제를 해결하기 위해 노력한다. 이런 이유로 오늘날 몇몇 기업 네트워크가 스팸 메일과 악성 봇 문제에 점점 깊이 빠져들고 있다.

나는 기업가로서 내가 가졌던 기회가 프로토콜 네트워크 덕분이라고 생각한다. 오늘날에는 상상하기 어렵지만, 2000년대 초만 해도 피싱과 스파이웨어 같은 문제가 만연했다. 당시, 대부분의 사람은 보안 문제로 악명 높았던 마이크로소프트의 웹 브라우저를 사용했는데,[25] 악성 소프트웨어가 보안에 취약했던 웹 브라우저를 통해 쉽게 개인 PC에 침투했다.

2004년, 나는 이런 위협에서 사용자를 보호하는 소프트웨어를 만든 보안 스타트업 사이트어드바이저(SiteAdvisor)를 공동 설립했다. 웹은 프로토콜 네트워크이기 때문에, 우리는 웹사이트를 다니며 보안 문제를 분석할 수 있었으며, 브라우저와 검색엔진 내부에서 작동하는 소프트웨어를 개발할 수 있었다. 웹과 이메일은 어떤 기업의 소유도 아니므로 이 일을 하기 위해 허가를 받을 필요도 없었다.

개발자는 프로토콜 네트워크용 클라이언트와 앱을 개발할 때

허가받을 필요가 없다. 프로토콜 네트워크는 개방적이어서 독립적인 개발자 커뮤니티가 문제를 해결하거나 새로운 기능을 개발하는 것을 허용한다. 게다가 제작자들이 자신들이 만든 경제적 성과를 무엇이든 가져갈 수 있어 더욱 좋다. 이런 조건과 혜택은 프로토콜 네트워크가 해결하지 못한 문제를 시장이 풀게 한다.

내가 기업 네트워크에서 스타트업을 창업하기는 불가능했을 것이다. 기업 네트워크는 창업자에게 우호적이지 않으며, 벤처 투자자 대부분은 기업 네트워크에서 무언가 만드는 사람들에게 투자할 만큼 어리석지 않다. 결국 맥아피라는 기업이 웃돈을 내고 우리 스타트업을 인수했다. 맥아피는 우리가 만든 것이 우리 소유라는 것을 알고 있었기 때문이다. 웹은 우리가 정한 규칙이나 수수료를 바꿀 수 없었으며, 힘을 가진 사람이나 기업이라도 우리가 만든 것을 빼앗을 수 없었다. 웹은 결국 프로토콜 아키텍처, 즉 프로토콜의 시스템 설계방식과 이 방식이 제공하는 혜택 때문에 성공했다.

왜 RSS는 기업 네트워크와의
경쟁에서 밀려났나

이메일과 웹의 성공 이후, 어떤 프로토콜 네트워크도 규모 면에서는 성공하지 못했다. 시도가 적었던 것은 아니다. 지난 30년 동안, 기술자들은 신뢰할 만한 새로운 프로토콜 네트워크를 많이 만들었다. 2000년대 초, 오픈소스 인스턴트 메시지 프로토콜인 재버(Jabber, 후에 XMPP로 변경)는[26] AOL의 인스턴트 메신저 및 MSN 메신저와 겨루려 했다. 10년 후, 크로스 플랫폼 소셜 네트워킹 프로토콜인 오픈소셜(OpenSocial)은 페이스북, 트위터에 도전하려 했다.[27] 2010년에 등장한 탈중앙형 소셜 네트워크인 디아스포라(Diaspora)[28] 역시 페이스북, 트위터에 도전하려 했다. 이 프로토콜 네트워크들은 기술 면에서 혁신적이었고 열정적인 커뮤니티도 있었으나, 어느 것도 주류가 되지는 못했다.

이메일과 웹의 성공은 부분적으로 특별한 역사적 조건에 기인한다. 1970년대와 1980년대, 인터넷은 협력 관계에 있는 소수의 연구자로 이루어졌다. 프로토콜 네트워크는 중앙집중형 경쟁자의 부재 속에 성장했다. 이에 반해 최근 몇 년 동안 등장한 새로운 프로토콜 네트워크는 훨씬 다양한 기능과 자원을 갖춘 기업 네트워크와 경쟁해야만 했다.

경쟁력 측면에서 프로토콜 네트워크의 단점은, 기업 소셜 네트워크에 가장 가까이 도전했던 프로토콜인 RSS의 운명이 가장 잘 보여준다. RSS는 소셜 네트워크와 비슷한 기능을 가진 프로토콜이다. RSS는 여러분이 팔로우하려는 사용자 목록을 만들게 하고, 목록의 사용자들이 여러분에게 콘텐츠를 보내게 한다. 웹 관리자는 새로운 게시물이 있을 때마다 XML 포맷으로 업데이트를 내보내는 코드를 웹사이트에 내장할 수 있다. 업데이트는 구독자의 피드에 입력되고, 구독자는 선호하는 RSS '읽기' 소프트웨어를 이용해 자신이 고른 웹사이트와 블로그를 팔로우한다. 시스템은 우아하고, 탈중앙화되었지만, 기본적이고 단순했다.

2000년대, RSS는 트위터와 페이스북 같은 기업 네트워크에 대한 확실한 경쟁자였다. 그러나 2009년에 이르자 트위터가 RSS를 대체하기 시작했다. 사람들은 블로거와 다른 창작자를 구독하기 위해 RSS 대신 트위터에 의존하고 있었다. RSS 커뮤니티의 일부 구성원들은 트위터가 오픈 API를 갖고 있으며 RSS와의 지속적인 연동을 약속했기 때문에 이런 상황도 나쁘지 않다고 생각했다. 그들이 생각하기에 트위터는 단순히 RSS 네트워크의 인기 있는 노드였다. 나는 일이 흘러가는 방향을 보며 계속 우려했다. 아래는 당시 내가 쓴 블로그 글이다.

> 트위터가 진정한 의미에서 개방적이 아니라는 사실이 문제예요. 트위터가 정말로 개방적이라면, 어떻게든 트위터(기업 이름-옮긴이)를 포함하지 않고도 트위터(서비스 이름-옮긴이)를 사용할 수 있어야 합니다. 그런데 모든 데이터가 트위터의 중앙집중형 서비스를 통합니다. 오늘날 웹, 이메일, 구독 메시지 같은 핵심적인 주요 인터넷 서비스들은 수백만 개의 기관에 분산된 개방형 프로토콜들입니다. 트위터가 RSS를 대체한다면, 트위터는 단일한 영리 관리자가 있는 첫 번째 핵심 인터넷 서비스가 될 거예요. 그리고 어느 순간 트위터는 자신의 가치를 정당화하기 위해 많은 돈을 벌 필요가 있을 겁니다. 그때가 되면, 우리는 단일 기업이 핵심 인터넷 서비스를 좌지우지하게 놔둔 일이 어떠한

여파를 불러왔는지 가늠할 수 있게 될 겁니다.

불행하게도 내 우려는 틀리지 않았다. 트위터의 네트워크가 RSS보다 인기를 끌었고, 사회적 규범을 제외하고는 트위터가 RSS 지원 서비스를 중단하지 못할 이유는 없었다. 결국 2013년 기업 이익에 부합한다는 이유로 트위터는 RSS 지원을 중단했다. 같은 해, 구글 역시 RSS 프로토콜이 얼마나 뒤떨어졌는지 강조하며 주요 RSS 제품이었던 구글 리더를 중단했다.[29]

RSS는 한때 소셜 네트워킹에 대해 신뢰할 만한 프로토콜 기반 서비스였다. 2010년대 소수의 커뮤니티에서 RSS를 계속 사용하기는 했지만, RSS는 더 이상 기업 소셜 네트워크의 경쟁자가 아니었다. RSS의 쇠퇴는 소수 인터넷 거대 기업의 네트워크 힘의 강화와 직접 연관돼 있다.[30] 이와 관련해서 한 블로거는 다음과 같이 썼다. "자그마한 주황색 거품(RSS의 오렌지색 로고를 비유적으로 표현)은 [31] 몇몇 기업의 지배력이 점점 커진 중앙집중형 웹에 대한 저항을 뜻하는 그리운 상징이 되었다."

RSS가 경쟁에서 밀린 두 가지 주요한 이유가 있다. 첫째는 기능이다. RSS는 기업 네트워크의 사용 용이성 및 고급 기능과 경쟁할 수 없다. 트위터는 사용자가 회원 가입을 하고, 팔로우할 이름과 계정을 선택한 후 클릭 몇 번 만에 모든 것을 끝내고 실행할 수 있다. 그러나 RSS는 단순히 표준의 집합이다. RSS를 뒷받침하는 어떤 기업도 없으며, 아무도 사람의 이름이나 팔로워 목록을 저장하기 위해 중앙 데이터베이스를 운영하지 않는다. RSS를 중심으로 제작된 소프트웨어는 콘텐츠 검색, 추천, 분석 등을 실행하는 메커니즘의 사용자 친숙도가 높지 않고, 기능이 훨씬 제한적이다.

RSS는 사용자에게 너무 많은 것을 기대한다. RSS는 이메일과 웹처럼 네이밍을 위해 DNS를 사용하지만, 이는 콘텐츠 제작자가 도메인을 등록하고 그 도메인을 자신의 웹서버나 RSS 호스팅 업체에 전달해야 한다는 뜻이다. 사용을 위한 이런 식의 과정 경험은 인터넷 초창기, 대안도 없고 사용자가 이런 작업에 익숙한 기술자였던 이메일과 웹에서는 괜찮았다. 그러나 의지도 지식도 부족한 사람들이 온라인 세상에 들어오자, RSS는 더 이상 경쟁력이 없었다. 트위터와 페이스북의 간소화된 무료 서비스는 사람들이 게시물을 올리고, 다른 사람과 연결되며, 콘텐츠를 소비하는 일들을 좀 더 쉽게 하는 방법을 제시했다. 덕분에 페이스북의 경우 수천만 명, 수억 명 그리고 수십억 명의 사용자를 끌어모을 수 있었다.

기업 서비스의 성능과 경쟁하기 위한 다른 프로토콜의 시도 역시 실패했다. 2007년, 매거진 〈와이어드〉는 RSS 같은 개방형 소프트웨어를 사용해 직접 소셜 네트워크를 만드는 시도를 기록했다.[32] 이 시도는 개발자들이 탈중앙형 데이터베이스라는 핵심 기반 시스템을 미처 생각하지 않았다는 사실을 깨달아 결승선 코앞에서 중단되었다(돌이켜 생각해보면, 당시 개발자들은 훗날 블록체인이 제공할 바로 그 기술을 놓치고 있었다). 그 팀은 다음과 같이 썼다.

지난 2주 동안, 〈와이어드〉는 무료 웹 도구와 위젯을 사용해 자체 페이스북을 만들어 공개하려 했다. 거의 완성했지만, 결국 실패했다. 우리는 페이스북 기능의 약 90%를 재현할 수 있었지만, 가장 중요한 부분인 사람들을 연결하고 관계의 본질을 선언하는 방법을 재현하지 못했다.

1999년 블로그 네트워크인 라이브저널을 시작한 브래드 피츠패트릭을 포함해 몇몇 개발자들은 소셜 그래프의 데이터베이스를 만들고 이를 비영리 기관이 운영하는 방식으로 이 문제를 해결하자고 제안했다.[33] 2007년, 그는 '소셜 그래프에 관한 생각'이라는 제목의 게시물에서 다음과 같은 제안을 했다.

다른 모든 소셜 네트워크 사이트로부터 그래프들을 모으고, 이들을 하나의 글로벌 통합 그래프로 합쳐 재배포하는 비영리, 오픈소스 소프트웨어(저작권은 비영리 단체가 보유)를 제작한다. 다른 사용자와 사이트에서는 공개된 API(소규모용/일반 사용자용)와 데이터 다운로드를 통해 이 소프트웨어를 사용할 수 있다. 또한, 그래프와 API의 업데이트가 있으면, 그래프에 대한 업데이트를 반복적으로 가져갈 수 있다(대규모 사용자용).

브래드 피츠패트릭은 소셜 그래프를 담고 있는 데이터베이스가 기업 소셜 네트워크의 간소화된 사용 환경과 경쟁하는 RSS에 도움이 되리라 생각해 이런 아이디어를 제안했다. 비영리 단체에 데이터베이스에 대한 제어권을 부여하면 데이터베이스를 확실히 중립적으로 유지할 것이다. 그러나 실제로 이를 구현하려면 소프트웨어 개발자와 비영리 단체 사이에 광범위한 조율이 필요하다. 이런 노력이 필요한 일은 결코 사람들을 끌어들이지 못했으며, 사람들은 이 책 '비영리 모델'(255쪽)에서 다루는 것처럼, 다른 기술 스타트업 환경에서도 비슷한 문제로 어려움을 겪었다.

한편, 기업 네트워크에서는 조율이 필요 없었다. 기업 네트워크는 단순하고 빠르게 움직일 수 있었고, 심지어 이런 빠른 움직임이 무언가 부수는 것을 의미할 때조차도 그랬다.

RSS가 경쟁에서 밀린 두 번째 이유는 자금이다. 영리 기업은 더 많은 개발자를 채용하고, 고급 기능을 구현하며, 호스팅 비용을 지원하는 등의 일을 하기 위해 벤처 자금을 끌어모을 수 있다. 기업이 성장할수록, 더 많은 자금을 이용할 수 있다. 페이스북, 트위터 같은 기업들과 거의 모든 거대 기업 네트워크는 개인과 공공 투자자들로부터 수십억 달러의 자금을 끌어들인다. 이에 반해, 개발자들의 느슨한 연결 그룹이 전부인 RSS는 자발적인 기부금을 제외하면 자금을 끌어올 곳이 없다. 이는 결코 공정한 경쟁이 아니다.

오늘날까지도 오픈소스 소프트웨어에 대한 펀딩은 종종 인터넷에 유익한 것에 반응하는 시장의 힘에 영향을 받는다. 2012년, 소프트웨어 업데이트 과정에서 인터넷 암호화 소프트웨어의 상당 부분을 지원하는 오픈소스 프로젝트인 OpenSSL에 치명적인 취약점이 발생했다. 'Heartbleed'라고 불린 이 버그는 인터넷 통신의 보안을 광범위한 위험에 빠트렸다.[34] 보안 엔지니어들은 이 문제를

2년 후에야 발견했다. 이 버그를 더 일찍 찾아내지 못한 이유를 조사했을 때, 인터넷 프로토콜을 유지 및 관리하는 책임을 맡은 비영리 단체인 OpenSSL소프트웨어재단(OpenSSL Software Foundation, OSF)이 고작 과로에 시달리는 자원봉사자 몇 명으로 이루어져 있고, 1년에 약 2,000달러의 직접적인 기부를 포함해 보잘것없는 수준의 자금으로 근근이 유지되고 있다는 사실이 드러났다.[35]

프로젝트의 성공이 기업의 이익에 부합할 경우, 오픈소스 프로젝트라고 해도 많은 자금을 지원받는다. 오늘날 세상에서 가장 널리 사용되는 운영체제인 리눅스가 바로 여기에 해당한다. 오픈소스 운영체제의 확산으로 이익을 얻는 IBM, 인텔, 구글 같은 기업들이 리눅스를 지원한다.[36] 그러나 새로운 프로토콜 네트워크를 구축하는 일은 일반적으로 기업의 이익에 부합하지 않는다. 기술 기업 대부분의 전략은 네트워크를 손에 넣고, 이를 제어하며 독점하는 것이다. 그러므로 그들은 잠재적 경쟁자에게 자금을 지원하고 싶어 하지 않는다. 프로토콜 네트워크가 인터넷의 공동 이익에 부합하기는 하지만, 인터넷 자체가 초창기 정부 지원을 받았던 것을 제외하면 상당한 규모의 직접적인 자금 지원 창구는 갖고 있지 못했다.

이메일, 웹 같은 프로토콜 네트워크는 마땅한 대안이 없는 상태에서 등장해 성공했다. 그들이 만든 혜택은 거대 기술 기업의 공격에도 불구하고 오늘날까지 지속되는 창의력과 혁신의 황금시대를 가져왔다. 그러나 이메일과 웹 이후의 프로토콜 네트워크 구축

시도들은 주류가 되는 데 실패했다. RSS의 쇠퇴는 프로토콜 네트워크가 직면한 문제를 잘 보여준다. 또한, RSS 쇠퇴가 남긴 교훈은 프로토콜 네트워크가 인터넷의 다음 시대를 정의할 좀 더 새롭고 경쟁력 있는 네트워크를 설계하기 위해 어떻게 씨앗을 뿌리고 키웠는지 보여준다.

03   기업 네트워크

대학에 다닐 때 혼자 이런 생각을 했던 기억이 납니다. 인터넷은 정말 대단하다고요. 뉴스를 볼 수 있고, 음악을 다운로드 받거나 영화를 볼 수 있고, 구글에서 정보를 찾거나 위키피디아에서 참고 자료를 얻을 수도 있죠. 원하는 모든 것을 다 찾아볼 수 있어요. 사람에게 가장 중요한 것만 빼고요. 바로 '다른 사람'입니다.[1]

— 마크 저커버그

읽기-쓰기 시대:
"목표는 웹을 양방향 시스템으로 변환하는 거예요"

사람들이 신기술을 사용하는 목적은 다음 두 가지 가운데 하나다. 첫 번째, 이미 할 수 있는 일을 더 빨리, 더 값싸게, 더 쉽게 혹은 더 높은 수준으로 하기 위해서. 두 번째, 전에는 할 수 없었던 새로운 무언가를 하기 위해서. 신기술 개발 초기에는 첫 번째 범주의 활동이 좀 더 활발한 경향이 있지만, 시간이 지날수록 두 번째 범주의 활동이 세상에 좀 더 지속적인 영향을 끼친다.

기존 활동의 문제점을 개선하는 일은 좀 더 간단하므로 먼저 일어난다. 이에 반해 새로운 매체의 진정한 힘을 발견하는 데는 시간이 걸린다. 15세기 이동형 인쇄기 발명자인 요하네스 구텐베르크가 자신의 이름을 딴 성경책을 출간했을 때, 그는 성경책이 마치 필사본처럼 보이게 만들었다. 누가 책을 놓고 다른 생각을 할 수 있었을까? 그러나 튜링 어워드를 받은 컴퓨터 과학자인 앨런 케이가 일찍이 "인쇄술에 담긴 진정한 메시지는 성경 필사본을 흉내 내는 것이 아니라, 150년 후 과학과 정치적 지배구조에 대해 새로운 방식으로 논의하는 것이었다"라고 말했듯이, 책은 혁명의 촉매제였다.

새로운 일을 하려면 상상력의 도약이 필요하다. 초창기 영화 감독들은 영화를 마치 연극처럼 촬영했다. 사실상 그들은 공급망이 좋은 연극을 만들고 있었다. 결국 진정한 혁신가들이 새로운 매체의 잠재력을 깨달은 후에야 영화 촬영이 변했다. 전기의 발전도 비슷했다. 처음에 사람들은 단순히 편하다는 이유로 가스와 양초에서 전구로 옮겨갔다. 그러나 불과 수십 년 만에 사람들은 토스터부터 테슬라에 이르는 모든 종류의 기기에 전기를 공급하기 위해 전력망을 만들었다.

이미 존재하는 것으로부터 빌린 기술을 '스큐어모픽(skeuomorphic)'이라 부르기도 한다. 원래 이 용어는 예술에서 의도적이지만 불필요한 디자인 요소를 가리켰다. 스티브 잡스 재임 시절, 애플은 읽기 앱을 나무 책장으로, 지운 파일을 쓰레기통으로 표현하는 것처럼, 객체를 익숙한 모양으로 보여주는 디지털 그래픽 표현 방식을 사용해 스큐어모픽 아이디어를 대중화했다.[2] 스큐어모픽 디자인 덕분에 사람들은 컴퓨터 스크린과 상호작용하는 데 좀 더 쉽게 적응했다. 오늘날 기술 분야의 사람들은 기존 활동이나 경험을 모 방하는 기술을 '스큐어모픽 기술'이라 부른다. 이미 존재하는 것을 모방하는 것은 사람들이 새로운 것을 익숙하고 편안하게 느끼게 한다.

인터넷은 1990년대의 스큐어모픽 기술이었다. 당시 인터넷은 브로슈어와 카탈로그를 모방한 웹사이트, 편지 쓰기의 확장인 이 메일, 우편 주문을 연상케 하는 인터넷 쇼핑처럼 주로 인터넷 이전 의 것들을 디지털화한 것들로 이루어졌다. 이메일을 써 보내고, 데 이터를 제출하고, 물건을 구매하기는 했지만, 대개 정보는 웹사이 트에서 사용자에게로 한 방향으로만 흘렀기 때문에, 사람들은 이 시대를 '읽기 시대'라 불렀다. 이는 마치 파일을 열어 읽을 수만 있 고 편집은 할 수 없는 읽기 전용 디지털 파일과 비슷하다. 당시 웹 사이트 제작은 특별한 기술이었으며, 대부분의 인터넷 활동은 일 반 대중을 대상으로 사용자가 정보를 게재하는 것을 포함하지 않 았다.

오늘날 그런 모습을 상상하기란 쉽지 않다. 그러나 1990년대 와 2000년대 초의 인터넷은 오늘날 일상화된 24시간 켜져 있는 고 속 모바일 인터넷과는 전혀 달랐다.[3] 당시 사람들은 이메일을 확 인하거나 웹사이트를 검색하기 위해 혹은 여행 계획을 세우기 위 해 가끔 덩치 큰 컴퓨터 앞에 앉아 인터넷에 접속했다. 천천히 나타나는 웹사이트의 이미지와 비디오 스트리밍은 작동하더라도 품질이 좋지 않았다. 당시 대부분의 사람은 오늘날 사람들이 거의 고통이라고 여길 만큼 느린 전화 모뎀을 사용해 인터넷에 접속했다.

닷컴 열풍이 한창일 때조차, 인터넷에 대한 열기는 그 정도 수준이었을 뿐이다. 닷컴 열풍이 최고조에 이르기 직전인 2000년 3월 국립공학아카데미(National Academy of Engineering, NAE)는 20세기 가장 위대한 공학 업적 목록에서 인터넷을 13위에 올렸다.[4] 라디오와 전화(6위), 에어컨과 냉장고(10위), 우주 탐사(12위)보다도 낮은 순위였다.

이후 닷컴 버블이 '펑' 하고 터졌다. 닷컴 시장 전반에 걸쳐 주가가 폭락했다. 2001년, 아마존의 주가는 사상 최저치를 기록했다.[5] 아마존의 시가총액은 오늘날 대비 0.5% 이하인 22억 달러 수준까지 떨어졌다. 2002년 10월, 유명한 여론 조사 기업인 퓨 리서치 센터에서는 미국인들을 대상으로 초고속 인터넷을 사용할 것인지 물었으며, 응답자 대다수는 '아니오'라고 답했다.[6] 사람들은 인터넷을 대개 이메일과 웹서핑 용도로 사용했다. 인터넷이 정말로 빨라질 필요가 있었을까? 대다수 사람은 인터넷이 멋진 기술이긴 하지만, 사용자가 제한적이어서 아마도 생계 수단을 구축하거나 직업과 연관 짓기에는 적당하지 않다고 생각했다. 그리고 시장 붕괴가 그런 생각을 뒷받침했다.

그러나 당시 작지만 성장하는 움직임이 합쳐지며 인터넷은 부흥의 전환점에 있었다.

2000년대 중반에 이르자, 기술 전문가들은 인터넷 고유의 제품을 탐색하기 시작했다. '스큐어모픽'이 같은 것 그 이상을 의미한다면, '고유'는 새로움을 의미한다. 오프라인의 유사한 활동이 이미 닦아놓은 길을 단순히 다시 가는 것이 아닌, 인터넷의 고유한 능력을 활용하는 새로운 서비스가 등장하고 있었다. 주요한 예로 블로깅, 소셜 네트워킹, 온라인 데이팅, 사진 공유 같은 서비스가 있다. API 같은 기술 혁신은 인터넷 서비스들 사이의 원활한 통합을 가능하게 했다. 웹사이트들은 상호연동이 가능했다. 또한, 역동적이었으며, 자동으로 최신 정보를 업데이트할 수 있었다. 애플리케이션과 데이터의 통합이 갑자기 모든 곳에서 일어났으며, 웹은 유동적이 되었다.

리처드 맥매누스는 2003년 4월, 그의 초창기 영향력 있는 기술 블로그인 리드라이트웹(ReadWriteWeb)에 올린 첫 번째 게시물에서 이를 잘 설명했다.[7] 그는 "웹은 결코 한 방향 정보 게시 시스템으로 만들어지지 않았어요. 그러나 읽기 전용 웹 브라우저가 웹의 처음 10년을 주도해왔지요. 이제 목표는 웹을 양방향 시스템으로 변환하는 거예요. 현재 일반 사람들이 웹을 검색하고 읽을 수 있는 것처럼, 앞으로는 일반 사람들도 웹에 손쉽게 정보를 쓸 수 있어야 합니다."라고 게시물에 썼다.

인터넷이 읽기 전용 매체 그 이상일 수 있다는 사실은 새로운 세대의 제작자와 사용자를 들뜨게 했다. 인터넷에 대한 이런 새로운 상상은 누구라도 손쉽게 콘텐츠를 만들어 많은 사람 앞에 내어

놓게 했다. 즉, 정보를 취할 뿐만 아니라 전파함으로써 가능성 있는 새로운 분야를 열어젖혔다. 이에 웹은 사람들이 전례 없던 규모로 자유롭게 정보를 소비하거나 만드는, 인터넷 이전의 세계에서는 없었던 일을 가능하게 하면서 다음 단계를 시작하려 했다.

웹2.0으로 알려진 '읽기-쓰기 시대'가 도래했다.

모든 것을 중앙화하는 네트워크의 지배자

'읽기-쓰기 시대'가 시작되며 네트워크 설계에서 변화가 나타났다. 개방적인 프로토콜 네트워크를 고수하며, 그 위에 새로운 프로토콜과 앱을 만드는 기술 전문가들도 있었지만, 가장 성공적인 개발자들은 기업 네트워크 모델이라는 새로운 접근법을 추진했다.

기업 네트워크의 구조는 단순하다. 네트워크 중앙에 기업이 있으며, 기업은 네트워크에 동력을 제공하는 중앙집중형 서비스를 제어한다. 그 결과 기업은 네트워크를 완전하게 지배한다. 기업은 언제든지 어떤 이유로든 서비스 조건을 다시 쓸 수 있고, 서비스 접속자를 결정할 수 있으며, 돈의 흐름을 바꿀 수 있다. 궁극적으로 한 사람이(일반적으로는 CEO) 네트워크의 모든 규칙을 만들기 때문에 기업 네트워크는 중앙집중형이다.

사용자, 소프트웨어 개발자 및 다른 네트워크 참여자는 네트

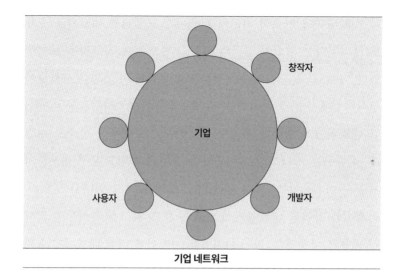

기업 네트워크

워크 중앙에서 밀려나 가장자리에 자리 잡으며, 중앙 기업의 변덕
에 영향을 받는다.

기업 네트워크 모델에서 새로운 '읽기-쓰기 시대'의 개발자들
은 좀 더 빠르게 움직일 수 있었다. 개발자들은 표준화 그룹 및 다
른 이해관계자들과 조율하며 시간을 보낼 필요가 없었으므로, 재
빨리 기능을 추가하고 평가하기를 반복할 수 있었다. 그들은 서비
스를 데이터센터에 집중하는 방식으로 선진적인 상호작용 경험을
만들 수 있었다. 그리고 결정적으로 벤처캐피털 투자자에게 네트
워크를 소유해 얻는 가치는 거부할 수 없을 만큼 크기 때문에, 기
업은 성장에 투자할 자금을 끌어모을 수 있었다.

1990년대 인터넷 스타트업들은 많은 실험을 시도했다. 그러나 2000년대에 이르러 최고의 비즈니스 모델에는 네크워크 소유도 포함된다는 사실이 명확해졌다. 특히 이베이가 그것을 보여주었다.[8] 1995년 옥션웹이라는 이름으로 설립된 이 기업은 사람들이 주식시장에서 가장 선호하는 주식이 되었으며,[9] 사람들은 이베이를 네트워크가 얼마나 가치를 창출하는지 보여주는 사례로 여겼다. 이베이는 경쟁사인 아마존보다 수익이 높았으며,[10] 대부분의 사람은 이베이가 더 나은 비즈니스 모델을 갖고 있다고 믿었다. 이베이는 강력한 네트워크 효과를 누렸고, 재고를 쌓아두지 않아서 비용을 낮추었다. 반면 아마존은 이베이에 비해 네트워크 효과를 제대로 누리지 못했고, 재고 때문에 비용이 증가했다. 페이팔(이베이가 2002년에 인수했으며, 2015년에 분사를 단행했다)처럼 네트워크 효과를 이용하는 기업들과 더불어, 이베이의 성공은 네트워크를 만들려 노력하는 스타트업에 대한 벤처캐피털의 자금 투자로 이어졌다.

유튜브의 사례는 기업 네트워크의 성장을 보여준다. 2000년대 중반, 인프라가 개선되고 비용이 감소하면서 초고속 홈 인터넷이 주류가 되기 시작했다.[11] 또한, 고품질 비디오 스트리밍도 일반 사용자들이 실용적으로 이용할 만한 수준이 되었다. 이를 주목한 기업가들이 인터넷 비디오 스타트업들을 세우기 시작했다. 이런 스타트업 가운데 몇몇은 TV 네트워크 같은 기존 비디오 서비스 업체들이 온라인 비디오 스트리밍을 할 수 있게 하였다. 또 다른 스타트업은 RSS의 멀티미디어 확장인 'Media RSS'와 'RSS-TV' 같은 개방형 프로토콜을 지원했다. '소셜 비디오'를 중심으로 자신들만의 기업 네트워크를 구축해 누구나 손쉽게 비디오를 게시하도록 만든 스타트업들도 있었다.

유튜브는 이 가운데 마지막 방식을 택했다. 유튜브는 비디오로 서비스를 확장하기 전에 비디오 데이팅 서비스를 시작했다.[12] 유튜브의 첫 번째 히트 기능은 사용자가 자신의 웹사이트에 비디오를 내장할 수 있도록 한 것이다. 당시 유튜브 웹사이트는 구독자가 많지 않았다. 비디오 제작자들은 팔로잉이 꽤 있었지만 대개 비디오는 그들 자신의 웹사이트에 올리는 경우가 많았다. 비디오 호스팅은 비용이 많이 들고 복잡한 일이었으나, 유튜브는 그것을 무료로 쉽게 할 수 있게 만들었다.

유튜브의 비디오 내장 제품은 내가 '툴을 쓰기 위해 왔다가, 네트워크를 쓰기 위해 머문다'라고 부르는 작전의 한 예다.[13] 즉, 비디오 제작자의 웹사이트 같은 기존 네트워크에 편승한 툴로 사용자들을 유인해, 그들이 유튜브의 웹사이트와 앱 같은 다른 네트워크에 참여하도록 유인하는 것이다. 툴은 서비스가 네트워크 효과가 시작되는 임계 수준에 도달하는 데 도움을 준다. 시간이 지나면서, 대체 네트워크가 기존 네트워크보다 가치 있어지면 경쟁자들이 따라붙기가 더욱 힘들다. 기능이 추가되어 툴이 점점 좋아지는 데다, 네트워크의 가치는 복리처럼 훨씬 빠르게 증가한다. 오늘날 많은 서비스에서 비디오를 무료로 호스팅하지만, 유튜브 서비스는 이미 구독자가 많아서, 즉 네트워크의 규모가 워낙 커졌으므로 앞서 나간다. 툴은 미끼지만, 네트워크는 사용자와 기업에 장기적인 가치를 생성하는 존재다.

신생 기업 네트워크는 흔히 이런 작전을 사용한다. 인스타그램의 초기 미끼는 무료 사진 필터링 툴이었다. 다른 앱에서도 비슷한 시기에 사진 필터를 제공했지만, 대부분 유료였다. 인스타그램은 보정된 사진을 페이스북이나 트위터 같은 기존 네트워크에 쉽게 공유할 수 있으면서도 인스타그램의 네트워크에서도 공유할 수 있도록 했다.[14] 결국 사람들은 인스타그램 이외의 곳에 귀찮게 사진을 공유하는 일을 멈추었다.

유튜브는 이런 작전의 힘을 잘 보여주었다. 유튜브 서비스는 비디오 스트리밍에 필요한 저장공간 및 네트워크 대역폭 비용을 보조하는 방식으로 콘텐츠 제작자를 끌어들였다. 모든 비디오는 유튜브에 업로드할 수 있었으며, 모든 웹사이트에서 공짜로 플레이할 수 있었다. 유튜브는 인터넷 비디오 배포용 네트워크를 통제해 얻는 이득이 비디오 내장 툴을 제공하는 비용보다 크다고 판단했다.

그러나 유튜브 서비스를 유지하려면 누군가는 비용을 지불해야 했다. 수많은 비디오를 호스팅하는 기업을 운영하는 일은 큰돈이 들었고, 여기에 필요한 자금을 외부에서 모으는 것은 확실한 해결책이 아니었다. 2000년대 중반 벤처캐피털은 지금에 비해 규모가 훨씬 작았으며, 게다가 닷컴 붕괴의 여파로 몸살을 앓고 있었다. 사용자들이 저작권 위배 비디오를 업로드하면서, 법률적인 문제에도 직면했다.[15] 이에 2006년, 유튜브는 구글에 팔렸다. 구글은 당시 광고 수입으로 자금이 풍부했다. 선견지명이 뛰어난 설립자는 유튜브와 구글 비즈니스의 시너지 효과뿐만 아니라 유튜브 네트워크의 잠재력까지도 알아보았다. 이 투자는 큰 성공을 거두었다. 월스트리트 분석가들의 다양한 추정에 따르면, 구글 시가총액에서 유튜브가 기여한 액수는 1600억 달러 이상이다.[16]

보조금 지급은 프로토콜 네트워크가 기업 네트워크와 경쟁하는 데 왜 큰 어려움을 겪는지를 설명해준다. RSS와 같이 커뮤니티 지원 네트워크와 연계된 서비스는 기업 지원 네트워크만큼 호스팅 비용을 보조할 수 있는 재원이 없다. 기부를 통해 모집된 프로젝트 자금은 거대 기술 기업의 사업 전쟁 자금에 비하면 초라하기 짝이 없다. 툴을 무료로 제공하는 일은, 네트워크라는 궁극적인 보상을 커뮤니티가 아니라 보조금을 지원하는 기업이 차지할 때만 재정적으로 타당하다.

플랫폼 기업의 변덕에
무방비로 노출된 사람들

사람들에게 특별한 기업 경쟁 사례를 이야기해보라고 하면, 대부분 코카콜라 vs 펩시, 나이키 vs 아디다스, 맥 PC vs 윈도즈 PC

처럼 비슷한 제품을 만드는 기업 사이의 경쟁을 이야기할 가능성이 크다. 이처럼 근본적으로 상호 대체할 수 있는 제품을 비즈니스 용어로 '대체재'라 부른다.

대체재 사이의 경쟁은 단순하다. 맥도널드 혹은 버거킹에서의 식사는 아마도 한 사람의 식욕을 만족시켜줄 것이다. 여러분은 바쁜 점심시간에 고객이 두 햄버거 가게를 모두 방문하지는 않으리라 생각할 것이다. 마찬가지다. 누군가 픽업트럭을 한 대 사려 한다면 포드 혹은 GM 둘 중 한 곳에서 사지, 돈 자랑하듯 포드와 GM에서 동시에 트럭을 사지는 않을 것이다. 결과적으로 한 고객이 한 제품만 산다면, 경쟁 기업들은 그 고객을 자신의 고객으로 만들기 위해 경쟁한다.

이와 반대로, 묶음으로 만들거나 함께 사용할 수 있는 제품을 '보완재'라 부른다. 예를 들어, 커피와 크림은 보완재다. 또한, 스파게티와 미트볼, 자동차와 휘발유, 컴퓨터와 소프트웨어도 보완재다. 유튜브와 미스터비스트(2024년 기준, 전 세계 구독자 수 2위인 유튜버) 같이 소셜 네트워크와 콘텐츠 제작자 역시 보완재다. 보완재는 서로의 가치를 높여준다. 이는 빵 없는 핫도그나, 앱 없는 아이폰을 상상해보면 쉽게 이해할 수 있다.

보완재끼리의 짝짓기는 최고의 파트너십으로 이어진다고 생각하기 쉽다. 그러나 예상과 달리 가장 원수지간이 되는 사이가 이들 보완재다. 고객이 묶음 제품에 일정 금액 이상을 지불하려 하지 않는다면, 묶음 제품을 구성한 보완재들은 판매 이익에서 더 많은 돈을 가져가기 위해 싸울 것이다. 보완재 사이의 다툼은 일종의 제로섬 게임이어서 인정사정없다. 실제로 가장 지독한 비즈니스 경쟁 가운데 몇몇은 가까운 사이에서 일어난다.

예를 들어, 푸드트럭 식재료 공급자끼리 충돌이 일어났다고 상상해보자. 고객이 핫도그 1개에 5달러를 지불한다고 했을 때, 약삭빠른 소시지 제작자는 이웃 빵집이 아닌 자신이 5달러에서 더 많은 돈을 가져가려 할 것이다. 아마도 정육업자는 빵을 도매로 값싸게 구입해 소시지와 짝짓는 방식으로 경쟁자인 빵집의 몫을 줄일 것이다. 혹은 유기농 글루틴 프리 소시지처럼 빵 없는 핫도그를 먹는 최신 유행을 홍보할 것이다. 성난 제빵사들은 보복 차원에서 빵값 대비 소시지 가격을 떨어뜨리기 위해 가축을 기르고, 시장에 고기를 잔뜩 제공한다. 혹은 아마도 제빵사들은 정육업자를 완전히 배제하기 위해 비건 소시지를 도입할지도 모른다.

이런 예는 터무니없어 보이겠지만, 핵심은 한 보완재의 가치가 더 커지면 나머지 보완재의 가치는 그만큼 더 작아진다는 것이다. 양쪽은 상도의 없는 냉혹한 세상으로 묘사할 수 있는 핫도그 시장을 키우며 상대방보다 앞서기 위해 다툴 것이다.

네트워크 효과는 상충 관계에 있는 혜택을 설정함으로써 기업 네트워크 보완재 사이의 경쟁을 복잡하게 한다. 예를 들어, 기업 네트워크의 보완재는 네트워크 성장과 네트워크 효과 강화를 돕는 동시에 네트워크 소유자에게 돌아갔을 수익을 대신 가져갈 수 있다. 이와 같은 상충 상태는 거의 언제나 기업 네트워크와 그들의 보완재 사이의 관계 단절로 이어진다.

1990년대, 마이크로소프트는 자사의 운영 소프트웨어 시스템
인 윈도즈의 보완재들과 충돌하는 전략적 결정을 내리며 이를 잘
보여주었다.[17] 마이크로소프트는 타사 앱 개발자가 윈도즈용 앱을
개발하기를 원했지만, 개발된 앱이 너무 유명해지는 것은 원하지
않았다. 이에 앱이 잘되기 시작하자, 마이크로소프트는 자체 무료
버전을 제작해 윈도즈와 함께 제공했다. 예를 들어, 미디어 플레이
어, 이메일 클라이언트, 인터넷 브라우저 등이 대표적이다. 마이크
로소프트가 관심 둘 만큼 큰 성공을 거두지 못한 앱들만 주로 이
런 공격에 살아남았다. 윈도즈 같은 플랫폼 소프트웨어 비즈니스
에서는 많은 보완재 앱이 전체로써는 플랫폼을 더욱 가치 있게 만
들되, 개별적으로는 약하고 분산된 것이 이익 극대화 측면에서 가
장 좋았다. 마이크로소프트의 이런 보완재 분쇄 정책은 1998년 미
국 법무부가 마이크로소프트를 반독점 위배로 고소한 주요 이유
였다.[18]

소셜 네트워크 역시 주요한 보완재인 콘텐츠 제작자와 충돌
했다. 이익 극대화를 추구하는 오늘날의 광고 기반 소셜 네트워크
를 생각해보라. 소셜 네트워크 대부분은 소프트웨어 개발과 인프
라 구축에 많은 고정비용을 지출한다. 그러나 한계비용은 낮아서,
서버를 증설하거나 네트워크의 대역폭을 늘려서 얻는 추가 이득
이 추가 지출한 비용보다 많다. 따라서 대개 매출이 늘면 이익이

증가한다. 간단하다!

소셜 네트워크에서는 다음 두 가지 방법 가운데 한 방법을 사용해 매출을 극대화할 수 있다. 첫 번째 방법은 네트워크를 키우는 것이다. 이를 위한 가장 효과적인 방법은 콘텐츠의 증가가 사용자의 증가로 이어지고, 사용자의 증가가 다시 콘텐츠의 증가로 이어지는 긍정적인 피드백 루프를 만드는 것이다. 한마디로 선순환을 만드는 것이다. 사람들이 네트워크에서 더 많은 시간을 소비한다면, 네트워크를 소유한 기업은 좀 더 많은 광고 수익을 얻을 수 있다.

두 번째 방법은 광고다. 일반적으로 소셜 피즈는 오가닉 콘텐츠와 광고 콘텐츠의 두 종류로 구성된다. 오가닉 콘텐츠는 통상적으로 알고리즘 처리 결과에 따라 사용자 피즈에 나타난다. 이에 반해 광고 콘텐츠는 제작자가 광고료를 냈기 때문에 나타난다. 소셜 네트워크는 더 많은 콘텐츠 제작자가 돈을 내게 하여 매출을 늘린다. 네트워크는 광고당 더 많은 광고료를 부과할 수 있고, 더 많은 광고 콘텐츠로 사용자 피즈를 채울 수도 있다. 이런 전략은 자칫 사용자 경험의 질을 떨어트리거나 사용자가 광고에 대한 인내심을 잃게 만들 수도 있다.

소셜 네트워크에서 콘텐츠 제작자가 더 많은 콘텐츠를 광고하게 만드는 일반적인 방법은 콘텐츠 제작자가 일정 규모의 구독자를 달성하게 만든 후, 광고 없이는 같은 규모의 구독자를 달성하지 못하게 알고리즘을 조정하는 것이다. 다시 말해, 콘텐츠 제작자가 의미 있는 수준의 매출을 만들고, 경제적으로 네트워크에 의존하게 되면, 네트워크 소유자는 제작자가 구독자를 유지하거나 늘리기 위해 더 많은 광고료를 낼 수밖에 없도록 구독자의 숫자를 억누른다. 그 결과 구독자 수를 늘리는 비용은 시간이 지날수록 점점 증가한다. 콘텐츠 제작자들은 이런 변화를 '미끼 상술'이라 부르는데, 콘텐츠 제작자들과 이야기를 나누면 미끼 상술에 대해 불만을 쏟아낼 때가 많다.

기업들도 같은 문제에 직면해 있다. 소셜 네트워크에서 광고하는 공공 기업에 대한 감독기관 보고서를 읽어보면, 대부분 마케팅 비용이 증가하는 것을 볼 수 있을 것이다.[19] 소셜 네트워크는 가장 중요한 보완재인 콘텐츠 제작자(광고주 포함)로부터 최대의 이익을 뽑아내는 데 매우 뛰어나다. 이는 이런 미끼 상술이 기업 운영에 따른 사악한 음모라는 뜻은 아니다. 단지 이익을 최적화하는 기업 네트워크들이 이런 식으로 운영한다는 뜻이다. 왜 이런 운영 형태는 일정하고 지속적일까? 두 번 생각할 것도 없이 이익을 영리하게 최적화하는 기업 네트워크만이 살아남기 때문이다.

독립적인 소프트웨어 개발자는 소셜 네트워크의 중요한 보완재 가운데 하나다. 개발자는 새 소프트웨어 제작을 위탁받기 때문에 네트워크에 가치가 있다. 소셜 네트워크는 흔히 독립적인 소프트웨어 개발자 앱의 성장을 장려한다.[20] 그러나 훗날 네트워크는 한때 페이스북이 바인과 기타 업체들에게 그랬듯이, 그 앱을 경쟁 위험으로 규정하고는 막아버린다.

보완재를 무너뜨리지 않는 기업 네트워크는 대개 모방하거나 혹은 가끔 인수한다. 트위터는 2010년 첫 아이폰 앱을 출시할 때, 그해 인수한 트위티를 상표만 바꾸어 내놓는 방식으로 출시했다.[21] 얼마 후, 트위터는 다양한 피드 리더, 대시보드, 필터를 포함해 다른 앱에서도 쓸 수 있는 기능들의 지원을 중단했고,[22] 트위티의 개발자들은 배신감을 느꼈다.[23] 트위트레이더의 창업자인 앤드루 스톤은 2012년 〈더 버지〉에서 "독립적인 소프트웨어 개발자를 제거해 얻을 수 있는 이득과 트위터가 탐욕스러워졌다는 대중의 인식 가운데 어느 것이 더 무거운지 따져보아야 합니다."라고 말했다.

또한 그는 "트위터는 새로 태어난 자식을 잡아먹기 시작한 그리스 신화의 타이탄 크로노스처럼 행동한다."라고 덧붙여 말했다.

2000년대 후반, 소셜 네트워크를 기반으로 스타트업을 세우는 일이 널리 퍼졌다. 당시 스타트업들 사이에서는 모바일 폰을 제외하면 소셜 네트워크가 다음번 대형 플랫폼이라는 생각이 퍼져 있었다. 록유(RockYou, 광고 네트워크),[24] 슬라이드(Slide, 소셜 앱 제작사),[25] 스톡트위츠(StockTwits, 주식시장 트래커),[26] 우버미디어(UberMedia, 소셜 앱 제작사)[27] 등 당시 가장 인기 높았던 상당수 스타트업이 소셜 네트워크를 기반으로 제작되었다. 그 당시 내 창업자 친구 상당수가 페이스북, 트위터 및 다른 소셜 네트워크를 기반으로 스타트업을 세우고 앱을 개발했다. 심지어 2008년 넷플릭스까지도 독립적인 소프트웨어 개발자의 앱 개발을 장려하기 위해 API를 공개했으나, 6년 후에 중단했다.[28]

스타트업을 세우거나 앱을 개발하기 위한 소셜 네트워크로 특히 트위터의 인기가 높았다. 트위터가 정책을 바꾸어[29] 개발자 에코 시스템을 없애기 전까지, 사람들은 트위터를 가장 개방적인 기업 네트워크라고 생각했다. 당시 나는 트위터에 의존도가 지나치게 높은 스타트업들을 걱정했으며,[30] 2009년 나의 우려를 담아 '트위터와 트위터 앱 사이의 피할 수 없는 대결'이라는 제목의 블로그 글을 썼다.

나는 내 충고를 유념했어야 했다. 나는 2009년 두 번째 스타트업인 인공지능 기업 헌치(Hunch)를 공동창업했다. 헌치는 트위터 데이터에 기반해 사용자의 관심사를 학습하고 상품을 추천했으며, 이를 위해 트위터의 API를 사용했다. 공동창업자와 나는 2011년 이베이에 헌치를 매각했는데, 서비스를 제공하기 위해 필요한 상당 부분의 데이터를 더는 이용할 수 없게 된 것도 매각의 한 가지 이유였다. 참고로 이베이는 헌치의 머신러닝(machine learning) 기술을 적용할 수 있는 자신만의 데이터를 갖고 있었다.

개방형 소셜 네트워크가 오늘날 우리 모두 익숙한 폐쇄형 소셜 네트워크로 전환한 시기는 대략 2010년까지 거슬러 올라간다. 구글은 구글 주소록을 페이스북에 내보내기 하려는 사용자들에게 '잠깐 멈추세요! 지인 주소 정보를 다시 가져올 수 없는 서비스로 정말 내보내기 원하세요?'라고 경고하기 시작했다.[31] 당시 페이스북은 사용자들이 사진, 프로필 정보 등과 같은 개인정보를 다루기 힘든 .zip 파일 형태로만 다운로드 받을 수 있게 하였다. 페이스북은 상호운용할 수 있으며 사용하기도 쉬운 API를 제공하지 않았다. 페이스북은 누구도 친구 목록을 쉽게 다운로드 받지 못하도록 엄하게 단속했다. 구글은 이런 페이스북의 정책을 '데이터 보호주의'라며 심하게 비난했다.

기업 네트워크가 자신의 것을 움켜쥐고 내어놓지 않았기 때문에, 소셜 플랫폼을 기반으로 제작된 앱에 대한 벤처캐피털의 투자가 급격히 줄었다. 네트워크를 토대로 무언가 만들어 성장할 수 없다면, 누가 그런 기업에 투자하겠는가? 웹, 이메일 같은 프로토콜 네트워크 시대와는 매우 다르다. 프로토콜 네트워크 시대에는 모든 사람이 언제나 네트워크에 접속할 수 있고, 영원히 임대료를 내지 않으며, 시장이 허락하는 만큼 성장할 수 있었다. 그러나 기업 네트워크가 등장하며 그런 암묵적 약속이 끝났다. 기업 네트워크를 기반으로 무언가 구축하는 일은 모래 위에 집을 짓는 것과 같다. 플랫폼 리스크는 이런 새 시대의 위험을 묘사하기 위한 용어다.

독립적인 소프트웨어 개발자가 없다면 기업 네트워크는 순전히 직원들만으로 신제품을 개발해야 한다. 트위터는 이런 상황에서 발생하는 문제를 잘 보여준다. 창립 후 17년이 지났음에도, 트위터는 여전히 끔찍한 스팸 문제로 골머리를 앓고 있다. 선 마이크로시스템즈의 공동 창립자인 빌 조이의 관찰에 따르면, 가장 똑똑한 사람들은 대부분 다른 사람을 위해 일한다.[32] 이메일이 스팸 메일 문제로 골치 아팠을 때, 다른 사람을 위해 일하는 똑똑한 사람이 나타나(혹은 사용자 자신이) 문제를 해결했다. 그러나 트위터에는 문제가 생기면 아무도 오지 않을 것이다. 플랫폼의 위험은 오히려 모든 사람을 쫓아버린다.

거의 모든 새로운 기술들은 'S'자 형태의 시간에 따른 성장 그래프인 'S-커브'를 따른다. 이 커브는 기술 개발자가 시장과 얼리 어답터를 찾는 첫 단계에서는 평평한 형태로 시작한다. 기술 개발자가 제품의 시장 적합성을 찾으면, 곡선은 제품의 주류 시장으로의 진입을 반영하며 빠르게 상승하기 시작한다. 마지막으로 제품 시장이 포화 상태에 이르면 곡선은 다시 평평한 형태가 된다.

네트워크 채택 역시 S-커브를 따르는 경향이 있다. 네트워크가 커브를 따라 움직일 때, 기업 네트워크와 보완재 사이의 관계는 예상할 수 있는 형태로 전개된다. 시작 단계에서는 서로 우호적이다. 네트워크는 자신의 서비스를 더욱 매력적으로 만들기 위해 소프트웨어 개발자나 콘텐츠 제작자 같은 보완재를 적극적으로 끌어모은다. 이런 시작 단계에서 네트워크 효과는 약하다. 사용자와 보완재는 많은 선택권을 갖고 있으며, 이 둘은 아직 네트워크에게 묶이지 않았다. 네트워크에는 생기가 흐르고, 사람들은 행복해하며, 아무런 문제도 없다.

시간이 지나며 관계가 나빠진다. 네트워크가 S-커브를 따라 올라가면, 네트워크는 사용자와 독립적인 소프트웨어 개발자에 힘을 휘두르기 시작한다. 네트워크 효과는 강화되지만, 성장 속도는 서서히 느려진다. 네트워크와 보완재 사이의 관계는 적대적으

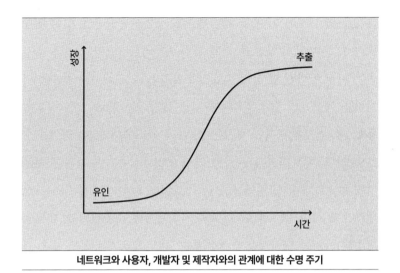

네트워크와 사용자, 개발자 및 제작자와의 관계에 대한 수명 주기

로 변하고, 포지티브섬(서로 시너지가 나는 관계-옮긴이) 관계는 제로
섬 관계로 변한다. 네트워크는 끊임없이 이익을 얻기 위해 네트워
크를 통해 흘러 다니는 돈에서 더욱 많은 부분을 가져가기 시작한
다. 이는 페이스북이 바인과 그 밖의 다른 앱을 말살했을 때와 트
위터가 독립적인 소프트웨어 개발자의 결과를 독식했을 때 발생
했던 일이다. 궁극적으로 네트워크는 자신의 보완재를 모두 잡아
먹는다.

네트워크 규모가 커질수록 대개 상호운용이 중단되는 이유를
좀 더 잘 이해할 수 있도록 예시를 들어 설명하고자 한다. 여러분
이 서로 다른 규모의 네트워크를 갖고 있다고 가정하자. 규모가 작
은 네트워크 A에는 10개의 노드가 있고, 규모가 큰 네트워크 B에

93

는 20개의 노드가 있다. 두 네트워크를 상호운용한다면, 양쪽 네트워크 모두 30개의 노드를 갖게 된다. 한 네트워크의 가치를 추정하는 여러 방법이 있다. 네트워크의 가치가 노드 개수의 제곱에 비례하는 멧커프의 법칙을 사용하기로 하자. 두 네트워크를 상호운용할 때, 네트워크 A의 가치는 100(10의 제곱)에서 900(30의 제곱)으로 변한다. 네트워크 B의 가치 역시 900(30의 제곱)이 되지만 처음 가치는 400(20의 제곱)이었으므로 네트워크 B의 가치 증가치는 상대적으로 적다. 즉, 네트워크 A의 가치는 9배 증가했지만, 네트워크 B의 가치는 단지 2.25배 증가했다. 네트워크 A가 훨씬 좋은 결과를 얻었다.

간단한 예지만, 네트워크의 규모가 커질수록 보완재를 추가하고, 다른 네트워크와 연동하는 일이 덜 매력적인 이유를 잘 보여준다. 그러므로 네트워크의 영향력이 극대화되는 때가 보완재에 대한 태도를 180도 바꾸기에 적합한 순간이다. 네트워크 규모가 커질수록 상호운용으로 얻을 것은 적고 잃을 것은 많다. 잠재적 경쟁자를 키울 이유가 도대체 무엇이겠는가?

한때 밀접한 관계였던 게임 제작사 징가(Zynga)와 페이스북의 위험한 관계는 이런 우려를 잘 보여준다. 2007년 설립된 이후 수년 동안 징가는 소셜 네트워크에서 인기가 가장 높았다. 징가 포커, 마피아 워즈, 워즈 위드 프렌즈는 천만 명의 사용자를 끌어모았다. 2011년 〈뉴욕매거진〉에 실린 글에서 작가는, 징가의 첫 번째 메이저급 게임인 팜빌을 넌지시 언급하며 "사실 요즈음 거의 모두가 그렇지만, 페이스북에 자주 오랫동안 머무르는 사람은 누구나 어느 날인가 젖소를 데려다 키우라는 요청을 받는다."고 징가의 인기를 기술했다.[33]

징가에게 게임 속 가상의 젖소는 금전적인 수익을 창출하는 젖소를 뜻하는 캐시카우였다. 2012년, 징가의 매출은 사용자 대상 디지털 가축 판매를 포함해 페이스북 매출의 10%를 넘어섰다.[34] 월스트리트 애널리스트는 징가의 페이스북에 대한 엄청난 기여를 중대한 위협이라 불렀다. 이 게임 업체가 궁극적으로 자체적인 게임 플랫폼으로 사람들을 끌어들일 수 있기 때문이었다. 이에 페이스북은 매출을 다양화하고,[35] 징가를 거의 망하게 만들며 협력을 중단했다[36](징가는 약 1년간의 노력 끝에 사업을 재개했다. 그리고 2022년 테이크-투 인터랙티브라는 게임 업체가 127억 달러에 징가를 인수했다).[37]

요약하자면 다음과 같이 정리할 수 있다. 큰 네트워크도 적당한 환경에서는 상호운용을 통해 이익을 얻지만, 때로는 작은 라이벌 경쟁자들이 더 많은 수익을 얻기도 한다. 이런 트레이드오프(trade-off) 때문에 네트워크 초기에는 협력을, 후일에는 경쟁을 선호한다.

나는 이를 '유인-추출 사이클(attract-extract cycle)'이라 부르며, 기업 네트워크는 언제나 이 논리를 따른다. 협력에서 경쟁으로의 전이는 보완재에 대한 배신처럼 느껴진다. 시간이 지날수록 최고의 기업가, 개발자, 투자자는 기업 네트워크를 기반으로 무언가 만드는 것을 경계하게 된다. 지난 수십 년 동안 쌓인 증거에 따르면 그런 일은 실망으로 끝날 것이다. 전 세계에 걸친 혁신의 손실량은 가늠할 수 없다. 이에 반해, 이메일과 웹은 수십 년이 흘렀음에도 여전히 중요하며, 그런 이메일과 웹을 기반으로 지속되는 사업적 활동을 통해 커뮤니티 주도의 기업 네트워크를 가장 손쉽게 살펴볼 수 있다. 매년 기업가들은 소프트웨어 기업, 미디어 기업, 소규모 전자상거래 사이트 등과 더불어 수백만 개의 웹사이트와 뉴스레터를 만든다.

일부 스타트업 창업자와 투자자는 이런 상황에 기업 네트워크 모델을 외면하고 있다. 나 또한 그렇다. 나는 기업 네트워크를 위해 일하는 선한 의도의 사람들을 많이 알고 있다. 문제는 사람이 아니라 모델이다. 기업과 네트워크 참여자의 관심은 서로 어긋나 있으며, 이는 사용자의 나쁜 경험으로 이어진다. 미끼 상술 전략을 사용하지 않는 기업 네트워크는 그렇게 하는 경쟁자들과의 싸움에서 질 것이다.

불확실성도 기업 네트워크의 또 다른 문제다. 사람들은 기업 네트워크의 이익 추구자들이 알고리즘 순위, 스팸 필터링, 디플랫포밍 등의 일을 투명하지 않게 다룰 때, 네트워크에 대한 믿음을 잃는다. 여러분의 계정이 중단된 이유, 혹은 여러분의 앱이 앱스토어로부터 거절당한 이유, 아니면 여러분의 소셜 영향력이 이전만 못한 이유를 모르는가? 기업 네트워크는 사람들의 삶에 영향을 끼치는 중요한 툴이 되었으며, 끊임없는 논쟁과 좌절의 대상이다. 경영진은 변화할 수도 있고, 때때로 당신의 가치를 공유하거나 그렇지 않을 수도 있다. 다시 말하지만, 진짜 문제는 모델이다. 모든 사람은 기업 플랫폼의 변덕 아래에 있다.

이를 프로토콜 네트워크의 투명성과 비교해보라. 이메일과 웹은 기술적으로 결정을 내리는 사용자 및 소프트웨어 개발자 커뮤니티뿐만 아니라 법을 집행하는 기관들까지 나서서 관리한다. 이메일과 웹의 프로세스들은 공개적이고 민주적이다. 클라이언트 소프트웨어에는 조정과 필터링을 자유롭게 추가할 수 있다. 소프트웨어가 마음에 들지 않을 경우, 기존 연결을 유지한 채 새 소프트웨어로 옮겨갈 수 있다. 힘은 커뮤니티의 손에 있다. 그러므로 이해관계를 확장하는 일이 신뢰를 쌓는다.

긍정적인 시각으로 본다면, 페이스북, 트위터, 링크드인, 유튜브 같은 기업 네트워크는 지난 20년 동안 인터넷 성장에 크게 기여했다. 2007년 아이폰, 2008년 앱스토어의 등장은 왓츠앱, 스냅, 틴더, 인스타그램, 벤모 같은 유용한 네트워크의 물결로 이어졌다. 이런 기업 네트워크는 50억 명의 인터넷 사용자들이 첨단 서비스를 누리는 데 기여했으며, 인터넷 접속이 가능한 사람은 누구나 글을 쓰고, 구독자를 모으며, 잠재적으로 생계 활동을 가능하게 했다.[38] 기업 네트워크는 또한 웹사이트 제작에 비해 덜 전문적이고 덜 힘이 드는 방식으로, 또한 이메일만 사용하는 것보다는 훨씬 효과적으로 폭넓은 구독자들을 만날 수 있도록 진입 장벽을 급격히 낮춰주었다. 이런 방식으로 기업 네트워크는 프로토콜 네트워크를 개선했다. 웹의 두 번째 시대는 2000년대 초반 인터넷을 '읽기 전용'에서 '읽기-쓰기'로 업그레이드하려 한 기술자들의 꿈을 이루는 데 유용했다.

기업 네트워크는 우월한 기능과 지속적인 투자 덕분에 프로토콜 네트워크를 이겼다. 단지 초기 인터넷의 유물인 이메일과 웹만이 고유한 오랜 역사, 확립된 관습 덕분에 기업 네트워크의 끌어들이는 힘에 저항하고 있다. 이는 오랜 세월이 흘러도, 가치가 유지되는 효과를 뜻하는 '린디 효과(Lindy Effect)'의 예다. (상상하기 어렵겠지만, 기업 네트워크가 이런 프로토콜 네트워크를 포섭할 가능성은 언제나 있다.)

좀 더 최근의 프로토콜 네트워크에는 그런 회복력이 없다. 지난 30여 년 동안 여러 시도가 있었으나, 어떤 프로토콜 네트워크도 소규모 성공 외에 큰 성공을 거둔 적이 없었다. 새로운 프로토콜 네트워크는 드물고, 기술자들이 실제로 만든 프로토콜 네트워크는 사용자들을 끌어들이는 일에 늘 큰 어려움을 겪는다. 기업 네트워크는 칡뿌리같이 새로운 프로토콜 네트워크를 추월하고 식민화한다. 기업 네트워크는 트위터 대 RSS 사례와 그 밖의 많은 다른 사례에서 일어났듯, 유인-추출 사이클의 피할 수 없는 이익 중심 논리에 순응한다. 그래서 기업 네트워크 모델은 아주 효과적으로 몸집을 키워왔다

그러나 소프트웨어는 탐색에 대한 무한한 여지를 가진 창의적인 매개체이며, 인터넷은 여전히 개발 초기 단계에 있다. 새로운 네트워크 아키텍처는 기업 네트워크가 만든 문제를 다룰 수 있다.

특히, 블록체인 위에 구축한 네트워크는 이전 네트워크들의 가장 좋은 기능들만 합쳐 빌더(builder), 제작자, 소비자에게 이득을 주고 인터넷의 세 번째 세대를 열 수 있다.

PART 2

소유하기

04   블록체인

대부분의 기술이 말단 노동자의 하찮은 일을 자동화하는 반면,
블록체인은 중심부의 핵심적인 일을 자동화했다. 예를 들어,
블록체인은 택시 기사의 일자리를 빼앗는 대신 우버의 일을
빼앗고, 택시 기사가 고객과 직접 일하게 만들었다.[1]

— 비탈릭 부테린

플랫폼과 앱은 어떻게
서로의 성장을 견인하는가

영화 〈백 투 더 퓨처 2〉에서 주인공은 1989년에서 2015년으로
시간 여행을 한다. 자동차들이 하늘을 빠르게 날아다니지만, 사람
들은 여전히 공중전화를 사용한다. 스마트폰은 존재하지 않는다.

인터넷이 등장하기 이전의 공상과학 소설에서 이러한 풍경은
일반적이다. 컴퓨터와 인터넷의 눈부신 성공을 예견한 이야기는
거의 없었다. 이처럼 작가들이 일관되게 틀린 이유는 무엇일까?
실제로는 인터넷에 연결된 이동식 슈퍼컴퓨터(스마트폰을 뜻한다—옮
긴이)가 하늘을 나는 자동차보다 먼저 세상에 나온 이유가 무엇일

까? 또한, 컴퓨터와 인터넷이 그 어떤 것보다도 빠르게 발전한 이유는 무엇일까?

해답 일부는 기술에 있다. 컴퓨터 반도체의 최소 소자인 트랜지스터는 물리학 법칙을 고수하면서도 그 크기를 줄일 수 있다. 결과적으로 더 많은 트랜지스터를 반도체에 집적함으로써 컴퓨터 크기를 줄이면서도 성능을 높일 수 있다. 이 과정의 속도를 나타내는 법칙이 인텔 창업자인 고든 무어의 이름을 딴 무어의 법칙(Moore's law)이다.[2] 무어의 법칙에 따르면, 칩에 집적할 수 있는 트랜지스터의 개수는 2년에 2배씩 증가한다. 이 법칙은 일종의 경험법칙으로, 기술의 역사가 이 법칙을 증명한다. 예를 들어, 1993년 데스크톱 PC에는 350만 개의 트랜지스터가 들어 있었으나, 오늘날 아이폰에는 150억 개의 트랜지스터가 들어 있다. 이처럼 기술이 수천 배 향상된 경우는 매우 드물다. 다른 공학 분야에서는 물리적 제약을 극복하기가 훨씬 더 어렵다.

해답의 나머지 일부는 '앱'과 '앱을 밑받침하는 플랫폼' 사이의 선순환 관계에 있다. 최초의 스마트폰에 비해 최신 스마트폰에는 훨씬 많은 트랜지스터가 들어 있다. 그런데 이게 다가 아니다. 앱도 훨씬 많이 들어 있다. 최신 스마트폰 앱은 초창기 스마트폰 앱에 비해 훨씬 쓸모가 많고 기술적으로도 크게 발전했다. 새로운 앱은 스마트폰 판매 증가로 이어졌으며, 이는 스마트폰 재투자비의 증가 그리고 더 많은 새로운 앱 개발로 이어졌다. 이것이 바로 '플랫폼-앱 피드백 루프'다. 스마트폰 같은 플랫폼은 새로운 앱을 실행할 수 있고, 새 앱은 스마트폰 플랫폼의 가치를 높여준다. 이런 주고받기 효과 덕분에 복리식 성장이 가능해지는 선순환 피드백 루프가 나타난다.

기술적 진보와 플랫폼-앱 피드백 루프 덕분에 더 많은 기능을 더 빠르게 실행할 수 있는 컴퓨터를 더 작고 싸게 만들 수 있다. 이런 영향력 있는 힘은 컴퓨팅 역사에서 반복해 나타났다. 기업가는 개인용 컴퓨터에서 사용할 수 있는 워드프로세서, 그래픽 디자인 프로그램, 스프레드시트 등을 개발했다. 개발자는 검색엔진, 전자상거래, 소셜 네트워킹을 인터넷에 구현했다. 빌더는 메시징, 사진 공유, 온디맨드 배달 서비스를 스마트폰으로 가져왔다. 각 경우에 투자는 플랫폼과 앱 사이에 번갈아 일어났으며, 그 결과 빠르고 지속적인 성장이 가능했다.

커뮤니티 소유의 플랫폼과 기업 소유의 플랫폼 모두에 플랫폼-앱 피드백 루프를 적용할 수 있다. 웹과 이메일 같은 프로토콜은 오픈소스 운영체제인 리눅스와 마찬가지로 피드백 루프의 효과를 누렸다. 기업 측면에서는, 개발자가 윈도즈 컴퓨터용 앱을 개발한 1990년대 마이크로소프트가 비슷한 피드백 루프 효과를 누렸다. 오늘날 앱 개발자들은 애플과 구글의 모바일 운영체제인 iOS와 안드로이드를 기반으로 같은 역할을 한다.

종종 여러 개의 동향이 보강간섭을 일으켜 서로를 증폭시킨다. 소셜 네트워크는 스마트폰의 킬러 앱으로 스마트폰이 인기를 얻는 데 기여했다. 그 기간 동안 클라우드 컴퓨팅은 스타트업에게 개발한 앱의 서비스 규모를 재빨리 확장하는 데 사용할 수 있는 유연한 인프라를 제공했다. 덕분에 스타트업은 수십억 명의 사용자를 지원할 수 있었다. 스마트폰은 모든 것을 접속할 수 있게 했다. 이런 동향들이 합쳐져 오늘날 어디에나 있는 마법의 휴대용 슈퍼컴퓨터인 스마트폰이 우리 손에 들려 있다. 대부분의 공상과학 작가는 이런 현실을 상상조차 하지 못했다.

컴퓨팅의 흐름은 대략 10~15년마다 크게 바뀐다.[3] 1950년대에는 대형 컴퓨터가 유행했고, 1970년대에는 중형 컴퓨터가 컴퓨팅을 주도했으며, 1980년대에는 개인용 컴퓨터가 등장했다. 1990년대에는 인터넷이 시작되었으며, 가장 최근인 2007년부터는 아이폰 출시로 시작된 스마트폰이 세상 어느 곳에나 있을 만큼 널리 퍼졌다.

10~15년 주기의 패턴이 계속된다는 규칙은 없지만, 근거는 있다. 무어의 법칙에 따르면 컴퓨팅 성능이 100배 증가하는 데 대략 10~15년이 걸린다. 또한, 많은 연구 과제가 성공의 열매를 맺기까지 그 정도의 시간이 걸린다. 그러므로 10~15년 패턴이 여전히 유효하다고 가정하면, 우리는 스마트폰 이후 다음 컴퓨팅 주기의 한가운데에 있다.

여러 동향이 다음 주기를 이끌 것이다. 인공지능도 그 가운데 하나다. 인공지능 모델의 정교함은 기하급수적으로 증가하는 신경망 매개변수의 수와 더불어 매우 빠르게 발전하는 것처럼 보인다. 개선 속도를 근거로 짐작할 때, 미래 인공지능 모델은 이미 상당한 수준에 이르러 시장에 출시된 오늘날의 인공지능 모델보다도 훨씬 강력할 것이다. 다음 주기를 이끌 새로운 동향으로 자율주행차와 가상현실 헤드셋 같은 새로운 하드웨어 장치들이 있다. 이런 장치들은 센서, 프로세서 등의 개선 덕분에 빠르게 발전 중이다. 애플, 메타, 구글 같은 거대 기술 기업들은 이 분야에 상당한 투자를 하고 있다.[4] 이런 차세대 컴퓨팅 기술 분야에 대해서는 기업들 사이에 공감대가 있으며, 사람들 대부분은 이런 기술들이 중요하다고 생각한다.

블록체인은 다르다. 많은 사람이 블록체인의 잠재력을 인정하지만, 현재 컴퓨팅 분야를 주도하는 사람들 상당수는 블록체인을 무시한다. 사실, 기술 산업 분야의 지배적인 시각에서는 더 큰 규모의 데이터베이스, 더 빠른 프로세서, 더 큰 신경망, 더 작은 소자 등 기존 기업들이 이미 집중하고 있는 것들이 중요한 기술 향상의 유일한 방향이라고 가정한다. 그러나 그런 시각은 근시안일 수 있다. 외부 개발자의 오랜 연구에서 나오는 기술들은 무시하면서 기존 기관에서 수행하고 있는 기술들을 지나치게 중시한다는 생각을 지울 수 없다.

새로운 기술이 세상에 등장하는
두 가지 방식

신기술은 '인사이드아웃(inside-out)'과 '아웃사이드인(outside-in)'
이라는 두 가지 길 가운데 하나를 따른다.[5] 인사이드아웃 기술은
거대 기술 기업 내부에서 시작한다. 이 기술은 기업 혹은 기관에서
잘 만들어져 외부로 나오는 데다 급여를 받는 직원이나 연구원 및
기타 인력들이 기술을 개선하는 속도도 점점 좋아지기 때문에 더
확실하고 선명하게 나타난다. 이 기술을 발전시키기 위해서는 대
개 상당한 자금과 공식적인 교육이 필요하며, 이는 기술 진입 장벽
을 높인다.

대부분의 사람들은 인사이드아웃 기술을 존재하기 전부터 이
미 알고 있다. 애플이 인터넷에 연결된 자그마한 슈퍼컴퓨터 기술
을 아이폰으로 증명했을 때, 이 스마트폰이 인기를 끌 것이라는 사
실을 누구나 쉽게 상상할 수 있었다. 또한, 대학과 기업 연구실에
서 지능형 기계를 인공지능 기술로 증명했을 때, 사람들은 모든 종
류의 일을 할 수 있게 학습 가능한 지능형 기계의 수요가 많을 거
라는 것을 쉽게 상상할 수 있었다. 기업이나 기관의 사람들은 인사
이드아웃 기술에서 확실한 잠재력을 보기 때문에 이 기술을 추구
한다.

이와는 반대로, 아웃사이드인 기술은 외곽에서 등장한다. 취
미에 열심인 사람, 열정주의자, 오픈소스 개발자, 스타트업 창업자

등이 기업이나 기관 밖에서 아웃사이드인 기술을 개발한다. 일반적으로 이 기술을 발전시키는 데는 인사이드아웃 기술에 비해 자금과 공식적인 교육이 덜 필요하므로, 기술 개발자 사이에 공정한 경쟁의 장을 만들 수 있다. 상대적으로 기술 진입 장벽이 낮으므로 기업이나 기관의 내부 인력은 이 기술과 제안자를 덜 중요하게 생각한다.

아웃사이드인 기술은 등장을 예측하기가 훨씬 어려우며, 사람들은 이 기술을 과소평가한다. 제작자들은 차고, 지하실, 기숙사 등 일반적인 기술 개발 공간과는 거리가 먼 곳에서 작업한다. 또한, 퇴근 후나 휴식 시간 동안 혹은 주말에 작업한다. 이들은 낯설게 보이는 특이한 철학자나 문화로부터 동기부여를 받으며, 다른 사람들은 이들을 잘 이해하지 못한다. 또한, 이들은 특별한 용도도 없이 미완성된 상태로 제품을 내놓는다. 제품을 접한 대부분의 사람은 이들의 기술을 장난감 같고, 이상하며, 진지하지도 않으면서 값만 비싸다고 생각한다. 심지어 위험하다고까지 생각한다.

이전에 언급했듯이, 소프트웨어는 일종의 예술이다. 여러분은 모든 위대한 소설이나 그림을 안정된 기업이나 기관의 사람들이 쓰거나 그렸다고 생각하지는 않을 것이다. 마찬가지로 모든 위대한 소프트웨어를 기업이나 기관의 사람들이 제작했다고 생각해서는 안 된다.

아웃사이더란 누구인가? 지배적인 가치 체계나 주류문화에 반대하는 반문화를 사랑하고, 1970년대 마이크로컴퓨터에 미쳐 캘리포니아에서 매달 열린 괴짜들 모임인 홈브루 컴퓨터 클럽에 참석하는 20대 청년 스티브 잡스를 상상해보라.[6] 1991년 헬싱키 대학의 학생으로 훗날 그의 이름을 따라 리눅스 운영체제가 된, 개인 프로젝트 프로그램을 코딩 중인 리누스 토르발스를 그려보라.[7] 혹은 웹 링크를 검색하는 프로젝트인 백러브(BackRub)를 구글 검색 엔진으로 발전시키기 위해 1998년 스탠퍼드 대학교를 중퇴하고 멘로파크의 한 차고에 둥지를 튼 래리 페이지와 세르게이 브린을 상상해보라.[8]

아웃사이드인 기술의 가치는 발명 이전에는 흔히 불확실하며, 심지어 발명 이후 여러 해가 지나고서도 불명확할 수 있다. 웹은 팀 버너스 리가 CERN에서 처음 만들었던 1989년 당시에는 완성도가 높지 않았으나, 웹의 가능성을 눈여겨본 개발자와 기업가들이 관심을 가지면서 급속히 나아지고 성장했다. 내 기술자 친구인 셉 캄바르의 농담처럼, 여러분이 그 당시 사람들에게 삶을 풍요롭게 하려면 무슨 기술이 필요한지 묻는다면, 그들은 결코 하이퍼텍스트를 사용해 연결된 정보 노드들의 탈중앙형 네트워크(웹을 뜻한다-옮긴이)라고 답하지 않았을 것이다. 그러나 돌이켜 생각해보면, 웹이야말로 당시 사람들이 필요로 하던 바로 그것이었다.

취미가 미래 산업에 동력을 공급한다. 오픈소스 소프트웨어는 주류가 되기 전에 반저작권 운동을 하는 틈새시장에서 출발했다. 소셜 미디어는 세계가 그 아이디어를 환영해 맞이하기 전에 이상주의적 블로그광들 사이에서 취미로 시작되었다. 티셔츠를 입고 샌들을 신고 다니며 취미 활동에 열중했던 이들이 거대한 산업을 키웠다는 사실이 기술 산업의 재미있고 별난 단면을 보여주는 것 같지만, 사실 취미가 중요한 데는 이유가 있다. 기업가는 돈으로 투표한다. 즉, 대개 단기간에 돈을 벌고자 한다. 반면에 엔지니어는 시간으로 투표한다. 즉, 대개 흥미진진하고 새로운 것을 발표하고자 한다.

취미는 가장 똑똑한 사람들이 단기적으로 돈에 구애받지 않을 때 시간을 보내는 활동이다. 나는 가장 똑똑한 사람들이 주말에 한 일이 그 외 모든 사람이 10년쯤 후 주중에 하는 일이 된다고 말하고 싶다.

인사이드아웃과 아웃사이드인이라는 두 가지 기술 개발 모드는 대개 서로를 보강한다. 여러분은 이를 지난 10년간 컴퓨팅의 성장 동력이었던 여러 트렌드의 조합에서 볼 수 있다. 앞에서 언급했듯이, 애플과 구글 등에 의해 시작된 인사이드아웃 기술인 모바일 기술은 수십억 명에게 컴퓨터를 가져다주었다. 하버드 대학을 중퇴한 마크 저커버그 같은 해커들이 적당히 만든 아웃사이드인 기술인 소셜이 사용과 수익화를 이끌었다. 아마존이 주도하는 인사이드아웃 기술인 클라우드는 백엔드(back-end) 웹 서비스를 확장할 수 있게 한다.[9] 이 두 가지 모드는 핵융합처럼 줄지어 있을 때 강력한 힘을 보여줄 수 있다.

블록체인은 전형적인 아웃사이드인 기술이다. 대부분의 기술 기업은 블록체인을 무시하고 있으며, 심지어 그런 기술 기업의 일부 직원은 블록체인을 비웃거나 멀리한다. 많은 사람이 블록체인을 컴퓨터라고 생각조차 하지 않는다. 현재 스타트업 창업자와 독립적인 오픈소스 개발자 그룹이 블록체인 기술 개발을 이끌고 있다. 마치 컴퓨팅 산업의 아웃사이더들이 웹 같은 초창기 프로토콜 네트워크와 리눅스 같은 오픈소스 소프트웨어에서 그랬던 것처럼, 새로운 컴퓨팅 흐름을 이끌고 있다.

블록체인은 새로운 종류의 컴퓨터다

2008년 익명의 발명자 혹은 발명자 그룹은 사토시 나카모토라는 가명으로 세계 최초의 블록체인 논문을 발표했다(현재까지도 발명자를 알지 못한다).[10] 당시 저자는 논문에서 '블록'과 '체인'이라는 단어를 분리해 사용했을 뿐 자신의 발명을 '블록체인'이라 지칭하지 않았음에도, 저자의 아이디어를 중심으로 모인 커뮤니티에서 결국 그 두 단어를 결합했다. 이 논문에서는 새로운 종류의 디지털 화폐인 비트코인을 '신뢰 대신에 암호 증명에 기반하여 임의의 자발적인 두 사람이 신뢰받는 제삼자의 개입 없이 서로 직접 거래할 수 있도록 한 전자 지불 시스템'이라고 기술했다. 신뢰받는 제삼자를 없애기 위해, 저자는 시스템이 독립적으로 계산하는 방법이 필요했다. 이에 저자는 새로운 종류의 컴퓨터인 블록체인을 기술하고 설명했다.

컴퓨터는 일종의 추상화된 개념으로,[11] '무엇으로 만들어졌는가?'라기보다는 '무엇을 하는가?'로 정의한다. 맨 처음 컴퓨터는 계산하는 사람을 가리켰으며, 19세기와 20세기의 컴퓨터는 계산할 수 있는 기계를 가리키기 시작했다. 영국인 수학자 앨런 튜링은 1936년 알고리즘의 특성과 한계를 연구해 작성한 수학 논리에 관한 유명한 논문에서 좀 더 엄격한 토대를 만들었다.[12] 그 과정에서 튜링은 오늘날 컴퓨터 과학자들이 '상태 기계(state machine)'라 부르고, 그 이외의 사람들은 간단히 '컴퓨터'라 부르는 것을 정의했다.

상태 기계는 다음 두 가지 (1) 정보를 저장하는 부분 (2) 저장된 정보를 수정하는 부분으로 이루어져 있다. 저장된 정보를 '상태'라 부르며, 이는 컴퓨터 메모리와 같다. 명령어의 모음을 '프로그램'이라 부르며 이는 상태와 입력값을 근거로 새로운 상태인 출력값을 생성한다. 나는 컴퓨팅을 언어의 렌즈로 표현하는 것을 좋아한다. 이는 프로그래밍을 할 수 있는 사람보다 읽고 쓸 수 있는 사람이 더 많기 때문이다. 명사는 처리할 수 있는 대상인 상태 혹은 메모리를 나타내고, 동사는 처리에 대응하는 코드 혹은 프로그램을 나타낸다고 상상해보자. 내가 여러 번 이야기했듯이, 여러분은 상상할 수 있는 것은 무엇이든지 코드로 작성할 수 있으며, 이는 내가 코딩을 소설 쓰기 같은 창의적인 활동에 비유하는 까닭이다. 이런 방식으로 생각하면 컴퓨터는 정말로 다재다능하다.

상태 기계는 컴퓨터에 대해 생각하는 가장 순수한 방법이다. 사토시 나카모토의 블록체인은 PC, 랩톱, 스마트폰, 서버 같은 실제적인 컴퓨터가 아니다. 전통적인 형태 관점이 아닌 기능 관점의 컴퓨터로, 일종의 가상 컴퓨터다. 블록체인은 물리적인 장치 위에 놓인 소프트웨어 추상화로, 상태 기계다. '컴퓨터'의 의미가 사람에서 기계로 바뀐 것처럼, '컴퓨터'는 하드웨어뿐만 아니라 소프트웨어도 포함하는 것으로 바뀌었다.

소프트웨어 기반 컴퓨터, 즉 '가상 기계(virtual machine)'는 IBM이 1960년대 후반 처음 개발해 1970년대 초반 출시한 이후 쭉 존재해왔다.[13] 거대 IT 기업인 VM웨어는 1990년대 후반에 이 기술을 보편화했다. 오늘날, 누구나 PC에 하이퍼바이저라는 소프트웨어를 설치하고 가상 기계를 실행할 수 있다. 기업에서는 대개 기업 데이터센터를 능률적으로 관리하기 위해 가상 기계를 사용하며, 가상 기계는 클라우드 서비스 운영의 핵심이다. 블록체인은 소프트웨어 기반 컴퓨팅이라는 모델을 새로운 문맥으로 확장한다. 컴퓨터는 수많은 다른 방식으로 구축할 수 있다. 즉, 눈에 보이는 모양이 아니라 동작 특성으로 정의한다.

블록체인 기술은 어떻게 작동하는가

블록체인은 설계적으로 조작이 거의 불가능하다.[14] 블록체인은 누구나 참여할 수 있는 컴퓨터의 네트워크에 구축되었으나, 그것을 제어하기는 극단적으로 어렵다. 컴퓨터는 가상 컴퓨터의 상태, 즉 저장된 정보를 유지하고, 상태 전이를 제어한다. 비트코인에서는 이런 컴퓨터를 '채굴기'라고 부른다. 그러나 채굴기가 정말로 하는 일이 상태 전이를 검증하는 것이므로, 오늘날 좀 더 일반적인 용어는 '검증기'라고 해야 맞을 것이다.

'상태 전이'라는 용어가 너무 추상적으로 들린다면, 다음 비유가 도움이 될지도 모르겠다. 비트코인을 두 열로 이루어진 장부라고 생각해보자(실제로는 이보다 더 복잡하지만, 쉽게 설명하기 위한 것이니 이해해주기 바란다). 첫 번째 열의 각 행에는 고유한 주소가 적혀 있으며, 두 번째 열의 각 행에는 그 주소에 들어 있는 비트코인의 개수가 적혀 있다. 상태 전이는 가장 최근 거래들에서 실행된 비트코인의 이동을 반영해, 두 번째 열의 행에 있는 값을 업데이트한다. 이것이 핵심이다.

누구라도 이 네트워크에 참여할 수 있다면, 가상 컴퓨터는 어떻게 상태를 업데이트해서 단 하나의 올바른 상태에 도달할까? 바꿔 말해, 모든 사람이 장부를 수정할 수 있다면, 장부의 행에 적힌 값을 어떻게 믿을 수 있을까? 정답은 암호학(보안 통신의 과학)과 게임이론(전략적 의사 결정의 연구)을 포함하는 수학이 올바른 상태를 보장한다.

제시된 상태가 가상 컴퓨터의 다음 상태가 되는 방법은 다음과 같다. 각각의 상태 전이 동안, 검증기들은 다음 상태에 대한 합의에 도달하는 프로세스를 수행한다. 첫째, 검증기는 이름 그대로 '검증'을 수행한다. 즉, 모든 거래가 적합한 디지털 서명과 함께 이루어졌는지 확인한다. 다음으로, 네트워크는 다음 상태를 생성하기 위해 검증기 한 개를 무작위로 골라 검증 거래를 함께 묶는다. 다른 검증기들은 새로운 상태가 유효하다는 것을 확인하기 위해 모든 묶인 거래들이 여전히 유효하며, 컴퓨터의 핵심 약속(예를 들어, 비트코인의 경우, 비트코인의 수는 2100만 개를 넘지 않을 것이다)이 여전히 유지되고 있는지 확인한다. 검증기는 다음 상태로의 전이가 시작될 때, 이를 기반으로 새로운 상태에 투표한다.

이 프로세스는 블록체인에 참여한 모든 사람이 합의에 도달할 수 있도록 동일하고 유효한 이력을 사용해 동작하는 것을 보장할 수 있게 설계되었다. 검증기 혹은 몇몇 검증기가 속이려 할지라도, 다른 검증기가 거짓말을 알아차리고 그것을 부결시킬 기회는 얼마든지 있다. 이처럼 프로세스의 규칙들은 다수의 검증기가 결탁하지 않는 한 잘못 동작하지 않도록 만들어졌다.

앞서 설명한 간단한 예에서, 승리한 검증기가 제시한 장부가 새로운 원본 장부가 된다. 물론 실제로 장부 따위는 없다. 단지 계산의 본질인 상태 전이만이 있다. 각각의 상태 전이는 '블록'이라 부른다. 그리고 임의의 검증기라도 일련의 블록들을 시험하며 컴퓨터의 완전한 이력을 검증할 수 있도록 블록들을 체인처럼 함께 연결한다. 여기에서 '블록체인'이라는 이름이 나왔다.

상태 전이는 단순히 계정 잔액을 나타내는 숫자 그 이상의 정보를 포함할 수 있다. 상태 전이는 중첩된 컴퓨터 프로그램의 전체 집합을 갖고 있을 수 있다. 비트코인에는 소프트웨어 개발자가 상태 사이의 전이를 수정하는 프로그램을 제작하기 위해 사용할 수 있는 비트코인 스크립트라는 프로그래밍 언어가 있다. 그런데 이 프로그래밍 언어는 설계상 제한적이다. 이 언어를 사용하면 대개 계정 사이에서 자금을 이동하거나 다수의 사용자가 제어하는 계정을 만들 수 있다. 2015년에 등장한 최초의 범용 블록체인인 이더리움 같은 좀 더 새로운 블록체인은 소프트웨어 개발자가 훨씬 표현력 높은 프로그래밍 언어로 프로그램을 제작할 수 있게 한다.[15]

고급 프로그래밍 언어의 추가는 블록체인의 주요한 돌파구가 되었다. 이는 애플이 아이폰에 앱스토어를 추가한 것과 비슷하다 (블록체인은 개방적이고 허가가 없다). 이더리움 같은 블록체인에서는 모든 개발자가 온라인 마켓에서 메타버스에 이르기까지 다양한 앱을 작성하고 실행할 수 있다. 이는 블록체인을 회계사의 장부보다 훨씬 표현력 높고 다양한 기능을 수행할 수 있게 만드는 매우 강력한 특성이며, 블록체인을 단순히 숫자를 표로 정리한 장부로 생각하는 것이 틀린 이유다. 블록체인은 데이터베이스가 아니다. 오히려 훌륭한 컴퓨터다.

그런데 컴퓨터에서 앱을 실행하려면 자원이 필요하다. 비트코인처럼 앱에 특화된 블록체인과 이더리움 같은 범용 블록체인 모두 상태 전이 검증에 필요한 컴퓨팅에 대해 대가를 지급해야 하므로, 두 블록체인 모두 사람들에게 이 블록체인 네트워크에 투자할 이유를 제공해야 한다. 이를 위해 사토시 나카모토는 비트코인 블록체인의 비트코인처럼, 블록체인의 디지털 화폐 자체가 블록체인을 구동하는 컴퓨터에 대한 재원이 되는 영리한 방법을 제시했다. 이후 다른 블록체인도 같은 방식을 따랐다.

모든 블록체인은 사람들이 참여하게 만드는 자체적인 내부 인센티브를 갖추고 있다. 블록체인 대부분에서 새로운 블록 혹은 상태 전이는 운 좋은 검증기에 작은 보상을 준다(검증기는 상태 전이에 투표한 컴퓨터, 사람 혹은 그런 컴퓨터를 운영하는 그룹일 수 있다). 정직하게 행동한 검증기, 즉 성실하게 디지털 서명을 확인하고 블록체인에 오직 유효한 상태 전이만을 제안한 검증기만 보상을 얻는다. 이런 재정적 인센티브는 검증기가 블록체인에 참여해 정직하게 행동하게 하고 블록체인을 계속 지원하도록 한다(돈은 사용자에게 부과되는 요금을 통해 블록체인에 들어온다. 10장 〈토크노믹스〉에서 이런 돈의 흐름이 어떻게 작동하고, 토큰의 가치가 어떻게 매겨지는지를 좀 더 자세히 설명하겠다).

블록체인에는 허가가 없다. 인터넷에 접속할 수 있는 사람은 누구나 블록체인에 참여할 수 있다. 사토시 나카모토가 최초의 블록체인인 비트코인을 이런 식으로 설계한 이유는, 기존 금융 시스템이 은행과 같이 특권을 가진 중개자에게 우호적인 엘리트 시스템이라고 믿었기 때문이었다. 그는 모든 사람이 동등하기를 원했다. 허가 과정이 있으면 새로운 특권 중개자가 생겨나고 기존 시스템과 연관 지어 생각한 문제들이 다시 발생할 것이다. 그러나 이런 설계는 복잡했다. 모든 컴퓨터가 투표할 수 있다면, 악성 컴퓨터가 손쉽게 네트워크를 장악하려 할 수도 있기 때문이다.

나카모토의 해결책은 블록체인 참여자에게 수수료를 부과하는 것이었다. 검증기는 다음 상태에 투표하기 위해 에너지 비용이 드는 계산을 수행하고, 자신이 그 일을 했다는 증명을 제출한다. 블록체인은 개방적, 무허가적 투표를 가능하게 했는데, 그 과정에서 악성 기법을 걸러냈다. 이 일을 '작업증명(proof of work)'이라 부른다. 이더리움 같은 다른 블록체인은 '지분증명(proof of stake)'이라는 다른 방법을 채택했다. 이 방법에서는 검증기가 전기에 돈을 쓰도록 요청하는 대신, 돈을 에스크로(Escrow, 제삼자를 의미한다. 즉 대행업자가 어떤 조건이 성립될 때까지 양측 사이에서 계약 이행 업무를 대행하는 것-옮긴이)에 담보로 걸도록 요청한다. 검증기가 성실하게 동작한다면, 검증기는 금전적인 보상을 받는다. 반대로 모순된 상태 전이 혹은 다수의 상충된 상태 전이를 동시에 전달하다가 발각되었다면, 그들의 담보물은 압수된다.

비트코인에 대한 주요한 비난 가운데 하나는 환경에 해를 끼칠 만큼 막대한 에너지를 소비한다는 것이다. 이 문제는 작업증명을 할 때 수력발전과 풍력발전을 통해 얻은 청정 재생에너지원을 활용하면 해결 가능할 것이다. 작업증명을 에너지 소비량이 좀 더 작은 지분증명으로 대체해 블록체인의 환경 영향력을 줄이는 방법도 있다.[16]

지분증명은 적어도 작업증명만큼 안전하면서도, 비용이 더 싸고, 속도도 더 빠르며, 에너지 효율이 더 높다. 2022년, 이더리움은 작업증명에서 지분증명으로 전환을 마무리했는데, 그 결과는 놀라웠다. 다음 표는 이더리움과 다른 일반적인 시스템의 에너지 소비량을 비교한 결과를 보여준다.

비트코인을 제외하고는 이 책에서 언급하는 많은 블록체인은 지분증명을 사용한다. 나는 미래에 가장 인기 있는 블록체인들이 지분증명을 사용해 구동될 것이라 기대한다. 그러므로 에너지 소비에 대한 우려가 이런 강력한 신기술 사용을 막아서는 안 된다.

블록체인이 비밀 유지와 익명성을 가능하게 한다는 대중들의 오해도 해소해야 한다. 공작과 음모라는 의미를 내포한 단어인 '크립토(crypto)'는 문자 그대로 '암호화'와 '숨김'을 뜻한다. 이 단어로 블록체인을 설명하는 방법은 사람들로 하여금 블록체인이 정보를 숨기고, 따라서 불법적인 행위에 꼭 들어맞는다고 오해하게 만든다. 예를 들어, 이런 부정확함은 범죄자들이 돈을 비밀스럽게 송금하기 위해 암호화폐를 사용하는 모습을 보여주는 TV나 영화에서 흔히 볼 수 있다. 이 또한 완전히 잘못된 것이다.

사실, 비트코인과 이더리움같이 인기 있는 블록체인에서 발생하는 것은 모두 공개적이고 추적할 수 있다. 이메일과 마찬가지로 신원을 속이고 가입할 수도 있지만, 숨긴 신원을 전문적으로 밝혀내는 기업들이 있으며, 법 집행기관이 그렇게 조치하는 일 또한 그리 어려운 일이 아니다.[18] 블록체인은 기본적으로 공개적이어서 이런 태생적인 투명성 때문에 채택되지 않는 경우도 있다. 대중들이 크립토를 일종의 블랙박스로 잘못 인식하는 점을 고려하면, 이런 사실은 직관에 맞지 않아 보인다. 그러나 이는 사실이다. 사람

지분증명 이더리움과 다른 시스템의 연간 에너지 소비량(TWh) 비교[17]		
은행 시스템	239	92,000x
전 세계 데이터센터	190	73,000x
비트코인	136	52,000x
금광	131	50,000x
게임(미국)	34	13,000x
작업증명 기반 이더리움	21	8,100x
구글	19	7,300x
넷플릭스	0.457	176x
페이팔	0.26	100x
에어비앤비	0.02	8x
지분증명 이더리움	0.0026	1x

들이 블록체인 사용으로 연봉, 의료비 청구서, 송장 같은 민감한 정보가 노출될까 두려워한다면, 그들은 특정 활동에 있어서는 블록체인 사용을 주저할 수도 있다. 몇몇 프로젝트에서는 사용자에게 거래를 비공개로 할 수 있는 옵션을 제공해 이 문제를 해결하고자 노력하고 있다. 가장 수준 높은 프로젝트의 경우에는 '영 지식 증명(zero knowledge proof)' 같은 혁신적인 최첨단 암호화 기술을 채

택하며,[19] 이를 통해 불법 행위의 위험을 감소시키고 규제를 준수할 수 있는 암호화된 데이터 검사를 가능하게 한다.[20]

블록체인이 '크립토'인 이유는 익명을 가능하게 해서가 아니라(실제로 그렇게 하지도 않는다) 1970년대의 획기적인 수학적 돌파구인 공개키 암호에 기반을 두고 있기 때문이다.[21] 공개키 암호에 대해 알아야 할 주요 사항은 한 번도 연락을 주고받은 적 없는 다수의 참여자가 서로 암호 연산을 수행할 수 있도록 해준다는 것이다. 가장 일반적인 연산은 암호화와 인증이다. 암호화는 사전에 정해진 수신자만 해독할 수 있도록 정보를 인코딩하는 것이며, 인증은 사람이나 컴퓨터가 정보에 서명하게 하여 정보가 진짜이고 올바른 송신자에게서 왔다는 것을 증명한다. 사람들이 블록체인을 크립토로 기술할 때는 대개 전자가 아닌 후자인 '인증'의 의미로 사용한다.

공개 암호화 키와 비밀 암호화 키의 쌍은 블록체인 보안의 토대다. 사람들은 자신이 비밀로 유지하는 숫자인 비밀키를 사용해 네트워크 거래를 생성한다. 이에 반해, 공개키에서는 거래가 오고 가는 공개 주소를 확인한다. 수학적 관계를 이용해 비밀키로부터 손쉽게 알아낼 수 있는 공개키를 비밀키와 한 쌍으로 묶는다. 그러나 공개키로부터 비밀키를 알아내려면 엄청나게 많은 양의 계산이 필요하다. 이는 블록체인 사용자가 기본적으로 '나는 당신에게 이 돈을 보내요'라고 말하는 거래에 서명하는 방식으로 돈을 누군가에게 보낼 수 있게 한다. 이 서명은 실제 세상에서 수표 혹은 법률문서에 서명하는 것과 비슷하다. 단지 위조를 막기 위해 수기 대신 수학을 사용할 뿐이다.

컴퓨팅에서 디지털 서명은 데이터의 진위와 무결성을 검증하기 위해 사용자 모르게 널리 사용된다. 브라우저는 디지털 서명을 확인해 웹사이트가 유효한지 확인한다. 이메일 서버와 클라이언트는 메시지가 전송 중에 도용되었거나 조작되지 않았다는 것을 보장하기 위해 디지털 서명을 사용한다. 대부분의 컴퓨터 시스템은 디지털 서명 확인을 통해 다운로드 받은 소프트웨어가 올바른 곳에서 오고 있으며, 조작이 없었다는 것을 검증할 것이다.

블록체인에서는 무신뢰 탈중앙형 네트워크를 운영하기 위해 디지털 서명을 이용한다. 아마도 '무신뢰'라는 표현이 혼란스럽고 모호하게 들릴 것이다. 그러나 사람들이 이 표현을 블록체인에서 사용할 때는 블록체인이 거래를 감독하기 위해 중개자, 중앙 기업 같은 더 높은 권한을 가진 존재를 필요로 하지 않는다는 뜻이다. 블록체인은 합의 프로세스를 통해 안전하게 거래의 송신자를 스스로 검증할 수 있으며, 어떤 컴퓨터도 그 규칙을 바꿀 권한이 없다.

잘 설계된 블록체인에서는 인센티브를 이용해 검증기들이 성실하게 행동하도록 한다. 때론, 이더리움에서처럼 잘못된 행동을 처벌한다. 합의 시스템은 블록체인의 안전성을 보장하는 기반이다. 블록체인을 공격하는 비용이 충분히 크고, 대부분의 검증기가 금전적 이득에 따라 성실하게 행동한다면(대부분의 인기 있는 블록체인들은 그러하다), 시스템은 안전하다. 만에 하나, 블록체인에 대한 악의적인 공격이 성공한다면, 블록체인 참여자들은 네트워크를 분할, 즉 하드포크(hard fork, 프로토콜 변경 후 블록체인 네트워크를 둘로 분할하는 것. 이 둘은 서로 호환되지 않는다-옮긴이)하고 블록체인을 이전의 체크포인트로 되돌릴 수 있으며, 이는 공격자를 억제하는 또 다른 수단이다.

일부 불성실한 사용자가 이익을 위해 블록체인을 부정하게 이용하려 할지라도, 시스템은 모든 사람을 성실하게 유지한다. 이는 스스로 검열하게 만드는 인센티브 구조 때문인데, 블록체인의 천재성을 엿볼 수 있는 대목이다. 블록체인은 잘 조정된 경제적 보상을 통해 사용자들이 서로를 확인하게 한다. 그러므로 사용자들은 서로를 신뢰하지 않을지라도 안정성을 위해 함께 협력하는 탈중앙화된 가상 컴퓨터를 신뢰할 수 있다.

실제로 이런 무신뢰성은 사람들이 블록체인 네트워크를 기존 온라인 시스템과는 매우 다르게 동작하도록 설계하게 했다. 온라인 뱅크나 소셜 네트워크 같은 대부분의 인터넷 서비스는 여러분이 계좌나 데이터에 접근할 때 로그인을 요구한다. 기업은 여러분의 데이터와 로그인 정보를 데이터베이스에 보관하는데, 이는 해킹되거나 오용될 수 있다. 물론 기업 네트워크도 일부 과정에서 암호화를 사용하긴 하지만, 대개는 권한 없는 외부인의 내부 데이터 접근을 차단하는 방화벽, 침입자 감지 시스템 등과 같은 경계 보안 기술에 의존한다. 이런 모델은 금을 보관하는 요새 주변에 담을 두르고, 오직 그 담만 지키려고 노력하는 것과 같다. 한마디로 잘되지 않는다. 여러분도 알다시피 데이터 유출은 너무 흔해서 더 이상 뉴스거리도 되지 못한다. 경계 보안 모델에서 공격자는 침투를 위해 단 하나의 방어막만 뛰어넘으면 되므로, 공격자가 매우 유리할 수밖에 없다.

이와는 대조적으로, 여러분은 블록체인에서 데이터와 돈을 저장할 수는 있지만, 로그인할 수는 없다. 만약 여러분이 송금 같은 업무를 해야 한다면, 로그인 대신 서명한 거래를 블록체인에 제출하면 된다. 블록체인에서는 개인 데이터를 개인이 보관한다.[22] 즉, 개인 데이터를 공유하고 싶지 않은 그 어떤 서비스와도 공유할 필요가 없다. 기업 네트워크와는 달리, 블록체인에는 단일 장애점이 없다. 또한, 전형적인 인터넷 서비스에서처럼 침투할 내부 서버가 없다. 블록체인은 개방적이고 공개적인 네트워크다. 그러므로 침입하려면 네트워크 노드 대부분을 장악해야 하는데, 이것은 어마어마하게 큰 비용이 드는 완전히 비현실적인 계획이다.

보안에는 공격자가 약점을 발견할 수 있는 모든 위치를 뜻하는 '공격 표면(attack surface)'이라는 핵심 개념이 있다. 블록체인의 보안 철학은 암호화를 통해 공격 표면을 최소화하는 것이다. 블록체인 모델에는 요새 안에 훔칠 금이 없다. 비밀로 유지해야 하는 데이터는 암호화되며, 오직 사용자와 사용자가 권한을 준 사람만이 암호화된 데이터를 해독할 수 있는 키를 가진다. 당연하게도 키를 안전하게 보관해야 하며, 이를 위해 사용자는 제삼자의 관리 소프트웨어를 이용한다. 이 소프트웨어는 오직 보안만 담당한다. 기업 모델에서는 임의의 모든 기업이 보안 전문성을 거의 갖추지 못한 채 데이터의 저장과 관리를 담당한다. 병원은 건강 기록을 보관하고, 자동차 대리점은 재정 기록을 보관한다. 블록체인은 기업의 기능과 보안을 분리하며, 보안 전문가들이 전문성을 발휘해 일하도록 한다.

여러분이 사실 여부가 의심스러운 블록체인 해킹에 대해 들었다면, 이는 거의 언제나 암호화폐를 사용하는 기관에 대한 공격이나 개인에 대한 구식 피싱 공격을 의미하는 것이지, 블록체인 자체에 대한 해킹을 의미하지는 않는다. 매우 드물게 블록체인이 해킹당했을 때조차도 해킹당한 블록체인은 대개 작고, 세상에 알려지지도 않은, 불안정한 블록체인인 경우가 대다수다. 해커가 블록체인 해킹에 성공한다면, 해커는 거래를 중단시키거나 같은 돈을 여러 곳에서 사용할 수 있다. 이런 해킹을 '51% 공격'이라 부르는데,[23] 이는 해커와 공모자들이 시스템 검증기 절반 이상에 대한 제어권을 장악해야 하기 때문이다. 이더리움 클래식과 비트코인 SV와 같이 약한 시스템은 51% 공격에 무릎을 꿇었다. 이에 반해, 비트코인이나 이더리움 같은 주요 블록체인은 해킹 비용이 너무 많이 들어서 해킹에 성공할 수 없을 것이다.

그러나 어렵다고 해서 해커가 해킹 시도를 멈추지는 않았다. 비트코인과 이더리움 같은 유명한 블록체인을 해킹하려는 시도가 빈번했지만, 그 어떤 해킹 시도도 성공 근처에조차 가지 못했다. 블록체인은 수많은 테스트를 견딘 견고한 기술이다. 블록체인은 사실상 세상에서 가장 큰 버그 현상금 프로그램으로, 블록체인을 해킹하면 수천억 달러의 엄청난 돈을 자신들에게 보낼 수 있다. 그러나 그런 일은 일어나지 않았다. 잘 설계된 블록체인의 보안은 지금까지 이론적으로뿐만 아니라 실제로도 잘 유지되고 있다.

기업은 언제든 스스로 만든 약속을 깰 수 있다

사람들이 웹서버나 스마트폰 같은 기존 컴퓨팅 기기 대신에 블록체인을 대상으로 소프트웨어를 개발하는 동기는 무엇일까? 우리는 PART 3 전체에서 이 질문에 대한 답을 매우 상세히 다룰 것이다. 우선 블록체인의 새로운 특성들을 재빨리 살펴보도록 하자.

첫째, 블록체인은 민주적이다. 누구나 블록체인에 접속할 수 있다. 블록체인은 초기 인터넷의 정신에 따라 동등한 참여 기회를 제공한다. 그러므로 인터넷에 접속할 수 있는 사람은 누구나 자신이 원하는 어떤 코드라도 업로드하고 실행할 수 있다. 특별 대우를 받는 사용자는 없으며, 블록체인 네트워크는 모든 코드와 데이터를 동등하게 다룬다. 블록체인은 오늘날 폐쇄적인 기술 산업에 비해 더 공평한 프레임워크다.

둘째, 블록체인은 투명하다. 블록체인 코드와 데이터의 모든 이력은 공개돼 있어 누구든 살펴볼 수 있다. 코드와 데이터가 일부 사람들에게만 허용된다면, 나머지 사람들이 불리한 상태에 놓이고, 이는 기술의 평등주의 약속을 훼손할 것이다. 누구나 블록체인의 역사를 확인하고 유효한 프로세스가 시스템의 현 상태를 만들어냈다는 것을 확인할 수 있다. 여러분이 개인적으로 코드와 데이터를 검사하지 않을지라도, 여러분은 다른 사람이 검사할 수 있고 검사해왔다는 것을 안다. 이런 투명성은 신뢰를 낳는다.

셋째, 이것이 가장 중요한데, 블록체인은 현재 실행되는 모든 코드가 설계된 대로 계속 동작할 것이라고 확실히 약속할 수 있다. 기존 컴퓨터는 그와 같이 약속할 수 없다. 기존 컴퓨터가 개인용일 경우 개인이 직접적으로, 기업용일 경우 그룹이 간접적으로 제어한다. 그런데 개인이나 기업의 약속은 신뢰성이 약하다. 블록체인은 기존 관계를 뒤집어 코드에 책임을 부여한다. 앞서 언급한 합의 메커니즘과 소프트웨어의 불변성은 블록체인이 사람의 개입에 견고히 견딜 수 있게 한다. 여러분은 블록체인을 사용할 때 개인이나 기업의 약속을 신뢰할 필요가 없다.

구글, 메타, 애플 같은 기업의 엔지니어는 컴퓨터를 자신의 명령을 수행하도록 설정할 수 있는 기계라고 생각한다. 컴퓨터를 제어하는 사람은 누구나 소프트웨어를 제어한다. 컴퓨터의 동작 방식에 관해 사용자가 제공받는 유일한 보장은, 소프트웨어 제공자가 작성한 '서비스 이용약관'이라는 사실상 아무런 의미도 없고 협상은커녕 아무도 읽지 않는 긴 법적 계약이다(사람들이 이야기하듯 '클라우드는 단지 누군가의 컴퓨터일 뿐이다').

블록체인은 다르다. 블록체인으로 할 수 있는 것만큼이나 할 수 없는 것도 주목할 만하다. 블록체인은 조작이 매우 어려워 컴퓨터보다는 데이터베이스에 가깝다는 오해를 불러일으키기도 한다. 블록체인 소프트웨어는 다른 사람의 컴퓨터에서 실행된다. 그러나 핵심은 소프트웨어가 블록체인을 책임진다는 것이다. 누군가 혹은 어떤 기업이 그 소프트웨어를 조작하려 할 수도 있지만, 소프트웨어는 쉽게 망가지지 않을 것이다. 가상 컴퓨터는 이런 공격 시도에도 불구하고 의도한 대로 계속 동작할 것이다.

조작에 견디는 것은 단지 블록체인을 위한 것이 아니라 그 위에서 실행되는 소프트웨어를 위한 것이다. 이더리움같이 프로그래밍이 가능한 블록체인 위에 구축된 앱은 플랫폼의 보안 보장성을 물려받는다. 이는 소셜 네트워크, 마켓, 게임 등과 같은 앱이 미래에 어떻게 행동할지에 관해 단단히 약속한다는 뜻이다. 이와 마찬가지로, 블록체인과 그 위에 구축된 모든 것으로 이루어진 전체 기술 스택 역시 미래에 대해 똑같이 단단한 약속을 맺는다.

블록체인의 힘을 알아차리지 못하고 비평하는 사람들은 우선순위가 다른 경향이 있다. 거대 기술 기업에서 일하는 수많은 사람을 포함해 많은 이가, 메모리와 컴퓨터 성능 같은 익숙한 방향에서 컴퓨터를 개선하는 것에 신경 쓴다. 그들은 블록체인의 특징을 능력이 아닌 제약으로, 강점이 아닌 약점으로 취급한다. 무제한의 자유에 길든 사람들은 그들의 권위를 부분적으로 훼손하도록 설정된 방향에서도 컴퓨터가 발전할 수 있다는 것을 깨닫기가 쉽지 않다.

신기술 초기 단계에서 표준을 벗어난 혁신은 대개 외면당한다. 스큐어모픽 사고가 독창적인 사고보다 더 우세한 것처럼, 익숙한 사고는 혁신을 포로로 만들어버리기 때문이다.

여러분은 미래 행동을 단단히 약속하는 컴퓨터와 앱이 왜 중요한지 여전히 의아하게 여길지도 모른다. 그 이유 중 하나는 사토시 나카모토가 보여주었듯이, 디지털 화폐 생성 때문이다. 성공적인 금융 시스템을 만들기 위해서는 신뢰할 수 있는 장기적인 약속이 꼭 필요하다. 비트코인은 총량을 결코 2100만 비트코인 이상으로 늘리지 않겠다고 약속했다. 이는 비트코인을 희소하게 유지해 신뢰성을 잃지 않겠다는 약속이다. 또한, 사람들이 같은 돈을 다른 지역에서 동시에 사용하는 '이중지불' 같은 속임수를 쓸 수 없다는 것을 보장한다. 이런 약속들은 비트코인 화폐가 가치를 가지기 위한 필요 불충분 조건들이다(화폐에는 또한 지속적인 수요가 있어야 한다. 이 주제는 237쪽 '토큰 수요'에서 다루도록 하겠다).

기존 컴퓨터를 사용해서는 약속을 유지하지 못한다. 컴퓨터를 제어하는 사람이나 조직이 언제든 생각을 바꿀 수 있기 때문이다. 구글이 자체 데이터센터의 서버를 사용해 구글 코인을 만들고 앞으로 구글 코인의 개수를 2100만 개로 유지하겠다는 약속을 했다고 가정해보자. 구글을 이 약속에 묶어둘 무언가가 있는가? 없다! 구글 경영진은 원하면 일방적으로 그 약속을 저버리고 관련 소프트웨어를 바꿀 수 있다.

기업의 약속은 신뢰할 수 없다. 구글이 자신의 약속을 서비스 이용약관에 넣어두어도, 구글은 서비스 약관을 수정하거나 아예 서비스를 중단하는 방식으로 언제든 그 약속을 깰 수 있다(오늘날까지 거의 300개 제품에서 그런 일이 발생했다).[24] 사용자와 약속을 지키는 일에서 기업은 신뢰받을 수 없다. 신탁 의무는 다른 우려 사항들보다 중요하며 우선한다. 기업의 약속은 지켜지지 않으며, 실제로도 그래왔다. 디지털 화폐를 만드는 신뢰할 만한 시도가 기업이 아닌 블록체인에서 맨 처음 시도된 이유이기도 하다(이론적으로 사용자에게 장기 약속을 할 수 있는 건 비영리 기관일 것이다. 그러나 이 경우에도 해결할 문제는 있다. 이는 255쪽 '비영리 모델'에서 다루도록 한다).

디지털 화폐는 블록체인이 가능하게 만든 많은 새로운 응용 가운데 첫 번째일 뿐이다. 모든 컴퓨터와 마찬가지로, 블록체인 또한 엔지니어가 발명과 창조를 위해 이용하는 일종의 빈 캔버스다. 블록체인의 고유한 특성은 기존 컴퓨터에서는 만들 수 없었던 응용들에 대해 제약을 풀어주었다. 언젠가는 모든 응용 범위가 드러나겠지만, 기존 네트워크에 비해 새로운 기능, 값싼 수수료율, 더 공평한 지배구조, 더 나은 상호운용성, 금융 이익의 공유 등을 제공하는 새로운 네트워크가 구축될 것이다.

일부 사례를 몇 가지 나열하자면, (1) 투명하고 예측할 수 있는 조건에서 대출 및 기타 활동에 특화된 금융 네트워크 (2) 사용자에 대해 더 나은 경제적 조건이나 개인 데이터 보호, 투명성을 제공하는 데 특화된 소셜 네트워크 (3) 개방 접속, 창작자 및 개발자에게 유리한 경제적 조건에 특화된 게임 세계 및 가상 세계 (4) 창작자들이 수익을 얻고 함께 협력할 수 있는 새로운 방법을 제공하는 데 특화된 미디어 네트워크 (5) 인공지능이 사용한 작품의 작가와 예술가에게 공평하게 대가를 지급하는 데 특화된 단체 협상 네트워크 등이 있다. 나는 이들 네트워크는 물론 다른 기타 네트워크에 관해서도 논의할 것이다. 그리고 그 네트워크들이 더 좋은 결과를 가져오는 방법을 PART 5에서 다룰 것이다. 그러나 그 전에, 블록체인이 소유를 가능하게 하는 방법을 먼저 다룰 것이다.

05   토큰

> 사회를 변화시키는 기술이란 사람들 사이의 상호작용을
> 변화시키는 기술이다.[1]
>
> — 세자르 히달고

캡슐화: 복잡한 코드를
'토큰'이란 단위 안에 감추다

만약 여러분이 홀로 무인도에 갇혀 있다면, 돈은 그리 쓸모 있지 않을 것이다. 인터넷이 안 된다면, 컴퓨터 네트워크 또한 그리 쓸모 있지 않을 것이다. 그보다는 오히려 망치, 성냥, 식량 등이 쓸모 있을 것이다. 여러분에게 전원이 있다면, 독립형 컴퓨터도 쓸모 있을 것이다.

이처럼 맥락이 중요하다. 어떤 기술은 사회적이며, 어떤 기술은 그렇지 않다. 돈과 컴퓨터 네트워크는 사회적인 기술이다. 두 기술은 사람들 사이의 상호작용을 돕는다. 비디오 게임 용어를 빌

려 표현하자면, 단독으로 유용한 기술을 '싱글플레이어'라 부른다. 이와 비슷하게 소셜 기술들을 '멀티플레이어'라 부른다.

블록체인은 멀티플레이어로서, 단단한 약속을 맺는 코드를 작성할 수 있다. 개인과 기관은 스스로에 그런 약속을 할 필요가 그리 크지 않다. 그러므로 기업 내부에서만 작동하는 '기업용 블록체인'을 만들려는 시도는 성공적이지 못했다. 블록체인은 기존에 관계가 없던 사람들 사이에서 무언가를 조정하는 데 유용하다. 블록체인은 단순 멀티플레이어가 아닌 인터넷 전반에 걸쳐 사용되는 대규모 멀티플레이어일 때 가장 쓸모 있다.

수십억 명을 대상으로 규모를 키우려는 모든 소셜 기술은 가정을 단순화할 필요가 있다. 코드 한 줄 한 줄이 논리 표현인 소프트웨어는 복잡할 수 있다. 특히, 오늘날 50억 명의 사람이 사용하는 인터넷을 대상으로 제작하는 소프트웨어는 훨씬 더 복잡하다. 소프트웨어 코드에서 논리적 상호의존성이 겹칠 때마다 오류 가능성은 커진다. 한마디로 코드가 길수록 버그도 많아진다.

이런 복잡도를 다루는 강력한 방법으로 '캡슐화(encapsulation)'라는 소프트웨어 기술이 있다. 캡슐화는 코드 유닛을 잘 정의한 인터페이스로 둘러싸고 그 인터페이스 안에서 소프트웨어의 복잡도를 제어하며, 그 결과 코드를 사용하기 쉽게 만든다. 이런 설명이 익숙하지 않다면, 너무 단순해서 사람들이 거의 신경 쓰지 않는 전기 콘센트를 떠올려보면 도움이 될 것이다.

누구나 전기 콘센트에 플러그를 꽂아 조명기구, 랩톱, 알람 기기, 에어컨, 커피메이커, 카메라, 블렌더, 헤어드라이어, X박스, 모델X 등과 같은 여러 전자기기를 동작시킬 수 있다. 콘센트는 전력망을 열어 사용자에게 초능력을 제공하지만, 사용자는 콘센트 앞과 뒤에서 무슨 일이 일어나고 있는지 이해할 필요가 없다. 콘센트가 복잡한 것을 단순한 것으로 추상화했기 때문이다. 인터페이스, 즉 캡슐화가 중요한 이유다.

소프트웨어는 유연하므로, 코드를 캡슐화할 때 코드 재사용이 쉽다는 또 다른 이점이 있다. 캡슐화된 코드는 레고블록과 같다. 이 블록은 더 크고 더 인상적인 구조물을 만들기 위해 다른 블록들하고 결합되기도 한다. 캡슐화는 오늘날 대부분의 소프트웨어 개발이 그러하듯이, 많은 사람이 함께 소프트웨어를 개발할 때 특히 유용하다. 예를 들어, 한 개발자가 저장, 검색, 데이터 처리 혹은 이메일이나 지불 같은 서비스에 접근하는 몇 개의 캡슐화된 코드를 생성했다고 해보자. 다른 개발자는 그 코드의 상세한 동작을 이해할 필요 없이 가져다 쓸 수 있다. 레고블록 같은 코드는 전체 소프트웨어에 쏙 들어간다.

블록체인의 경우, '토큰'이라 부르는 소유권 단위가 단순화의 핵심이다. 사람들은 종종 토큰을 디지털 자산 혹은 화폐쯤으로 생각한다. 그러나 기술적으로 좀 더 정확하게 정의하면, 토큰은 블록체인에서 사용자에 대한 수량, 허가 및 기타 메타데이터를 추적할 수 있는 일종의 데이터 구조다. 이 설명이 추상적으로 들린다면, 이는 토큰이 추상적인 개념이기 때문이다. 추상화 덕분에 토큰은 사용하기 쉽고, 프로그래밍하기가 간단하다. 토큰은 전기 콘센트와 마찬가지로 복잡한 코드를 복잡해 보이지 않게 감싼 포장지다.

소유권을 캡슐화하기

'토큰의 정의'보다는 '토큰의 기능'이 더 중요하다.

토큰은 돈, 예술작품, 사진, 음악, 문서, 코드, 게임 아이템, 투표권, 접근 권한 등 디지털로 구현할 수 있는 모든 것의 소유권을 나타낼 수 있다. 추가로 만든 블록을 사용하면 토큰은 실제 상품, 부동산 및 은행 계좌의 달러도 나타낼 수 있다. 이처럼 코드로 나타낼 수 있는 모든 것은 사고, 팔고, 사용하고, 저장하고, 내장하고, 전달하는 등 사람이 하려는 모든 것을 할 수 있도록 토큰 안으로 캡슐화할 수 있다. 너무 간단한 일처럼 들리는가? 하지만 이는 토큰의 설계 의도 자체가 그렇기 때문이다. 단순함의 미덕, 이것이 토큰이 추구하는 것이다.

토큰은 소유를 가능하게 하고, 소유는 제어를 의미한다. 앞서 예로 들었던 가상의 구글 코인처럼, 전통적인 컴퓨터에서 실행되는 토큰은 임의로 제거하거나 변경할 수 있으며, 이는 사용자의 제어권을 약하게 만든다. 미래에 대하여 지속적이고 확실한 약속을 할 수 있는 컴퓨터, 즉 블록체인에서 실행되는 토큰은 블록체인 기술의 진정한 잠재력을 드러낸다.

게임을 예로 들어보자. 디지털 객체와 가상 상품은 오랫동안 컴퓨터 세상에 존재해왔다. 포트나이트와 리그 오브 레전드 같은 인기 게임은 아바타용 장식품 등의 가상 상품을 판매해 매년 수십억 달러를 벌어들인다.[2] 이런 종류의 디지털 상품은 구매가 아니라 빌리는 것이며, 사용자는 대여자다. 게임 업체는 언제라도 조건을 없애거나 변경할 수 있다. 사용자는 게임 밖으로 상품을 옮기거나 되팔 수 없다. 즉, 소유권과 관련한 어떤 것도 할 수 없다. 진짜 소유자인 플랫폼만이 모든 것을 통제할 수 있다. 아이템의 가치가 올라가더라도, 사용자는 보상받지 못한다. 궁극적으로 게임은 사라지거나 중단될 것이며, 가상 상품 또한 같은 운명을 맞을 것이다.

인기 있는 소셜 네트워크 대부분도 마찬가지다. 앞서 다루었듯이, 사용자가 자신의 이름과 팔로워를 소유하는 것이 아니라, 플랫폼이 소유한다. 최근에 거대 기술 기업이 지배력을 휘두른 사례들을 살펴보자. 2021년 10월, 페이스북이 사명을 메타로 변경했을 때, 며칠 후 메타는 한 예술가의 @metaverse라는 인스타그램 핸들(handle, SNS의 계정 이름-옮긴이)을 취소시켰다[3](강력한 반대에 부딪히고 〈뉴욕타임스〉 보도가 잇따르자 메타는 그녀의 인스타그램 핸들을 복구시켰다). 이와 비슷하게 2023년 트위터가 사명을 X로 변경하였을 때,[4] X는 오랜 트위터 사용자로부터 @x라는 트위터 핸들을 빼앗았다. 이와 같은 일은 늘 수시로 발생한다. 기업 네트워크가 차단한 정치적 인물이나 활동가, 과학자, 연구자, 유명인, 커뮤니티 리더 및 기타 사

용자 사례를 찾기 위해 멀리까지 살펴볼 필요도 없다.[5] 네트워크
를 제어하는 기업은 계정, 순위, 관계 등에 대해 완벽한 제어권을
갖고 있다. 한마디로 기업 네트워크에서 사용자 소유권은 환상에
불과하다.

블록체인은 제어권을 사람에게가 아닌, 변경할 수 없는 코드
가 관리하는 소프트웨어에 주어서 소유권을 환상이 아닌 실상으
로 만들었다. 블록체인은 토큰이라는 빌딩 블록을 통해 소유권의
개념에 실질적인 효력을 부여했다.

초창기 웹에서, 웹사이트라는 개념은 빌딩 블록과 비슷한 역
할을 했다. 웹의 밑바탕에 깔린 아이디어는 링크로 웹을 연결해 많
은 사람이 제어하는 정보의 바다를 구축하는 것이었다. 이는 자칫
복잡도의 늪에 빠질 수도 있었던 심오하고 야심 찬 비전이었다. 그
러나 웹사이트는 도시를 구성하는 블록처럼 더 복잡한 대상을 구
성하는 데 사용할 수 있는 간단한 유닛으로 설계되었다.

정보를 캡슐화한 웹사이트가 인터넷의 '읽기 시대'를 정의했
다. 누구나 광범위한 사람들에게 손쉽게 접근할 수 있게 만드는 블
로그와 같은 게시글이 인터넷의 '읽기-쓰기 시대'를 정의했다. 새
로운 단순화 개념인 토큰은 소유권을 캡슐화하며, 가장 최근의 인
터넷 시대인 '읽기-쓰기-소유하기'의 시대를 정의한다.

토큰은 어떻게 사용되는가

토큰은 겉보기에는 단순해 보이지만 그렇지 않다. 토큰은 확장성이 뛰어난 기술로, 두 가지 중요한 유형이 있다.[6] 첫 번째는 비트코인, 이더코인 같은 대체 가능 토큰이고, 두 번째는 NFT로 알려진 대체 불가능 토큰이다.

대체 가능 토큰은 교환할 수 있다. 대체 가능 토큰들의 묶음에서 한 토큰은 같은 묶음의 다른 토큰으로 교환 가능하다. 즉, 토큰 대 토큰 교환이다. 돈은 비슷하게 대체할 수 있다. 누군가 10달러를 갖고 있다면, 10달러를 갖고 있다는 것이 중요할 뿐 어떤 10달러 지폐를 가졌는지는 중요하지 않다.

NFT에서 각 토큰은 고유하다. 이는 실제 세상에서 수많은 객체가 고유한 것과 같다. 내 책장에는 많은 책이 있다. 그것들은 모두 책이지만 제목도 다르고, 저자도 다르므로 서로 교환할 수 없다. 그 책들은 대체 불가능하다.

대체 가능 토큰에는 많은 쓰임새가 있다. 가장 잘 알려진 것으로 소프트웨어가 돈을 담고 제어하는 방식이다. 기존의 금융 앱은 돈을 담고 있는 것이 아니라 돈에 대한 참조를 담고 있을 뿐이다. 돈 자체는 그 밖의 다른 곳, 가령 은행 같은 곳에 있다. 소프트웨어가 보유하고 제어하는 돈은 블록체인 이전에는 존재하지 않았던 새로운 아이디어다.

대체 가능 토큰에 대해 가장 잘 알려진 예는 비트코인 같은 암호화폐다. 많은 공개 논의에 참여한 사람들은 암호화폐가 블록체인의 주요한 사용 사례라고 가정한다. 비트코인을 정부가 제어하는 돈에 대한 대안으로 홍보하는 저명한 분들의 이야기는 혼란을 가중시킨다. 결과적으로 많은 사람이 사실상 정치적으로 중립인 블록체인과 토큰을 자유주의 정치와 잘못 연관 짓는다.

암호화폐는 블록체인과 토큰의 많은 사용 사례 가운데 하나에 지나지 않는다. 국가 통화를 대신해 대체 가능 토큰을 사용할 수도 있다. 법정 화폐에 가치가 고정된 토큰을 '스테이블 코인(stablecoin)'이라고 부른다.[7] 다른 토큰에 비해 변동성이 작기 때문이다. 사람들은 흔히 스테이블 코인이 세계 준비통화로서 미국 달러의 지위를 위협한다고 오해한다. 그러나 오히려 그 반대에 가깝다. 인터넷 태생의 화폐인 코인은 그 수요가 너무 강해서, 스테이블 코인 발행자 대부분은 자신들의 스테이블 코인을 미국 달러에 고정해왔다. 스테이블 코인 채택을 감시하는 하원금융서비스위원회의 미 하원의원 리치 토레스는 "스테이블 코인은 미국 달러의 패권을 위협하기보다는 강화하며, 중앙은행 디지털 화폐조차 없는 미국이 디지털 화폐 영역에서 중국 같은 나라보다 우위에 설 수 있게 해주었다."고 주장해왔다[8](현재 미국 정부는 중앙은행 디지털 화폐를 발행하지 않지만, 중국 인민은행은 디지털 위안화를 발행하고 있다).[9]

미국 정부가 보증하는 스테이블 코인은 부재하지만 민간 부분에서는 서로 다른 수많은 스테이블 코인이 등장했다. 몇몇 스테이블 코인 발행인들은 은행에 법정 화폐를 예치해두고 자신들의 토큰과 법정 화폐의 일대일 교환을 보증한다. USDC 코인은 서클이라는 금융 기술 기업이 운영하는 잘 알려진 법정 화폐 담보 스테이블 코인이다.[10] USDC 코인은 토큰 1개를 1달러로 교환할 수 있게 설계되었다. 사람들이 토큰을 달러로 교환할 수 있다고 믿으면, 실제로 교환하지 않더라도 달러를 기준으로 토큰 가치를 평가한다. 탈중앙형 금융(decentralized finance, DeFi) 애플리케이션을 비롯한 많은 응용 프로그램에서 프로그래밍 방식으로 자금을 이체할 때 이 USDC 코인을 사용한다.

다른 모델로 '알고리즘믹(algorithmic)' 스테이블 코인이 있다. 이 스테이블 코인은 자동화된 시세 조정 프로세스를 통해 법정 화폐와 교환 가치를 유지한다. 알고리즘믹 스테이블 코인은 지급 능력을 유지하기 위해 시장 가격이 떨어질 때 에스크로에 있는 토큰 같은 담보물을 자동으로 판다. 준비금을 주의 깊게 관리한 덕분에, 메이커(Maker)라 불리는 몇몇 알고리즘믹 스테이블 코인은 변동성이 매우 높은 시기에조차도 성공적으로 교환 가치를 유지해왔다. 그러나 2022년 붕괴한 악명 높은 실패작 테라를 포함해, 빠르게 동작하면서도 담보물을 느슨하게 관리한 다른 알고리즘믹 스테이블 코인들은 붕괴했다.[11]

토큰은 범용 소프트웨어의 기본 요소로, 잘 설계될 수도 혹은 그렇지 않을 수도 있다. 일부 사람들이 '코인', '암호화폐', '토큰'이라는 용어를 구별한다는 사실에 주목할 필요가 있다. 사실 나를 포함해 많은 블록체인 분야 종사자는 블록체인 기술의 특성인 추상화와 일반화를 가장 잘 나타낸다는 이유로 '토큰'이라는 용어를 더 선호한다. 그러나 여러분도 눈치챘겠지만, 이 책에서는 세 용어를 서로 바꾸어 사용할 수 있는 용어처럼 다루었다. '토큰'은 중립적으로 들리므로 세 용어 가운데 가장 객관적이다. '토큰'은 '코인'처럼 금융적 측면을 과도하게 강조하지 않으며, '암호화폐' 같은 정치적 의미도 내포하고 있지 않다.

대체 가능 토큰은 블록체인 네트워크용 연료로도 사용된다. 이더리움은 태생적으로 대체 가능 토큰인 '이더'를 갖고 있으며, 이더는 두 가지 용도로 사용된다. 첫째, NFT 마켓, 탈중앙형 금융 서비스 및 기타 앱 등과 같은 이더리움 기반 네트워크에서 지불 수단으로 사용된다. 둘째, 이더리움이 네트워크에서 소프트웨어를 실행할 때 필요한 계산량 측정치인 '가스(Gas)'에 대한 지불 수단으로 사용된다. 다른 많은 블록체인도 동일한 설계 방식을 사용하여 컴퓨팅 리소스를 구매하는 데 토큰 지불을 요구한다. 메인프레임상에서 시분할이 인기를 끌었던 1960년대와 1970년대의 컴퓨팅으로 회귀한 선불 모델이 다시 나타난 셈이다.

대체 불가능 토큰 역시 여러 쓰임새를 갖고 있다. NFT는 예술작품, 부동산, 콘서트 티켓 등과 같은 실제적인 품목의 소유권을 나타낼 수 있다. 일부 사람들은 소유권을 이전하고 거래 기록을 남기기 위해 LLC와 묶인 NFT를 사용해 아파트 같은 재산을 사고, 팔아왔다. 그러나 NFT는 디지털 미디어의 소유권을 나타내는 방법으로 가장 잘 알려져 있다. 이때 미디어는 예술작품, 비디오, 음악, 게임, 글, 밈, 코드 등을 포함해 무엇이든 될 수 있다. 이런 토큰 가운데 일부는 로열티 관리나 대화형 기능 추가 등과 같은 일을 할 수 있는 코드가 들어 있다.

NFT는 매우 새로운 개념이다 보니, NFT 구매가 무엇을 의미하는지 언제나 명확한 것은 아니다. 현실 세계에서 그림을 구매할 때는 그 작품과 그 작품을 사용할 수 있는 권리를 구매하는 것이다. 일반적으로 예술품에 대한 저작권이나 다른 이가 그 그림을 모방하지 못하도록 막을 권리까지 구매하는 것은 아니다. 마찬가지로, 예술적 이미지를 나타내는 NFT를 구매할 때 역시 이미지를 구매하는 것이지 저작권을 구매하는 것이 아니다(저작권 구매가 가능할지라도, 구매는 토큰의 설계에 달려 있다).

오늘날 NFT 대부분은 자필로 서명한 예술작품이나 사인이 담긴 레코드 앨범과 유사한 복제본처럼 동작한다. 예술작품의 가치는 희소성과 비판적 평가 등 여러 가지 요소에 따라 달라지지만, 사회적, 문화적 신호의 복합적인 조합에 따라 달라지기도 한다. 사람들은 예술작품, 야구 카드, 핸드백, 스포츠카, 스니커즈 등을 포함한 많은 물건에 효용 가치를 넘어서는 금전적 프리미엄을 부여한다. 이와 비슷하게 사람들은 문화적 또는 예술적으로 중요한 물건을 나타내는 토큰에 프리미엄을 부여한다. 가치는 다양한 요인의 함수로, 어떤 요인은 객관적이고, 어떤 요인은 주관적이다.

NFT는 또한 디지털 유틸리티도 갖고 있다. NFT의 인기 있는 용도 중 하나는 예술가가 2차 거래(처음 구매해 소유한 사람이 다른 사람에게 다시 판매하는 것-옮긴이)에서도 로열티를 받을 수 있도록 거래를 추적하는 것이다. 게임에서 NFT는 플레이어에게 특별한 아이템과 능력을 주는 사물, 기술 및 경험을 나타낸다. 예를 들면, 전사의 검이나 마법 지팡이, 새로운 춤 등이 있다. NFT는 멤버들이 디지털 방식으로 실제 모이는 토큰 기반 소셜 클럽에서처럼, 구독이나 이벤트, 또는 토론에 대한 접근을 제공하기도 한다.

NFT의 또 다른 용도는 디지털 사물과 실제 사물을 연결하는 것이다. 티파니앤코와 루이비통은 보석, 핸드백 및 기타 상품으로 교환할 수 있는 NFT를 만들었다.[12] 현대 미술가인 데이미언 허스트는 디지털 예술작품인 동시에 실제 실물 작품으로 교환할 수 있는 NFT 컬렉션을 만들었다.[13] 어떤 NFT는 디지털 세계와 실제 세계 사이의 경계를 허물기도 한다. 나이키는 비디오 게임 포트나이트에서 소유자가 전시하고 신을 수 있는 디지털 스니커즈를 NFT로 만들었다.[14] 이 NFT 소유자들은 신제품 출시 및 프로선수와의 채팅 같은 이벤트에도 참여할 수 있다.

NFT는 온라인과 오프라인 세계의 경계를 무너뜨리며 사용자들에게 실제 물건의 디지털 트윈 역할을 한다. NFT 사용자는 실물 제품을 소유할 뿐만 아니라 온라인 마켓에서 거래하거나 소셜 사이트에 전시하거나 게임 속에서 캐릭터를 장착하는 등 여러 온라인 이점을 추가로 누린다. 해당 제품 브랜드는 대다수 브랜드와는 달리 고객과 지속적인 디지털 관계를 맺는다.

NFT는 도메인 네임 시스템의 이름과 유사하게 식별자 역할도 한다. 프로토콜 네트워크에서 도메인 네임 시스템이 사용자에게 이름에 대한 소유권을 부여해 변환 비용을 낮췄던 것을 떠올려 보라. NFT 식별자는 최신 소셜 네트워크들에서도 비슷한 역할을 수행하여 사용자가 이름과 연결을 그대로 유지한 채 앱을 전환할 수 있게 해준다.

사용자는 소프트웨어 '월릿(wallet, 토큰을 담은 지갑-옮긴이)'을 통해 토큰을 보유하고 제어한다. 모든 월릿에는 공개 암호화 키에서 파생한 공개 주소가 있으며, 이것이 식별자 역할을 한다. 그러므로 누군가 사용자의 공개 주소를 알고 있다면, 그 사람은 토큰을 보낼 수 있다. 해당 비밀키를 갖고 있다면, 해당 월릿의 토큰을 제어할 수 있기 때문이다.

'월릿'이라는 용어의 기원은 토큰이 오직 화폐만을 나타냈던 시절로 거슬러 올라간다. 그러나 오늘날 이 용어는 다소 오해의 소지가 있다. 월릿은 기존 역할을 계속하겠지만, 새로운 유형의 토큰, 앱, 소프트웨어 상호작용에도 사용된다. 그러므로 웹 브라우저와 웹의 관계로 월릿과 블록체인의 관계를 설명하면 좀 더 적합한 비유가 될 것이다. 한마디로 월릿은 블록체인 사용자를 위한 인터페이스라고 할 수 있다.

월릿과 마찬가지로, '트레저리(treasuries)'는 토큰을 함께 보관해, 사용자를 위한 인터페이스 역할을 하지만 그 규모가 좀 더 크다. 월릿은 주로 개인들이 사용하는 반면, 트레저리는 좀 더 큰 그룹이 다루기 쉽다. 이더리움에서는 대개 DAO(Decentralized Autonomous Organization, 탈중앙형 자율조직)라고 불리는 커뮤니티를 관리할 수 있는 트레저리 앱을 작성할 수 있다. 이 커뮤니티는 소프트웨어 개발, 보안 감사, 운영, 마케팅, 연구개발, 공공재, 자선기부 또는 교육 등에 자금을 지원하는 등, 트레저리의 자산을 관리하는 방법에 대해 투표할 수 있다. 월릿과 트레저리는 모두 자동으로 돈을 투자 또는 지출하거나, 혹은 다른 프로그램 활동에 참여하도록 설정할 수 있다.

토큰이 세포와 같다면, 트레저리는 성숙한 생명체와 같다. 트레저리는 일종의 멀티플레이어들로 이루어진 준비금이다. 미리 정해진 규칙에 따라서만 토큰 이동을 보장하는 소프트웨어가 트레저리를 제어한다. 이런 기능은 블록체인이 기업이나 비영리 단체 같은 오프라인 조직에 맞설 수 있는 능력을 제공하며, 블록체인의 근육과 같은 역할을 한다.

우리가 인터넷에서 진짜로 '소유'했다고 느끼는 것은 무엇인가

어쩌면 이 모든 이야기가 믿기지 않거나 중요하지 않게 들릴지도 모르겠다. 사람들은 DAO가 단지 '은행 계좌를 가진 채팅 그룹'이며,[15] NFT는 미화된 JPEG 이미지에 불과하고, 토큰은 모노

145

폴리 게임의 돈과 별반 다르지 않다는 농담을 하곤 한다. 심지어 '토큰'이라는 용어는 게임이나 오락실을 연상시킨다. 그러나 이런 기술들의 중요성을 과소평가한다면 실수를 저지르는 것이다.

블록체인은 기존 방식에서 급진적으로 벗어난 것이다. 블록체인은 토큰을 통해 디지털 소유권에 대한 기존 규약을 뒤집어, 인터넷 서비스가 아닌 사용자가 소유자가 되는 것이다.

사람들은 대부분 그 반대 상태에 익숙하다. 다시 말해, 온라인에서 얻은 모든 것이 디지털 서비스의 소유로 남아 있는 상태에 익숙하다. 수많은 다운로드도 마찬가지다. 예를 들어, 여러분은 아마존 킨들에서 주문한 전자책과 애플 아이튠즈 스토어에서 구매한 영화를 실제로 소유하지는 않는다.[16] 기업은 이런 구매를 마음대로 취소할 수 있다. 이에 반해 여러분은 구매한 것을 되팔 수도, 이 서비스에서 저 서비스로 보낼 수도 없다. 여러분은 새로운 서비스에 가입할 때마다 처음부터 다시 시작해야 한다.

대다수 사람이 인터넷에서 소유했다고 느끼는 유일한 것은 자신의 웹사이트이며, 그조차도 도메인 네임을 소유하고 있을 때다. 나는 도메인을 소유하고 있으므로 내 웹사이트를 소유한다. 내가 법의 테두리 안에 머무르는 한, 누구도 내게서 내 웹사이트를 빼앗아갈 수는 없을 것이다. 이와 비슷하게, 기업도 기업 도메인을 소유한다. 사람들이 자신이 소유한 것처럼 느끼는 디지털 자산이 웹 위에 만들어진 것은 결코 우연이 아니다. 블록체인 네트워크 같은 프로토콜 네트워크는 디지털 소유권을 존중한다. 그러나 기업 네트워크는 그렇지 않다.

대다수 사람은 자신들이 등록하지도 않은 기업 네트워크 규범에 길들어 있다. 현실 세계에서 새로운 장소를 방문할 때마다 완전히 처음부터 다시 시작해야 한다면 아마 상당히 화가 날 것이다. 우리는 영속하는 신원을 갖고 있으며, 자신 소유의 물건을 이곳저곳으로 옮기는 것을 당연하게 여긴다. 이처럼 소유의 개념은 우리 삶 속에 깊숙이 자리 잡고 있기 때문에 소유권을 빼앗기는 세상을 상상하기 어렵다. 여러분이 구매한 옷을 구매한 장소에서만 입어야 한다고 상상해보라. 자기 집이나 차를 되팔거나 그것에 재투자를 할 수 없다면? 또는 어디를 가든 갈 때마다 이름을 바꾸어야 한다면? 이것이 바로 기업 네트워크에서 제공하는 디지털 세상이다.

아마도 실제 세상에서 기업 네트워크와 가장 비슷한 곳은 한 기업이 모든 경험을 통제하는 테마파크일 것이다. 테마파크는 방문할 때는 즐겁지만, 대다수 사람은 자신의 일상이 그런 식으로 작동하는 것을 원하지 않을 것이다. 십자형 회전식 막대가 설치된 입구를 통과하자마자 여러분은 테마파크 소유주의 절대 권위에 기반한 정책을 받아들여야 한다. 현실 세계에서 사람들은 자신의 소유물을 되파는 상점이나 사업체를 열고, 원하는 곳이라면 어느 곳에든 소유물을 가져가는 등 자신의 소유물을 원하는 대로 처리할 자유를 갖고 있다. 사람들은 물건을 소유하고 물건에 재투자하면서 가치와 만족을 얻는다.

소유권에는 부수적으로 긍정적인 효과가 있다. 대다수 사람의 부는 집 같은 소유 자산을 인식하는 데에서 온다. 주택 소유자들은 임차인보다 집과 이웃에 훨씬 더 많이 투자하고 신경 쓰는 것으로 알려져 있다.[17] 그리고 개인의 발전은 결국 모든 사람의 발전으로 이어진다.

소유권은 수많은 스타트업 아이디어의 선행조건이므로 혁신도 소유권에 달려 있다. 에어비앤비 같은 기발한 서비스는 사람들이 자신의 집을 임대하는 등 원하는 대로 자유롭게 할 수 있는 세상에서만 가능하다. 물리적 상품을 만드는 과정은 특별한 허가 없이 다른 재화들을 넣고 섞는 재조합 과정이다. 여러분은 원하는 재화는 무엇이든 구매하고 소유할 수 있기 때문에 그것으로 하고 싶은 모든 것을 할 수 있다. 많은 사업이 기존의 것을 취해 원제작자가 상상하지도 못했고 때로는 싫어할 수도 있는 방식으로 재사용한다. 비록 특허법 같은 제약이 있기는 해도 소유권은 기본적으로 자유이며, 이는 새로운 일을 하기 위해 허가를 요청할 필요가 없음을 의미한다.

소유권의 중요성은 지금까지의 설명으로 충분할 것 같다. 그러나 우리 대부분은 소유권을 인터넷의 맥락에서 생각하지 않는다. 그러나 그래야 한다. 소유권이 현실 세계에서처럼 널리 퍼져 있다면 디지털 세계는 분명 더 나은 장소가 될 것이다.

파괴적 기술이 처음엔 별 볼 일 없어 보이는 이유

오늘날 토큰은 소수의 열성적인 사람들만이 사용하고 있다. 이들은 전체 인터넷 사용자 중 극히 일부인 수백만 명에 불과하므로, 자칫 이들을 독특하게 보이는 아웃사이드인 기술의 얼리어답터 정도로 과소평가하기 쉽다. 그러나 이는 실수다. 커다란 동향은 늘 작은 것에서 시작되기 때문이다.

기술 산업 분야의 놀라운 점 중 하나는 거대 기술 기업들이 새로운 주요 트렌드를 놓치고 스타트업들이 도전자로 부상하는 기회를 주는 경우가 흔하다는 것이다.[18] 틱톡은 누구보다 앞서 숏폼 동영상을 장악해 메타, 트위터와 같은 거대 기술 기업의 허를 찌르며 당황하게 만들었다.

이는 기존 기업들이 현실에 안주했기 때문이 아니다. 대다수 기존 기업은 경쟁사를 모방하고, 인수하며, 밀려나지 않기 위해 공격적으로 제품을 만들었다. 인스타그램과 트위터는 틱톡이 유명해지기 전에 이미 동영상 기능을 갖추고 있었지만, 기존 제품에 우선순위를 두었다. 게다가 트위터는 2017년 자체 비디오 앱인 바인을 폐쇄했다. 1년 후에, 틱톡은 미국에서 입소문을 타며 인기를 끌었다.

이처럼 기존 사업자들이 헛발질을 하는 이유는 미래에 크게 성공할 차세대 기술이라도 처음에는 대체로 별 볼 일 없어 보이기 때문이다.[19] 이는 고인이 된 클레이튼 크리스텐슨 경영학 교수의 주요 통찰 가운데 하나다.[20] 그의 파괴적 기술 이론은 기술의 발전 속도가 그 기술에 대한 사람들의 기대 증가 속도보다 빠른 경향이 있다는 관찰에서 출발한다. 그리고 이런 간단한 통찰로부터 스타트업이 어떻게 그렇게 자주 기존 기업들을 놀라게 하는지를 포함해 시장과 제품이 시간에 따라 어떻게 변하는지에 관해 생각하지 못했던 결론이 도출된다.

클레이튼 크리스텐슨 교수의 이론을 살펴보자. 기업은 성장함에 따라 시장 내 고가 제품의 요구를 충족시키기 위해 지속적으로 제품을 개선하는 경향이 있으며, 결국 어느 시점에 다다르면 기업은 대다수 고객이 원하거나 필요로 하는 것 이상의 기능들을 제품에 추가한다. 그 시점에 이르기까지 기업은 이익이 나는 분야에만 집중하며 시장 내 저가 제품에는 신경 쓰지 않는 근시안적인 사고를 발전시켜왔다. 그리고 새로운 기술, 트렌드 및 아이디어의 잠재력을 간과한다. 이는 투지로 가득 찬 타 경쟁사들이 좀 더 값싸고, 간단하며, 폭넓은 고객들에게 권하기 좋은 제품을 제시할 여지를 만든다. 신기술이 점점 발달하면서, 새로운 경쟁자의 시장 점유율은 결국 기존 사업자를 넘어설 만큼 성장한다.

파괴적 기술이 처음 등장하면, 사람들은 기대에 미치지 못한다는 이유로 신기술을 장난감쯤으로 치부하며 외면하는 경우가 많다. 1870년대에 발명된 최초의 전화기는 짧은 거리에서만 음성을 전달할 수 있었다. 당시 최고의 통신 기업이었던 웨스턴 유니온이 자신들의 주요 고객인 기업과 철도회사에 이 전화기가 얼마나 유용할지 예상하지 못해 기술 매입을 하지 않았다는 일화는 유명하다.[21] 웨스턴 유니온은 전화기와 관련 인프라가 얼마나 빠르게 발전할지 예측하는 데 실패했다. 100년이 지난 1970년대 중형 컴퓨터 제조사인 디지털 이큅먼트 코퍼레이션과 데이터 제너럴이 개인용 PC를 무시했을 때도 비슷한 상황이 펼쳐졌다.[22] 또한, 수십 년 후 델과 마이크로소프트 같은 데스크톱 컴퓨팅 선도 기업이 스마트폰을 간과했을 때도 비슷한 일이 일어났다.[23] 이처럼 다윗의 물맷돌이 육중한 무장 군인 골리앗을 자빠트리는 일이 기술 산업에서는 반복해 일어난다.

그러나 장난감처럼 보이는 모든 제품이 커다란 차세대 트렌드가 되지는 않을 것이다. 어떤 장난감 같은 기술은 그저 장난감으로 남는다. 파괴적 기술과 그렇지 않은 기술을 구분하기 위해, 제품은 과정으로 평가할 필요가 있다.

파괴적 기술의 제품은 놀라운 속도로 발전하는 기하급수적 힘에 올라탄다. 점진적으로 발전하는 제품은 파괴적이지 않다. 한 걸음 또 한 걸음 식의 발전은 약한 힘을 발휘한다. 폭발적인 성장은 네트워크 효과와 플랫폼-앱 피드백 루프 등 복합적인 효과를 내는 더 강력한 힘에서 비롯된다. 개발자는 기존 코드를 재사용해 만들고자 하는 것을 좀 더 쉽게 만들 수 있다. 코드의 이런 속성을 '소프트웨어 조합성'이라고 하며, 이는 폭발적인 성장의 또 다른 원천이다(7장 〈오픈소스 소프트웨어〉에서 좀 더 자세히 다루겠다).

파괴적 기술의 또 다른 중요한 특징은 현재의 사업 모델과는 맞지 않는다는 것이다(PART 5에서 토큰이 이런 파괴적 기술 유형에 어떻게 잘 들어맞는지 상세히 설명할 예정이다). 애플이 더 나은 배터리와 카메라를 장착한 스마트폰을 개발하며 시장을 선도하고 있다는 것은 확실하다. 스타트업이 동일하게 배터리와 카메라를 가지고 애플과 경쟁하려 한다면 어리석은 일일 것이다. 애플은 아이폰을 개선하는 일이 아이폰의 가치를 높이고, 애플의 핵심 사업인 아이폰 판매 성장에 도움이 된다는 것을 알고 있다. 그러므로 스타트업이 생각해봐야 할 더 흥미로운 아이디어는, 스마트폰을 덜 가치 있게 만드는 무언가일 것이다. 이런 아이디어는 더 나은 배터리와 카메라에 비해 애플이 추구할 가능성이 훨씬 적을 듯하다.

물론 제품이 반드시 파괴적이어야만 가치가 높아지는 것은 아니다. 제품이 출시된 첫날부터 일상에서 오랫동안 유용하게 사용할 수 있는 제품은 매우 많다. 크리스텐슨 교수는 이를 '존속적 기술'이라 불렀다. 스타트업이 존속적 기술을 구축한다면, 기존 기업들은 흔히 그 스타트업을 인수하거나 모방한다. 기업이 적절한 시점에 올바르게 비즈니스를 해나간다면, 기업은 존속적 기술 위에서 성공적인 비즈니스를 만들 수 있다.

인공지능, 가상현실 등을 포함한 수많은 현대 기술 트렌드의 중요성을 의심하는 사람은 거의 없다. 이런 기술들은 컴퓨팅 능력, 데이터, 값비싼 개발에 투입할 수 있는 자원을 보유한 메타, 마이크로소프트, 애플, 구글 등과 같은 기업에 유리하게 작용한다. 거대 기술 기업들은 이 분야에 엄청나게 투자하고 있다. 오픈에이아이(OpenAI)와 같이 갑자기 등장한 경쟁자는 이런 거대 기술 기업과 경쟁하기 위해 수십억 달러의 자금을 모아야 한다(소문에 의하면 OpenAI는 마이크로소프트로부터 130억 달러를 투자받았다고 알려졌다).[24] 인공지능, 가상현실 같은 현대 기술들이 기존 거대 기업이 돈을 버는 전통적인 방식에 어떻게 잘 맞는지에 관해 의구심을 가진 사람들도 있지만, 거대 기술 기업은 기존의 비즈니스 모델을 확장하며 적용할 가능성이 높다. 다시 말해, 이 기술들은 기존 비즈니스 모델을 지탱하는 존속적 기술이다.

오해가 없도록 확실히 해두자. 나는 인공지능과 가상현실 기술에 엄청난 잠재력이 있다고 믿는다. 그 믿음이 너무 커서, 2008년에 인공지능 스타트업을 공동창업했고, 오큘러스 VR(2014년에 페이스북이 인수)에 초기 투자자로 참여했다. 인공지능과 가상현실 기술이 존속적 기술이라는 내 주장의 핵심은 거대 기술 기업들이 그 두 기술의 잠재력을 이미 알고 있으며, 이에 크리스텐슨 교수의 의도를 정확히 고려했을 때 두 기술은 덜 파괴적이 되었다는 것이다. 오늘날 사람들이 '파괴'라는 말을 별생각 없이 사용하지만, 사실 그 용어에는 정확한 학술적 의미가 담겨 있다. 정의에 따르면 파괴적 기술은 존속적인 기술보다 좀 더 알아차리기 어려우며, 전문가들의 시선에서 벗어나 있다. 그것이 핵심이다. 파괴적 혁신을 깨닫지 못한 주요 기업들이 그 혁신을 파괴적으로 만드는 것이다.

파괴적 기술과 존속적 기술을 혼동하는 일에 대해 양해를 구해야 할 수도 있다. 이 문제의 전문가인 크리스텐슨 교수조차도 실수를 범했다. 그가 아이폰을 존속적 기술로 혼동한 일은 유명하다.[25] 그는 아이폰이 사실상 훨씬 큰 잠재시장인 컴퓨터 시장을 파괴할 때도 단순히 아이폰이 시장을 확대한 것뿐이라고 잘못 생각했다. 이것이 혁신가의 딜레마로, 혁신가조차 동의하며 고개를 끄덕인다.

기존 기업들이 다시 이런 파괴적 기술에 문을 열고 있다. 지금까지 블록체인과 토큰을 진지하게 받아들인 거대 기업은 인공지능과 가상현실 분야와는 달리 거의 없었다. 기존 업체들은 블록체인과 토큰의 중요성을 알지 못한다. 비트코인과 이더리움이 등장한 이후, 토큰에 본격적으로 뛰어든 거대 기술 기업은 단 한 곳뿐이었다. 2019년 메타는 디엠(Diem, 처음 이름은 리브라였다)이라는 블록체인 프로젝트에 착수했다. 그러나 2년 후, 메타는 관련 자산을 매각하고 관련 디지털 월릿 제품인 노비(Novi) 프로젝트를 중단했다.[26] 메타가 블록체인과 토큰에 뛰어든 일은, 내가 보기에 현재 메타가 여전히 창업자가 이끄는 유일한 거대 기술 기업이라는 사실과 무관하지 않다.

토큰은 파괴적 기술의 모든 특징을 가지고 있다. 토큰은 초기 인터넷 시대의 파괴적 컴퓨팅 기술의 기본 요소였던 웹사이트와 블로그 포스트 같은 멀티플레이어다. 또한 토큰은 더 많은 사람이 사용할수록 단순한 장난감을 넘어 훨씬 중요한 것이 되는 네트워크 효과를 누리며 더 유용해졌다. 토큰을 밑받침하고 있는 블록체인 역시 복리식 성장을 만드는 플랫폼-앱 피드백 루프 효과를 통해 빠른 속도로 발전하고 있다. 토큰은 프로그래밍도 가능해 개발자들이 소셜 네트워크, 금융 시스템, 미디어 자산 및 가상경제 같은 수많은 앱에 토큰을 확장하고 적용할 수 있다. 또한, 토큰은 재조합이 가능하므로 다양한 용도로 재사용하고 재결합하여 그 능력을 강화할 수 있다.

웹사이트를 '파산한 인터넷 기업'이라며 무시하고, 소셜 미디어 게시를 한가한 사람들의 수다라고 비웃었던 회의론자들은 네트워크의 힘을 제대로 알아차리지 못했다. 그들은 네트워크 효과가 불러일으키는 비정상적인 힘을 오해하고 간과했다. 새로운 트렌드와 발명은 그들을 둘러싼 네트워크가 복리식 성장을 시작할 때 굳건히 자리 잡는다. 웹사이트는 '읽기 시대'의 웹 프로토콜 네트워크와 함께 성장했다. 게시물은 페이스북이나 트위터 같은 '읽기-쓰기 시대'의 기업 네트워크와 함께 성장했다.

토큰은 '읽기-쓰기-소유하기 시대'에 새로운 종류의 인터넷 네이티브 네트워크의 중심에서 자라고 번성할 최신의 컴퓨팅 기본 요소다.

06 블록체인 네트워크

도시는 모두가 참여해 건설할 때만, 그리고 모두가 도시 건설에
참여했기 때문에, 모두에게 무언가를 제공할 능력을 갖추게 된다.[1]

— 제인 제이콥스

무엇이 위대한 도시를 만드는가?

세계 최고의 대도시들은 공공 공간과 사적 공간이 혼합된 융
합체다. 공원, 인도 및 기타 공공 공간은 방문객을 끌어들이고 일
상생활의 질을 높인다. 사적 공간은 사람들이 기업을 만들 수 있
는 동기를 부여하고 다양하고 필수적인 서비스를 제공한다. 오직
공공 공간만 있는 도시는 기업가들이 가져다주는 창의적인 생동
감이 부족할 것이다. 반대로 민간 기업이 소유한 도시는 영혼 없는
가짜 도시에 가까워질 것이다.

위대한 도시는 처음부터 다양한 기술과 관심사를 가진 수많
은 사람들에 의해 건설된다. 도시에서 공적인 것과 사적인 것은 서
로 의존적이다. 예를 들어, 피자 가게는 인도를 걷는 보행자를 매

장으로 이끌어 고객으로 만든다. 또한 더 많은 사람을 인도로 끌어들이고 세금을 통해 도시의 세입을 높여 인도의 유지 및 보수 비용을 마련하는 데 기여한다. 한마디로 이 둘은 공생관계다.

도시 계획을 보면 네트워크 설계를 이해하는 데 도움이 될 만한 시사점이 보인다. 현존하는 거대 네트워크 가운데 웹과 이메일은 거대 도시와 가장 유사한 네트워크다. 앞서 말했듯이, 네트워크를 기반으로 만들어진 커뮤니티가 이 네트워크를 관리하고 경제적 이점을 누린다. 이런 네트워크 효과는 기업이 아니라 커뮤니티가 제어한다. 기업가는 자신이 만든 네트워크를 확실히 소유한다는 예측 가능한 규칙 때문에, 이런 네트워크 위에 무언가를 구축하려는 강력한 동기를 갖게 된다.

프로토콜 네트워크와
기업 네트워크의 새로운 대안

인터넷은 건강한 도시에서 볼 수 있는 것처럼, 공공 공간과 사적 공간이 균형을 이루어야 한다. 기업 네트워크는 기업가가 개발할 수 있는 사유지와 비슷하다. 기업가들은 대응이 빠르고 유지, 관리에 사용할 자원들도 풍부하다. 그러나 기업 네트워크의 성공은 공공의 것을 기업의 것으로 만들고, 대체 제품을 밀어내며, 사용자와 창작자, 기업가를 위한 기회를 감소시킬 수 있다.

인터넷의 균형을 회복하기 위해서는 프로토콜 네트워크와 기업 네트워크에 대한 새로운 대안이 필요하다. 새로운 네트워크의 중심에 블록체인이 있으므로, 나는 이 새로운 네트워크를 '블록체인 네트워크'라 부른다. 비트코인은 첫 번째 블록체인 네트워크다. 사토시 나카모토와 그의 프로젝트 참여자들은 암호화폐라는 특별한 목적을 위해 비트코인을 만들었다. 그러나 좀 더 범용적인 목적으로도 블록체인을 만들 수 있다. 비트코인 이후 블록체인 전문가들은 블록체인 네트워크의 기반 설계 및 분산 소유를 가능하게 하는 토큰의 개념을 좀 더 많은 종류의 디지털 서비스로 확장했다. 그들의 확장 범위는 금융 네트워크를 넘어 소셜 네트워크, 게임, 마켓 및 기타 영역 등으로 보다 넓어졌다.

블록체인 이전에는 네트워크 구조가 좀 더 제한적이었다. 기존 컴퓨터의 경우, 컴퓨터 하드웨어를 소유한 사람이 모든 권한을 가졌다. 그런데 소유자는 언제든 원할 때마다 소프트웨어를 바꿀 수 있다. 따라서, 기존 컴퓨터용 네트워크를 설계할 때는, 네트워크 노드 역할을 하는 소프트웨어가 네트워크 사용자의 이익보다 소유주의 이익에 부합하도록 동작을 바꾸며 '흑화'할 수 있다는 점을 가정해야 한다. 이 가정은 적합한 네트워크 설계의 범위를 제한한다. 역사적으로 단 두 가지만이 효과가 있었다. 첫째는 프로토콜 네트워크다. 이 네트워크에서는 약한 네트워크 노드의 롱테일(long tail)이 일부 노드가 흑화해도 문제되지 않는 지점까지 영향력을 제한한다. 둘째는 기업 네트워크다. 이 네트워크에서는 기업 소유주가 나쁘게 행동하지 않기를 바라면서 모든 권한을 기업 소유주에게 집중한다.

블록체인 네트워크에서는 다른 접근 방식을 취한다. 블록체인은 하드웨어와 소프트웨어의 전통적인 관계를 뒤집어 소프트웨어에 책임을 맡긴다고 이야기했던 것을 기억하는가? 이런 특징 덕분에 네트워크 설계자는 소프트웨어의 풍부한 표현력을 최대한 활용할 수 있다. 블록체인 네트워크 설계자는 네트워크 구성 하드웨어의 변화에 견딜 수 있는 영구적인 규칙을 소프트웨어로 코딩해 넣을 수 있다. 이 규칙은 '누가 접속하는가?', '누가 수수료를 내는가?', '수수료는 얼마나 부과하는가?', '경제적 혜택은 어떻게 배분하는가?', '어떤 조건에서 누가 네트워크를 수정할 수 있는가?'와 같은 사항들을 포함해 네트워크의 모든 면을 다룰 수 있다. 블록체인 네트워크 설계자는 네트워크의 핵심 소프트웨어를 제작하는 동안 네트워크 노드가 흑화해 시스템을 훼손시킬 걱정을 할 필요가 없다. 설계자는 네트워크 노드를 지속적으로 확인하기 위해 블록체인 네트워크에 이미 내장된 합의 메커니즘을 이용할 수 있다.

블록체인 네트워크 설계자는 굳건하고 지속적인 토대 위에서 소프트웨어만큼 자유롭게 네트워크를 설계할 수 있다. 앞서 설명한 네트워크 설계는 블록체인 네트워크의 새로운 모범 사례라고 생각되는 것들이다. 그러나 소프트웨어로 제작할 수 있는 네트워크 설계의 범위는 내가 다룬 것보다 훨씬 광범위할 수 있다. 아무도 생각하지 못했던 방법으로 지금까지 설명한 여러 아이디어를 개선할 수 있는 네트워크를 설계하는 것도 가능하다. 소프트웨어를 사용하면 상상할 수 있는 모든 네트워크 설계가 가능한 만큼, 나는 사실상 그렇게 되기를 기대한다.

나는 '블록체인 네트워크'를 인프라와 응용 모두를 기술하기 위한 포괄적인 용어로 사용한다. 인터넷이 레이어 케이크와 같다는 사실을 떠올려보자. 모든 장치를 연결하는 네트워킹은 기술 스택의 아랫부분에 있는 계층이다. 인프라 블록체인 네트워크가 이 계층 위에 구축된다. 가장 인기 있는 범용 인프라 블록체인 네트워크에는 이더리움, 솔라나, 옵티미즘, 폴리곤 등이 있다. 인프라 블록체인 네트워크 위에는 에이브, 컴파운드, 유니스왑과 같은 탈중앙형 금융 네트워크와 소셜 네트워크, 게임, 마켓 등을 작동시키는 최신 응용 블록체인 네트워크가 있다.

다음은 용어에 대한 간단한 설명이다. 블록체인 분야에 종사하는 많은 사람이 응용 블록체인 네트워크를 '프로토콜'이라 부른다. 앞에서 이야기했듯이, 나는 이런 식의 용어를 사용하지 않는다. 이는 웹이나 이메일 같은 프로토콜 네트워크와 혼동을 피하기 위해서다. 몇몇 블록체인 네트워크 관련 기업이 자신들의 제품에 기반을 제공하는 응용 블록체인 네트워크의 이름을 기업 이름으로 채택하지만, 이 또한 그리 좋은 생각은 아니다. 예를 들어, 클라이언트 소프트웨어를 제작하는 기업인 컴파운드 랩스는 응용 네트워크인 컴파운드와는 다르다. 컴파운드 랩스는 응용 네트워크

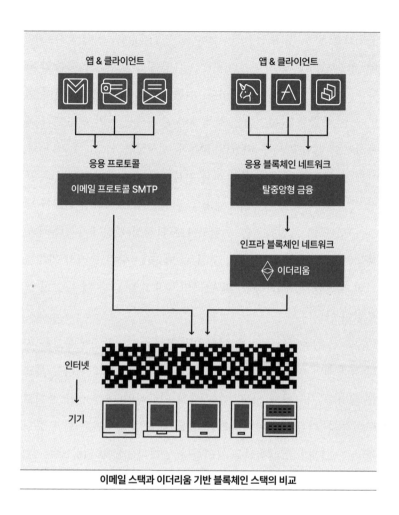

이메일 스택과 이더리움 기반 블록체인 스택의 비교

인 컴파운드에 접속할 수 있는 웹사이트와 앱을 개발한다. 이는 구글이 이메일에 접속할 수 있는 지메일을 개발하는 것과 비슷하다.

블록체인이 등장한 지 10년이 넘었지만, 인터넷 규모로 사용되기 시작한 것은 불과 몇 년 전부터다. 이는 블록체인이 부과하는 수수료를 낮추고, 트랜잭션(Transaction, 특정 기능이나 서비스를 수행하기 위한 일련의 작업들-옮긴이) 처리량과 처리 속도를 높이는 블록체인 확장 기술이 개선되었기 때문이다. 이전에는 소셜 네트워킹같이 빈도가 높은 활동을 하기에는 블록체인 트랜잭션 처리 수수료가 예측하기도 어렵고 너무 비쌌다. SNS에 게시물을 업로드하거나 '좋아요'를 클릭할 때마다 몇 달러를 지불해야 한다고 상상해보라. 분명 비현실적이다. 반면, 탈중앙형 금융 네트워크는 발생 빈도가 낮고 규모가 큰 트랜잭션을 수행하므로 확장성에 한계가 있음에도 불구하고 성공할 수 있었다. 수십, 수백 또는 수천 달러의 가치를 가진 토큰을 거래할 경우, 몇 달러의 수수료를 내는 일은 그리 큰 부담이 아니다.

과거 컴퓨팅의 물결을 이끌었던 플랫폼-앱 피드백 루프를 따라 블록체인 성능은 꾸준히 개선되고 있다. 새로운 인프라는 새로운 응용을 가능하게 하고, 이는 다시 인프라에 대한 신규 투자로 이어진다. 비트코인과 이더리움 같은 초기 블록체인은 현재 초당 평균 7~15개의 트랜잭션을 처리한다. 솔라나(6만 5000 TPS, TPS는 초당 처리한 트랜잭션의 개수를 의미한다), 앱토스(16만 TPS), 수이(1만 1000~29만 7000 TPS) 등과 같은 고성능 블록체인은 훨씬 빠른 속도로 성능을 향상시켰다. 또한, 이더리움은 처리량을 1,000배 이상 증가시킬 잠재력을 가진 기술 개선 로드맵을 꾸준히 이행해오고 있다. 블록체인의 성능을 공정하고 정확하게 평가하는 것은 각 네트워크의 특수성과 벤치마킹에 담긴 미묘한 차이들 때문에 어려운 일이다. 그러나 지금까지 이 분야의 발전 전망은 희망적이다.

다양한 기술이 블록체인의 성능 향상에 기여했다. 한 예로, 이 더리움에는 '롤업(rollups)'이라는 기술이 있다. 롤업은 복잡한 연산을 기존 컴퓨터에 '오프체인(off-chain, 연산 수행이나 데이터 저장을 블록체인 밖에서 하는 것-옮긴이)'하고, 그 결과를 블록체인으로 다시 보내 블록체인이 결과의 정확성을 검증할 수 있게 하는 두 계층 블록체인 네트워크다. 이런 두 계층 시스템은 컴퓨터들이 동일한 연산을 재수행하는 것보다 효율적으로 연산을 검증할 수 있게 하는 전산 과학 이론의 발전 위에서 구축되었다. 이들은 완벽하기까지 수년이 걸린 첨단 암호화 기법 및 게임 이론 기법에 의존한다. 롤업은 블록체인의 처리 능력을 향상시키는 동시에 블록체인을 유용하게 만들었던 강력한 약속 보장을 유지한다.

오늘날 기업 네트워크를 사용해 구축할 수 있는 많은 응용은 블록체인을 사용해서도 구축할 수 있다. 그러나 이를 위해서는 인프라를 정교하게 최적화해야 한다. 다시 말해, 개발팀은 응용과 인프라 모두에 대한 전문성을 갖춰야 하는데, 이는 개발을 어렵게 만들고, 비용을 증가시킨다.

과거 컴퓨팅 사이클에서 보았듯이, 응용 개발자가 더 이상 인프라에 대해 고민할 필요가 없을 정도로 인프라가 충분히 좋아진 시점이 중요한 순간이 될 것이다. 블록체인 기반의 비디오 게임을 제작하고 있는 개발팀은 인프라 확장 이슈에 대해 걱정할 필요가 없어야 한다. 즉, 개발팀은 오직 재미있는 게임을 제작하는 일에만 집중할 수 있어야 한다. 아이폰 이전에는 개발자가 위치 기반 앱을 만들기 위해 앱 설계와 GPS 기술 모두에 전문가가 되어야 했다. 반면, 아이폰은 복잡한 인프라를 추상화하여 개발자가 최선을 다해서 해야 할 일, 즉 '훌륭한 사용자 경험을 구축하는' 데에만 집중할 수 있도록 환경을 만들었다. 현 추세대로라면 블록체인은 앞으로 몇 년 안에 분업이 효과를 낼 수 있는 상태에 이를 것이다.

블록체인 네트워크를 기반으로 무언가 구축한다면, 이전 네트워크 설계의 가장 바람직한 특징들을 결합해 그 위에서 발전해 나갈 수 있다는 이점이 있다. 기업 네트워크와 마찬가지로, 블록체인 네트워크는 고급 기능을 가능하게 하는 핵심 서비스를 수행할 수 있으면서도, 이를 개인 기업 서버가 아닌 탈중앙형 블록체인 위에서 한다. 또한, 프로토콜 네트워크와 마찬가지로, 블록체인 네트워크 또한 커뮤니티가 관리한다. 그리고 프로토콜 네트워크와 블록체인 네트워크 모두 수수료율이 낮거나 없으며 예측성을 가진다. 이런 특징은 네트워크 가장자리에서 혁신을 가능하게 한다.

블록체인 네트워크에 내장된 경제성은 프로토콜 네트워크에서 기대할 수 있는 것보다 훨씬 더 강력한 응용을 만들 수 있다. 나는 프로토콜 네트워크의 오랜 신봉자이자 지지자이지만 사실을 사실 그대로 말하고 싶다. 기업 네트워크와 블록체인 네트워크 모두에서 매출로 이어지는 수수료는 핵심 서비스 개발에 사용될 수 있다. 이는 결과적으로 자본금을 끌어오고 지속적인 투자를 가능하게 해 성장을 가속화한다. 그러나 기업 네트워크와는 달리, 블록체인 네트워크의 가격 책정 권한은 강하지 않다. 즉, 블록체인 네트워크에서는 수수료를 쉽게 올릴 수 없다(이유는 8장 '수수료율'에서 상세히 다루겠다). 이런 제한적인 가격 책정 권한은 커뮤니티에 이익을 주며, 사람들이 블록체인 네트워크를 기반으로 무언가 구축하고, 네트워크를 위해 무언가 만들며, 네트워크에 참여하도록 장려한다.

각 네트워크는 네트워크마다의 고유한 특성에 근거해 서로 다른 모양과 구조를 가진다. 이미 우리는 프로토콜 네트워크에서 참여자들을 대상으로 권한을 널리 분산하는 방법과 기업 소유주가 기업 네트워크를 지배하는 방식을 보았다. 블록체인 네트워크의 구조는 두 네트워크와는 다르다. 블록체인 네트워크는 '골디락스 존(Goldilocks zone)'에 있다. 블록체인 네트워크는 창작자, 소프트웨어 개발자, 사용자 및 기타 참여자로 이루어진 풍성한 생태계에 둘러싸인 작은 핵심 시스템들로 구성된다. 기업 네트워크는 비대한 핵심부로 대부분의 활동을 중앙화하지만, 프로토콜 네트워크에는 핵심부가 없다. 반면에 블록체인 네트워크에서 핵심부는 기본 서비스를 지원할 만큼 충분히 크지만, 네트워크 전체를 혼자 차지할 만큼 크지는 않다.

블록체인 네트워크는 논리적 관점에서는 중앙화돼 있지만, 조직적 관점에서는 탈중앙화돼 있다. 논리적 중앙화란, 중앙화된 코드가 네트워크의 표준 상태를 유지한다는 뜻이다. 블록체인에서는 하드웨어나 하드웨어를 소유한 사람이 중단시킬 수 없는 소

네트워크 구조	강점	약점
기업 네트워크 (예: 페이스북, 트위터, 페이팔)	▪ 투자금을 조달하고, 보유하며, 사용할 수 있음 ▪ 중앙화된 서비스: 업그레이드가 쉬움, 앞선 기능 제공	▪ 기업의 네트워크 효과 제어: 높은 수수료, 예측 불가능한 규칙 ▪ 확장 단계에 들어서면(추출 단계), 네트워크에 참여하고, 네트워크를 기반으로 창작하고 개발하는 사용자에 대한 불확실한 인센티브
프로토콜 네트워크 (예: 웹, 이메일)	▪ 커뮤니티의 관리 및 네트워크 효과 제어 ▪ 네트워크에 참여하고, 네트워크를 기반으로 창작하고 개발하는 사용자에 대한 확실한 혜택 ▪ 수수료 없음	▪ 투자금을 조달하고, 보유할 수 없음. 핵심부 개발에 자금을 대기 어려움. 네트워크에 돈을 대거나 인센티브를 제공할 수 없음 ▪ 코드와 데이터가 있을 수 있는 네트워크의 중심부가 없음. 기능 제한
블록체인 네트워크	▪ 소프트웨어 핵심부는 투자금을 조달하고, 보유하며, 사용할 수 있음 ▪ 핵심 서비스 유지, 업그레이드 가능한 앞선 기능 제공 ▪ 커뮤니티 관리 및 네트워크 효과 제어 ▪ 네트워크에 참여하고, 네트워크를 기반으로 창작하고 개발하는 사용자에 대한 확실한 인센티브 ▪ 낮은 수수료	▪ 새로우며, 상대적으로 초기 채택 상태임, 제한된 사용자 인터페이스와 툴 ▪ 성능이 온체인 코드의 정교함을 제한

프트웨어로 규칙을 작성할 수 있도록 한다. 블록체인에서 실행되는 핵심 소프트웨어는 네트워크 참가자가 가상 컴퓨터의 상태에 합의하도록 하는 기본적인 시스템 서비스를 포함한다. 네트워크 유형에 따라, 핵심부 상태는 금융 잔고, 소셜 미디어 게시, 게임 활동 및 마켓 거래 같은 것들을 나타낼 수 있다. 핵심부가 있으면, 트랜잭션에서 소정의 수수료를 취하고 성장을 위해 재투자할 수 있는 자금을 축적하는 등의 방법을 제공하면서 개발자가 네트워크의 가장자리에서 좀 더 쉽게 개발할 수 있다.

기업 네트워크 역시 논리적으로 중앙화돼 있다. 기업 네트워크는 분산된 가상 컴퓨터가 아닌 기업 데이터센터에서 핵심 코드를 실행한다. 그런데 기업 네트워크는 조직적으로도 중앙화돼 있다. 이런 설계에는 장점이 있지만, 기업 경영진이 하드웨어를 제어하고, 언제든지 아무 이유나 들어 네트워크 규칙을 바꿀 수 있다는 대가가 따른다. 3장 〈기업 네트워크〉에서 다루었듯이, 이는 필히 네트워크 참여자에게 미끼 상술에 당한 것 같은 불쾌감을 안겨 '유인-추출' 유형으로 이끈다.

블록체인 네트워크는 네트워크 통제를 커뮤니티 구성원들에게 맡김으로써 이 같은 운명을 피한다. 커뮤니티는 토큰 소유자, 사용자, 창작자, 개발자 등을 포함하는 다양한 이해관계자로 이루어질 수 있다. 오늘날 대부분의 시스템에서, 블록체인 네트워크의 변경은 일반적으로 제어 권한을 나타내는 토큰을 보유한 사용자의 투표를 통해서만 발생할 수 있다. 이는 네트워크에 의존하는 사람들에게 커뮤니티의 이익에 부합할 때만 규칙이 변경될 것이라는 확신을 제공한다(11장 〈네트워크 지배구조〉에서는 블록체인의 관리, 지배를 다룰 것이다).

그러나 블록체인 네트워크는 대개 조직적으로 탈중앙화된 상태로 시작하지 않는다. 배아 단계에 비유할 수 있는 매우 초기 단계에서는 언제나 하향식으로 운영되는 소규모 창립팀이 네트워크를 관리한다. 이후 규모가 커지면 빌더, 창작자, 사용자 및 기타 참여자의 상향식 커뮤니티가 네트워크의 유지, 개발 의무를 맡는다. 이러한 커뮤니티의 규모에는 제약이 없다. 오늘날 많은 블록체인 커뮤니티의 규모는 수백, 수천 때론 그 이상에 달한다. 창립팀의 역할은 네트워크의 핵심 소프트웨어와 성장을 독려하는 인센티브 시스템을 설계하는 것이다. 그 후 창립팀은 점진적인 탈중앙화 과정을 통해 커뮤니티에게 제어 권한을 넘겨준다.

무엇을 중앙화하고 무엇을 커뮤니티에 맡길지 결정하는 일은 중요한 고려 사항이다. 모든 것을 핵심부로 몰아넣고 기업 네트워크를 모방하는 일이 목표가 돼서는 안 된다. 너무 많은 것을 중앙에 두면, 기업 네트워크에서 발생했던 문제가 그대로 재현될 것이다. 원칙적으로 시스템의 구성 요소를 커뮤니티로 옮길 수 있다면, 옮겨야만 한다. 핵심부는 블록체인 내에서 단지 제어 관리 및 커뮤니티 인센티브 같은 기본 서비스만 수행해야 한다.

일반적으로 커뮤니티가 제어할 수 있는 것에는 블록체인 네트워크의 금융 핵심부인 트레저리가 있다. 앞서 다루었듯이, 이 트

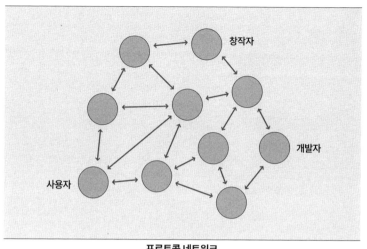

프로토콜 네트워크

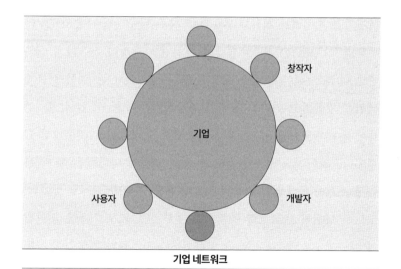

기업 네트워크

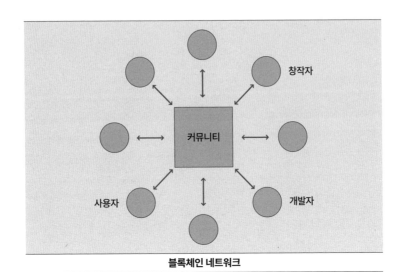

블록체인 네트워크

레저리를 제어하는 커뮤니티를 DAO 혹은 탈중앙형 자율조직이라 부른다. 이 DAO는 자율주행 자동차처럼 자율적이지는 않기 때문에 DAO라는 이름은 다소 잘못된 명칭이다. DAO는 오히려 블록체인에 기반하고 있다는 점에서 자율적이라고 할 수 있다. 즉, 블록체인 네트워크를 제어, 관리하는 코드는 네트워크 내부에서 실행되며, '참여자들이 토큰 투표를 통해 합의에 다다랐을 때' 같은 특정 조건이 충족되면 자율적으로 실행될 수 있다. 온체인(on-chain) 코드는 영원히 프로그램 방식으로 실행되며, 외부 기관에 의존하지 않고도 자금을 보유할 수 있다. DAO는 커뮤니티를 위한 규칙을 좀 더 자율적으로 만들고 실행하는, 말하자면 일종의 주민협의체와 비슷한 네트워크다.

읽기-쓰기-소유하기 시대:
커뮤니티로의 권력 이동

앞서 예시로 든 도시에 대한 비유를 다시 한번 떠올려보라. 잘 설계된 도시에는 시청, 경찰서, 우체국, 학교, 환경미화원 및 기타 필수 시설이 있어야 한다. 주민과 기업들은 이런 서비스에 의존하고, 이런 서비스는 도시의 나머지 부분을 개발할 기반을 제공한다. 지자체 서비스는 효율을 위해 중앙화돼 있지만, 여전히 주민들에게 의존한다. 주민 커뮤니티는 선거를 통해 그 서비스들을 제어한다.

블록체인 기능들에는 도시 계획과 유사한 면들이 있다. 블록체인 네트워크를 시작하는 일은 미개발 토지 위에 신도시를 건설하는 것과 비슷하다. 도시 설계자는 일부 초기 건물들을 짓고는 거주자와 개발자를 위한 토지 제공 및 세금 감면 체계를 만든다. 소유권은 소유주가 현 소유물을 계속 소유할 것과 그 소유물에 마음 놓고 투자할 수 있다는 것을 강력히 보장하는 중요한 역할을 한다. 도시가 점점 성장하면서, 과세 표준도 높아진다. 정부는 세금을 거리나 공원 같은 공공물에 재투자하고, 더 많은 토지를 제공한다. 그리고 도시는 성장한다.

블록체인 네트워크의 경우, 토큰 보상은 여러 활동에 기여한 사람들을 위한 토지 제공이나 세금 혜택과 비슷하다. 토큰은 소유권을 부여하고, 재산권에 대한 정보를 담고 있다. 블록체인 네트워

171

크에서 접속 및 트랜잭션에 대해 부과하는 수수료는 세금과 비슷하다. 또한, DAO는 시 정부와 비슷하게 인프라의 개발을 감독하고, 다툼을 해결하며, 네트워크의 가치를 극대화하기 위해 자원을 배분하는 책임을 담당한다. 성공적인 블록체인 네트워크는 이런 기능들의 조합을 통해 상향식 신흥 경제를 촉진한다.

여러분이 지역 사업을 시작하려는 기업가라고 상상해보자. 여러분은 무엇보다 먼저 도시의 규칙을 알고자 할 것이다. 규칙은 예측 가능한가? 규칙은 공정한 과정을 거쳐 바뀌는가? 세금은 합리적인가? 사업이 성공한다면, 재정적 이득을 얻게 되는가? 공정성과 예측성은 여러분이 시간과 돈을 투자할 마음이 생겨나게 할 것이다. 여러분의 성공과 도시의 성공은 상호 의존적이다. 그러므로 여러분은 도시가 성장하고 번영하도록 도울 동기를 갖고 있으며, 도시 역시 여러분이 성장하고 번영하도록 도울 동기를 갖고 있다. 이런 식의 고려 사항은 블록체인 네트워크에서도 마찬가지다.

블록체인 네트워크의 상향식 협업 방식의 소프트웨어 개발 모델은 하향식 기업 소프트웨어 개발 모델에 더 익숙한 사람들에게는 이상하게 보일 수 있다. 그러나 상향식 개발은 프로토콜 네트워크 개발에 사용되었으며, 지금도 여전히 오픈소스 소프트웨어 개발에 사용되고 있다. 이는 위키피디아 같은 웹사이트에 동력을 공급하는 크라우드소싱 협업의 정신과도 같다. 블록체인 네트워크는 오랜 기간 지속된 이런 모델을 택해 이를 인터넷의 킬러앱인 네트워크에 적용한다.

PART 3에서는 개방성 수용을 시작으로 블록체인의 가장 강력하고 흥미로운 특징을 살펴볼 것이다. 우리는 블록체인 네트워크가 다른 네트워크 유형에 비해 경쟁력을 가질 수 있었던 소프트웨어 조합성과 낮은 수수료율에 대해 자세히 살펴볼 것이다. 또한, 블록체인 네트워크가 사용자, 개발자, 창작자에게 제공하는 혜택과 강력한 약속 등 블록체인 네트워크의 경제적 측면도 자세히 살펴보고자 한다. 아울러 이런 블록체인 네트워크의 특징들이 광범위한 이해관계자들로 구성된 커뮤니티의 형성을 어떻게 촉진하는지도 다룰 것이다.

PART 3

새로운 시대의 질서

07   오픈소스 소프트웨어

젠(Zen)을 생각해봐. 그 프로젝트는 특정한 사람이 아닌 모든 사람의 프로젝트야.[1]

— 리누스 토르발스

1970년대까지만 해도 기술 기업에서 일한다는 것은 마이크로 칩, 데이터 저장장치, 컴퓨터 등의 하드웨어를 판매하는 일에 종사한다는 것을 의미했다. 그때, 한 영특한 소년의 머릿속에 정반대 아이디어가 떠올랐다.[2] 소프트웨어가 좋은 사업이 될 수 있다면 어떨까? 어쩌면 하드웨어보다 더 훌륭한 사업이 될지 몰라. 그러려면 무엇부터 해야 할까? 자신의 아이디어를 너무나 시험해보고 싶었던 그 소년은 로스쿨 진학 계획을 포기하고 대학을 중퇴했다. 그리고 마이크로소프트를 설립했다.

바로 빌 게이츠에 관한 이야기다. 그는 개인용 컴퓨터 운영체제 소프트웨어가 네트워크 효과를 통해 막강한 힘을 축적할 수 있다는 사실을 알아차렸다. 그는 소비자가 하드웨어 대신 운영체제 소프트웨어와 응용 소프트웨어로 몰려들 것이라고 예견했다. 그렇게 되면 응용 소프트웨어 개발자는 가장 잘 팔리는 컴퓨터가 아니라 가장 인기 있는 운영체제를 위해 개발에 뛰어들 것이다. 그 결과 플랫폼-앱 피드백 루프가 형성되어 소프트웨어는 저절로 강해지는 구조가 만들어질 것이다. 즉, 소프트웨어가 왕이 되는 것이다.

당시 기업들은 자신들에게 무슨 일이 닥칠지 전혀 예상하지 못했다. 1980년, IBM은 마이크로소프트의 첫 제품인 도스 운영체제에 대한 라이선스를 체결하면서 마이크로소프트가 다른 컴퓨터 제조사에도 소프트웨어를 계속 판매할 수 있도록 허용했다.[3] IBM은 도스 운영체제 소프트웨어의 영향력을 미처 알아차리지 못했다. 더 많은 개인용 컴퓨터 제조사가 IBM 컴퓨터를 모방해 경쟁에 뛰어들었고 컴퓨터 하드웨어를 일상적인 물건으로 상품화하기 시작했다. 이것이 마이크로소프트의 운영체제가 업계 표준이 되어 개인용 컴퓨터 시장을 장악하게 된 과정이다. 이후 20년 동안, 소프트웨어는 기술 분야에서 가장 수익성이 높은 사업이었다.

그러나 기술 발전에는 늘 새로운 변곡점이 나타나기 마련이다. 마이크로소프트가 더욱 강력해지자, 행동주의 프로그래머 그룹은 오픈소스 소프트웨어 운동을 결성해 반격에 나섰다. 기술 출판계의 거물인 팀 오라일리는 1998년 그의 블로그 게시판에 당시 상황에 대해 "프리웨어: 인터넷의 심장과 영혼"이라는 제목의 글을 남겼다. 그는 다음과 같이 썼다.

인터넷의 수도가 레드먼드에 있다고 세상을 설득하려는 마이크로소프트의 노력과 인터넷의 수도가 마운틴뷰에 있다는 넷스케이프의 주장에도 불구하고, 인터넷의 진정한 수도는 오직 가상공간에만 존재합니다. 즉, 아이디어뿐만 아니라 그 아이디어를 구현하는 소스 코드까지 공유함으로써 서로의 결과물을 토대로 일하는 전 세계에 분산된 개발자 커뮤니티만이 인터넷의 진정한 수도입니다.[4]

오픈소스 운동은 소프트웨어에 가격 하락을 압박할 수 있다. 특히, 이런 운동은 데이터센터에서 사용하는 서버용 소프트웨어를 보편화할 것이며, 이는 한때 마이크로소프트가 이끌었던 하드웨어 대 소프트웨어의 대변동을 되풀이하는 변화다. 기술 업계 종사자들은 소프트웨어 대신 서비스에 집중하는 방식으로 이런 변화에 대응했다. 새로운 전문용어인 '서비스로서의 소프트웨어', 일명 사스(Software as a Service, SaaS)'가 곧 자리 잡았다.

시선을 재빨리 오늘로 옮겨 살펴보면 거대 기술 기업 대부분은 서비스 사업을 하고 있다. 즉, 그들은 서비스로 혹은 서비스와 연계된 광고로 돈을 번다. 구글, 메타, 애플, 아마존 모두 서비스 사업을 한다. 심지어 소프트웨어 사업 모델의 선구자인 마이크로소프트조차 지금은 자신을 서비스 기업이라고 생각한다.

'읽기-쓰기 시대'가 시작된 2000년대, 서비스 사업으로의 변화가 인터넷 전반에 걸쳐 개방성과 상호연동성을 확대할 것처럼 보였다. 인터넷 서비스들을 연결하는 API들이 대유행했다. 서비스 개발자들은 다른 서비스들을 고치고 수정하며 재사용해 서비스를 만들었다. 유튜브는 블로그나 다른 웹사이트에 내장할 수 있는 비디오 위젯으로 인기를 얻었다. 초창기 배달 앱과 차량 공유 앱은 구글 맵스와 연동했다. 블로그와 소셜 네트워크는 디스커스 같은 댓글 앱과 연결되었으며, 플리커 같은 사이트로부터 제삼자의 사진을 가져와 보여주었다. 서비스 개발자들은 이 모든 일을 무료로 했으며, 누구도 허가를 구하지 않았다.

그 당시 상호연동성의 정신은 인터넷을 영원히 뒤덮을 것처럼 보였다.[5] 2017년 〈디애틀랜틱〉의 회고전에서, 알렉시스 마드리갈 기자는 10년 전 낙관론의 흔적을 발견했다.

2007년, 웹 사용자들은 의기양양했다. 닷컴 붐은 끝났지만, 남겨진 회전의자, 광통신 케이블, 실직한 개발자들로부터 새로운 제국들이 건설되고 있었다. 웹 2.0은 일시적인 것이 아닌 하나의 트렌드였다. 웹은 개방적일 것이다. API를 통해 통신하는 수많은 서비스가 제작되어 종합적인 인터넷 경험을 제공할 것이다.

이후, 또 다른 변곡점으로 아이폰이 등장했다. 스마트폰의 등장과 함께 갑자기 큰 변화가 일어났다.[6] 프로토콜 네트워크는 균

179

형을 잃었으며, 기업 네트워크는 좀 더 확실한 기반을 얻었다. 이와 관련해 마드리갈은 다음과 같이 썼다.

> 세계적 규모의 폭발적인 변화가 시작되면서 플랫폼 전쟁이 시작되었다. 오픈 웹은 빠르고 확실하게 패했다. 2013년, 미국인들은 틈만 나면 아이폰을 들고 페이스북을 살펴보며 시간을 보냈다.

이처럼 상황이 나빠진 것은 기업의 잔인한 추출 논리에서 원인을 찾아야 한다. 앞서 다루었듯이, 기업 네트워크에서는 네트워크 소유자와 참여자 사이에 태생적인 긴장감이 있으며, 이로부터 불가피하게 유인-추출이 발생한다. 이 과정은 기술 채택 S-커브를 따르는데, S-커브의 특정 지점을 지나면 네트워크 소유자에게 좋은 것과 네트워크 참여자에게 좋은 것 사이에 충돌이 발생한다. 2010년대 초, 스마트폰은 기업 네트워크의 성장을 가속하는 플랫폼 변화를 촉진했다. 기업 네트워크가 점점 강력해지면서, 그들은 최적의 사업 전략을 유인에서 추출로 전환했다. 수많은 기업 네트워크가 동시에 추출 모드로 전환하자, 힘은 빠른 속도로 중앙집중화되었다. API는 시들해지고 상호연동성이 떨어졌으며, 오픈 인터넷은 창고 속에 처박혔다.

오픈소스는 어떻게
시장의 마음을 훔쳤을까?

상호연동성은 일부 인터넷 서비스에 여전히 남아 있다. 특히, 사용자가 '모드(Mod)'를 만드는 비디오 게임에서 널리 사용된다. 참고로 모드는 게임 리믹스나 변형된 예술작품을 뜻한다.

모딩은 1980년대 PC 게임이 등장한 이래 줄곧 있어 왔다. 당시, 게이머는 대개 소프트웨어로 이것저것 실험해보기를 좋아하는 프로그래머들이었다. 다른 말로는 해커였다. 게임 제작사는 게이머들이 무엇을 갈망하는지 잘 알고 있었기 때문에 모딩을 받아들였다. 1인칭 슈터 게임인 둠을 제작해 성공을 거둔 이드 소프트웨어(id Software)가 아마 모딩의 가장 유명한 예일 것이다.[7] 1994년, 한 둠 게이머가 1986년도 공상과학 영화인 〈에이리언〉에서 외계 생명체를 감싸고 있었던 외골격 슈트를 둠 게임 속에 다시 재현하기까지 했다. 1996년 출시된 둠의 후속편인 퀘이크는 모딩을 더 쉽게 할 수 있도록 자체 프로그래밍 언어까지 제공했다.

오늘날 모딩은 콘솔이나 스마트폰보다 좀 더 개방적으로 운영되는 PC 게임에서 주류로 자리 잡았다. 인기 높은 PC 게임 스토어인 스팀에는 사용자가 만든 수억 개의 게임 모드가 있다.[8] 리그 오브 레전드(워크래프트 III의 모드인 디펜스 오브 디 에인션츠의 각색 버전), 카운터 스트라이크(1인칭 슈터 게임 하프라이프의 모드) 등과 같이 다른 게임의 모드로 시작해 인기 게임이 되는 것도 흔한 일이다.[9] 인기 게임 로블록스에서는 콘텐츠 대부분을 기존 게임 콘텐츠를 만들거나 리믹스한 사용자들이 만든다. 무언가 만들거나 변형해 다시 만드는 것은 게임의 또 다른 큰 매력이다.

많은 비디오 게임이 모딩을 위한 놀이터지만, 모딩이 가장 크게 성공한 분야는 오픈소스 소프트웨어다. 오픈소스 기여자들은 주로 시간제로 자원해 일하는 사람들이다. 이들은 느슨하게 조직을 이루며 전 세계에 흩어져 있어서, 원격 협업과 지식 공유에 의존한다. 오픈소스 개발자는 누구나 최소한의 제약만 받으며 자신의 소프트웨어에 오픈소스를 무료로 재사용할 수 있다.

오픈소스는 1980년대 비주류 정치 운동의 일환인 급진적 아이디어에서 시작되었다.[10,11] 이 아이디어의 지지자들은 이념적 이유로 코드에 저작권을 부여하는 것에 반대하며, 누구나 마음대로 소프트웨어를 수정할 수 있어야 한다고 믿었다. 이런 사회운동은 1990년대 들어와 좀 더 실용적인 기술 운동이 되었지만, 여전히 소프트웨어 산업의 가장자리에 머물렀다. 그러나 2000년대 접어들어 오픈소스 소프트웨어는, 지금은 널리 퍼진 오픈소스 운영체제인 리눅스의 점유율 상승과 더불어 주류로 자리 잡기 시작했다.

오픈소스 소프트웨어의 시작이 보잘것없었다는 것을 고려하면, 오늘날 전 세계 제품에서 사용되는 소프트웨어 대부분이 오픈소스라는 사실은 대단히 놀랍다. 스마트폰으로 인터넷에 접속할 때, 스마트폰은 대개 리눅스 같은 오픈소스 소프트웨어를 실행하는 데이터센터 서버에 연결된다. 안드로이드 스마트폰은 대체로 리눅스를 비롯한 오픈소스 소프트웨어를 실행한다. 자율주행차, 드론, 가상현실 헤드셋 같은 차세대 장치 역시 대부분 리눅스와 그 외 오픈소스 코드를 실행한다(아이폰과 맥은 오픈소스 소프트웨어와 애플 독점 소프트웨어가 혼합되어 실행된다).

오픈소스는 어떻게 세상의 마음을 훔쳤을까? 중요한 성공 요인 중 하나는 바로 오픈소스 소프트웨어의 특징인 '조합성'이다.

복리식 이자의 마법처럼
폭발적 성장을 일으키는 것

조합성은 작은 코드 블록들을 결합해 큰 코드 블록을 만드는 소프트웨어의 특성을 말한다. 조합성은 상호연동성에 좌우되기는 하지만, 5장 〈토큰〉에서 언급했듯이 레고블록을 사용해 모형물을 조립하는 방식으로 시스템을 만들어낸다. 소프트웨어를 제작하는 일은 음악을 만들거나 글을 쓰는 것과 비슷하다. 예를 들어, 교향곡이나 장편 소설 같은 큰 창작물은 음표나 단어 같은 작은 부분들로 구성된다.

조합성은 소프트웨어의 핵심이기 때문에 대다수 컴퓨터는 기본적으로 모든 코드가 조합 가능하다고 가정한다. 컴퓨터는 코드 실행을 준비할 때 두 단계 과정을 거쳐 이런 가정을 실현한다. 첫째, 컴파일러(compiler)라는 프로그램이 사람이 읽을 수 있는 언어로 작성된 소프트웨어 소스 코드를 기계가 이해할 수 있는 낮은 수준의 언어로 변환한다. 둘째, 링커(linker)라는 프로그램이 소프트웨어 제작에 사용된 조합 가능한 모든 코드 블록을 모은다. 링커는 모든 코드 블록을 연결해 하나의 커다란 실행가능 파일로 만든다. 이처럼 소프트웨어는 조합의 예술이다.

오픈소스 개발자를 위한 온라인 코드 저장소인 깃허브(GitHub)의 거의 모든 프로젝트에는 다른 오픈소스 프로젝트의 코드가 포함되어 있다. 깃허브 프로젝트 대부분은 다른 코드들을 새롭게 조합해 코드를 만든다. 코드 저장소는 수백만 명의 사람이 만든 수십억 개의 상호 연결된 아이디어로 이루어진 분기 구조를 형성한다. 이때, 수백만 명의 사람은 대부분 서로 만난 적이 없지만 전 세계적 차원에서 지식을 발전시키기 위해 서로 협력한다. (오픈소스가 주류가 되었다는 증거가 더 필요하다면,[12] 다음의 사실이 결정적 증거가 될 것이다. 아이러니하게도 오픈소스 운동의 최대 적수였던 마이크로소프트가 현재 깃허브를 소유하고 있다.)

조합성의 힘은 일단 한 번 작성한 소프트웨어는 다시 작성할 필요가 없다는 데 있다. 깃허브를 검색하면 수학 공식부터 웹사이트 개발, 비디오 게임 그래픽에 이르기까지 거의 모든 작업에 대한 무료 오픈소스 코드를 찾을 수 있다. 여러분은 그 코드를 간단히 복사해 다른 소프트웨어를 개발하는 데 재사용할 수 있다. 물론 여러분이 작성한 소프트웨어 역시 누군가 복사해 재사용할 수 있다. 그것도 무한정! 이런 일이 기업 안에서 일어난다면, 기업의 생산성은 높아질 것이다. 이런 일이 오픈소스 저장소에서 일어난다면, 전 세계 모든 곳에서 소프트웨어 개발 속도가 빨라질 것이다.

알베르트 아인슈타인은 복리식 이자가 세계 8대 불가사의 중 하나라고 말한 적이 있다고 한다.[13] 아인슈타인이 실제로 이 말을 했든 안 했든(아마도 그렇게 말하지는 않았을 것이다),[14] 복리식 이자는 여전히 쓸모 있는 지혜다. 원금은 이자를 낳고, 그 이자는 더 많은 이자를 낳아 원금이 늘어난다. 늘어난 원금에는 더 많은 이자가 붙어 수익이 기하급수적으로 불어난다. 복리식 성장의 놀라운 효과는 비단 금융에 한정된 이야기가 아니다. 이 세상에서 폭발적으로 성장하는 많은 것들의 밑바탕에는 이런 복리식 과정이 있다. 예를 들어, 4장 〈블록체인〉에서 다루었듯이 컴퓨팅 하드웨어의 폭발적인 성장은 무어의 법칙으로 설명할 수 있다. 조합성은 소프트웨어 측면에서의 복리식 이자다.

조합성이 그렇게 강력한 이유는 그 자체만으로도 강력한 여러 가지 힘을 결합하기 때문이다.

캡슐화 한 사람이 코드 블록을 만들면, 다른 사람은 그 코드 블록이 어떻게 만들어졌는지 자세히 이해하지 않고도 사용할 수 있다. 덕분에 소프트웨어 코드의 크기가 빠르게 증가하더라도, 복잡도나 오류 발생 가능성을 상대적으로 낮게 유지할 수 있다.

재사용성 모든 코드 블록은 한 번만 만들면 된다. 오픈소스 소프트웨어가 일단 만들어지면, 그것은 허가 없이도 반복해 재사용할 수 있다. 이런 작업이 인터넷의 영구적 저장소에서 이루어지면, 전 세계 집단지성이 모이고 서로 협력해 소프트웨어 개발이 발전한다.

집단지성 여러분이 아무리 똑똑해도 혹은 아무리 똑똑한 사람들이 여러분을 위해 일한다 해도, 가장 똑똑한 사람 대부분은 다른 곳에서 일한다는 빌 조이의 말을 떠올려보라. 소프트웨어를 재사용한다는 것은 다른 모든 사람의 지능을 활용할 수 있다는 뜻이다. 세상에는 다양한 분야에서 각자의 전문성을 갖춘 수천만 명의 똑똑한 개발자가 있다. 조합성을 이용하면 이러한 개발자들의 전문성을 원하는 만큼 얻어갈 수 있다.

하지만 이렇게 강력한 조합성도, 아직 그 잠재력을 완전히 보여주지는 못했다. 조합성은 대개 코드를 실행 중인 서비스가 아니라 저장소에 저장된 코드를 재사용하도록 제한됐기 때문이다. 그 이유는 연산에 비용이 들기 때문이다. 오픈소스 소프트웨어를 지탱하고 있는 기여 모델, 즉 자선 기부금과 임시 자원봉사자들에 의존하는 방식은 오픈소스 서비스에서는 그리 잘 작동하지 않는다. 개발자는 소프트웨어를 제작하는 데 시간을 낼 수 있지만, 제작한 소프트웨어를 호스팅하고 실행하기 위해서는 돈이 필요하다. 안

타깝지만 현재 조합성에는 네트워크, 서버, 전기료 및 기타 경비를 감당할 수 있는 지속적인 자금을 제공하는 비즈니스 모델이 없는 상황이다.

소프트웨어 서비스를 위한 조합성은 기업 네트워크가 상호연동을 중단했을 때 멈추었다. 여러분은 유튜브, 페이스북, 트위터 같은 거대 기술 기업의 네트워크용 API를 여전히 찾을 수 있지만, 이 API의 규칙과 기능에는 제한이 있다. API 제공자들이 API를 사용해 어떤 정보를 누구에게 어떤 조건으로 보낼지를 결정한다. 유인 모드에서 추출 모드로 전환하면서, 기업 네트워크는 자신들의 통제력을 강화했고, 외부 빌더들을 곤경에 빠뜨렸다. 외부 개발자들은 이를 계기로 기업에 의존하지 않는 법을 배웠다.

기업용 소프트웨어에 여전히 인기 있는 API가 있다는 사실은 주목할 만하다. 성공적인 API로는 스트라이프(Stripe)의 결제용 API와 트윌리오(Twilio)의 커뮤니케이션용 API가 있다. 이 API들은 간단한 인터페이스 뒤에 복잡한 코드를 감추며 조합성의 장점인 캡슐화라는 한 가지 이점을 제공한다. 그러나 이 API들에는 조합성의 다른 두 가지 이점이 없다. 이 API의 경쟁력이 담긴 코드는 대부분 공개되지 않으며, 이는 집단지성을 이용할 수도, 집단지성에 기여할 수도 없다는 뜻이다. 게다가, 이 API들은 허가받아야 사용할 수 있는데 API 제공자는 요금과 규칙을 마음대로 바꿀 수 있다. 이런 API는 기업 입장에서는 유용하지만, 개방적이고 리믹스 가능한 서비스를 통해 만들어진 인터넷의 비전을 진전시키지는 않는다.

이상적으로는, 다른 서비스와 API를 토대로 무언가 만들려는 사람은 해당 서비스가 현재 개방되어 있을 뿐만 아니라 미래에도 무기한 개방 상태를 유지할 것이라는 확실한 보장을 받아야 그 서비스에 의존할 수 있다. 서비스가 재정적으로 독립되어 있지 않으면 개방성을 보장받을 수 없다.

기업 네트워크가 실패한 곳에서 블록체인은 해결책을 제공한다. 블록체인 네트워크는 자신이 제공하는 서비스가 누군가의 허가를 받지 않고도 영원히 리믹스 가능하다는 것을 강력히 약속한다. 블록체인 네트워크는 이를 다음 두 가지 방식으로 한다.

첫째, 블록체인 네트워크는 요금과 접속 규칙이 변경되지 않을 것이라는 강력한 보증을 소프트웨어가 인코딩해 제공한다. 블록체인 네트워크의 초기 개발팀이 일단 코드를 배포하면, 이 코드를 기반으로 구현된 서비스는 완전히 자율적이거나 커뮤니티 투표를 통해서만 수정할 수 있다. 이런 플랫폼은 신뢰할 수 있다.

둘째, 블록체인 네트워크는 토큰 기반의 지속 가능한 금융 모델을 통해 호스팅 비용을 담당한다. 이더리움에는 전 세계에 걸쳐 수만 개의 검증기 혹은 네트워크 호스팅 서버가 있다. 블록체인 네트워크는 검증기에 토큰을 보상으로 배포하며 호스팅 비용(서버, 네트워크, 전기세 등)을 감당한다. 이더리움 네트워크에 대한 수요가 있고, 사용자와 애플리케이션이 네트워크 수수료를 낸다면 검증기는 자신이 제공하는 호스팅 서비스에 대해 보상을 받는다. 그러므로 블록체인 네트워크는 견고하고 안정적일 뿐만 아니라 이를 운영하는 데 필요한 지속적인 자원도 풍부하다.

성당의 고립보다
시장의 뒤섞임이 낫다

조합성은 오픈소스 소프트웨어의 성공으로 그 위력을 반복적으로 증명한, 오랜 시간 동안 검증된 힘이다. 조합 가능한 서비스들을 이용해 구현하는 오픈 인터넷에 대한 비전이 충분히 성취되지 않은 것은 기업 네트워크가 언제나 발을 뺐기 때문이다. 기업 네트워크는 성장함에 따라 관심이 '개방'으로부터 '폐쇄'로 옮겨간다. 기업의 모토가 '사악해지지 말자'라고 해서 기업이 정말 그럴 것이라 기대한다면 너무 순진한 생각일 것이다. 일반적으로 기업은 이익을 극대화하기 위해 할 수 있는 모든 것을 한다. 그렇게 하지 않는 기업은 다른 기업들에 뒤처져서 결국 망할 것이다.

블록체인 네트워크는 '사악해지지 말자'를 '사악해질 수 없게'로 바꾸었다. 블록체인의 구조는 그것의 데이터와 코드가 영원히 공개되고 리믹스 가능하다는 것을 강력히 보장한다.

기업 네트워크의 획일적인 설계와 블록체인 네트워크의 조합 친화적인 설계 사이의 논쟁은, 1990년대 컴퓨터 운영체제 설계를 둘러싼 논쟁과 비슷하다. 프로그래머이자 오픈소스 소프트웨어 옹호자인 에릭 레이먼드는 1999년, 그의 유명한 글 〈성당과 시장〉

에서 두 가지 소프트웨어 개발 모델을 비교했다.[15] 마이크로소프트와 같이 소스 코드를 공개하지 않는 기업들이 선호하는 첫 번째 모델의 경우, 소프트웨어는 '개별 혹은 소수의 장인이 격리된 상태에서 정교하게 짓는 성당처럼 제작'된다. 리눅스 같은 오픈소스 프로젝트에서 선호하는 두 번째 모델의 경우, 커뮤니티는 '서로 다른 주제에 대해 각기 다르게 생각하는 사람들이 모인 시끌벅적한 시장'처럼 보이며, 커뮤니티가 따르는 철학은 '개발 초기부터 자주 배포하고, 최대한 많은 것을 위임하며, 상대를 가리지 말고 공개하라'이다.

레이먼드는 성당의 고립보다는 시장의 뒤섞임을 좋아했다. 오픈소스 커뮤니티에서는 어떤 문제든 누구에게나 투명하게 공개되었으며, 커뮤니티 사람들이 함께 협력해 중앙집중형 경쟁자를 능가하는 성과를 낼 수 있다.

> 리눅스의 세계는 많은 면에서 자유 시장과 비슷하다. 또한, 유용성을 극대화하려는 과정에서 어떤 중앙 계획보다 정교하고 효율적인 자발적 질서를 만들어낸다. 이것은 마치 이기적인 개체들의 집합인 생태계와 비슷하게 작동한다.

80년 전 컴퓨터 프로그래밍이 등장한 이후, 무게 중심은 성당과 시장이라는 소프트웨어 개발의 두 모드 사이를 오가고 있다. 기업 네트워크와 블록체인 네트워크는 각각 오늘날의 성당과 시장이다. 블록체인 네트워크는 소프트웨어 재사용과 리믹스의 힘을 기업 네트워크에 맞설 수 있는 현대적 형태의 힘으로 바꾸었다. 이 미래의 네트워크는 다양한 기술과 관심을 가진 수백만 명의 사람이 공동의 목적을 이루고자 자원을 공유하며 창의적으로 협력해 건설하는 거대한 도시와 같다.

08   수수료율

경쟁자의 판매 수익은 나의 기회다.[1]

— 제프 베이조스

만약 여러분이 1990년대 중반에 안정적인 한 기업에 다닌 임원이라고 가정해보자. 몇몇 잘나가는 닷컴 창업자가 '경쟁자의 판매 수익은 나의 기회'라고 경고하는 소리를 들었다면, 아마도 그 오만함을 비웃었을지도 모른다. 그리고 훗날 여러분은 후회했을 것이다.

아마존의 창업자 제프 베이조스는 시장 점유율을 높이기 위한 전략을 다음과 같이 가감 없이 언급한다. 간접비를 최소화하라. 가격을 낮추어라. 경쟁자의 수익을 잠식하라. 군살을 없애라. 인색하고 매몰차져라.

당시 아마존의 경쟁자였던 소매상들은 비용 구조상 아마존과 가격 경쟁을 할 수 없었다. 임대료, 공공요금, 점원 인건비 등과 같은 오프라인 매장 운영 비용은 가격 조정을 어렵게 했다. 이에 반해 실물 매장을 운영하지 않았던 아마존은 가격을 낮게 유지할 수 있었다. 아마존은 자신의 강점을 계속 이용했으며, 수많은 경쟁자보다 상품을 값싸게 공급해 경쟁자를 시장에서 몰아냈다.

아마존의 낮은 비용 구조는 시간이 지남에 따라 소비자의 비용은 낮추면서 서비스의 가치를 유지하거나 높이는 디플레이션 사업 모델에 적합했다. 이러한 조합의 전략들은 인터넷이 상업적으로 사용된 이후 널리 유행했다. 이는 크레이그리스트(Craigslist, 온라인 벼룩시장)가 신문의 분류 광고 사업을 어떻게 흡수했는지,[2] 구글과 페이스북이 광고 기반 미디어 사업을 어떻게 집어삼켰는지,[3] 트립어드바이저와 에어비앤비가 여행 산업을 어떻게 공략했는지 등을 설명해준다.[4] 이 기업들은 각각의 분야에서 비용을 절감하고 이전 시대의 비용 구조에 길들여져 있던 기존 업체를 뒤엎어 경쟁에서 이겼다.

블록체인은 이 전략을 자연스럽게 물려받았다. 인터넷 스타트업들이 기존 업체들의 높은 상품 가격을 드러내 낮은 가격으로 공격했던 것처럼, 블록체인 네트워크는 기업 네트워크의 약점인 높은 수수료율을 드러냈다.

기업 네트워크의 수수료율이 높은 이유

네트워크는 상거래나 광고와 같이 네트워크 활동에 수수료를 부과해 돈을 번다. 네트워크를 통해 발생하는 매출 중 네트워크 참여자에게 전달되지 않고 네트워크 소유자가 직접 가져가는 비율을 '수수료율'이라 한다. 일반적으로 강한 네트워크 효과는 높은 수수료율을 뜻한다. 이는 별다른 대안이 없는 네트워크 참여자를 네트워크에 종속시키기 때문이다.

인터넷 이전 시대에는 규모가 가격을 좌우하는 주요 요인이었다. 그러나 인터넷 시대에서는 네트워크 효과가 가격을 좌우하는 요인이다. 오늘날 규모가 큰 대형 소셜 미디어 기업들은 기업 네트워크 종속의 힘을 보여주며 매우 높은 수수료율을 요구한다.

거대 소셜 네트워크 중 창작자에게 가장 관대한 정책을 펼치는 유튜브는 수익의 45%만 가져가고 나머지 55%를 창작자에게 준다. 사업 초기, 유튜브는 광고 수익의 절반을 창작자에게 주겠다고 파격 제안한 다른 비디오 플랫폼 기업과 치열하게 경쟁했다. 위협을 느낀 유튜브는 2007년 말 수익 분할에 관한 파트너 프로그램을 만들었으며 이후 쭉 유지해오고 있다.[5]

그러나 이러한 관대한 조건은 일반적이지 않다. 페이스북, 인스타그램, 틱톡, 트위터는 네트워크의 주요 수익원인 광고 매출의 약 99%를 가져간다. 이 네트워크들은 모두 최근에 창작자들에게 수익의 일부를 돌려주고자 현금 기반 프로그램을 만들었다.[6] 이런 프로그램 대부분은 유튜브와 같은 수익 배분 방식이 아니라 '한시적인 창작자 펀드'와[7] '고정된 재원' 방식으로 운영된다. 창작자는 네트워크 수수료 수익의 일부, 대개 1% 미만의 돈을 받는다. 게다가 기업에는 이런 펀드를 오랫동안 계속 지원할 의무도 없다. 더 최악은 고정된 재원 모델이다. 이 모델은 고정된 재원을 놓고 경쟁하게 만들기 때문에 플랫폼과 창작자의 관계를 제로섬으로 만든다.[8] 예를 들어, 오랫동안 유튜버로 활동하고 있는 행크 그린은 "틱톡이 더욱 크게 성공할수록, 창작자는 조회 수당 더 적은 돈을 받는다."라고 지적했다.

창작자 펀드를 만든 후에도 거대 소셜 네트워크들은 네트워크 참여자에게 거의 아무것도 나누어 주지 않았다. 이런 상황은 네트워크에는 좋지만, 콘텐츠를 제공하고도 매출의 정당한 몫을 받지 못하는 창작자에게는 좋지 않다. 다른 한편으로, 소셜 네트워크 기업들은 개인 사용자 데이터를 확보하기 위해 네트워크를 이용했으며, 이는 더 나은 타깃 광고를 통해 더 많은 수익을 올리는 데 유용했다. 이처럼 참여자를 네트워크에 종속하는 네트워크 효과는 가격 결정력을 강화한다.

애플은 iOS 개발자 생태계에서 기인한 네트워크 효과와 충성도 높은 아이폰 사용자의 결합 덕분에 막강한 가격 결정력을 갖고 있다.[9] 애플은 결제에 관한 엄격한 규칙을 통해 이런 힘을 행사하고 있는데,[10] 이 규칙에 종속된 기업들은 이를 매우 싫어한다. iOS

앱을 통해 음악 스트리밍 서비스인 스포티파이에 가입하거나[11] 아마존 킨들용 책을 구매하려 한 적이 있는가?[12] 없을 것이다. 이 기업들은 매출의 30%에 달하는 애플의 수수료를 내고 싶어 하지 않는다.

앱 개발자들이 애플을 우회하기 위해 사용하는 일반적인 방법은 앱이 아닌 모바일 웹 브라우저에서 결제하도록 하는 것이다(웹과 이메일은 스마트폰에서 마지막 남은 무료 피난처다). 기술적인 측면에서 애플은 이런 우회로를 무시하고 모든 거래를 앱으로 하도록 강제할 수 있지만, 애플은 굳이 단속하지 않았다. 단속할 경우, 강한 반발이 따를 것이고, 아마도 법적·규제적 문제에 부딪힐 것이 분명했기 때문이다.

일부 기업은 자신의 매출을 애플에게 넘겨주느니 차라리 싸우려 할 것이다.[13] 사실 앱 개발사들은 애플의 높은 수수료율에 질린 나머지 지배적인 시장 지위에 대해 애플을 고소하고자 뭉쳐왔다.[14] 그러나 법원과 규제기관에서 제재하지 않는 한, 애플은 매우 높은 수수료율을 계속 부과할 수 있고 그렇게 할 것이다. 애플은 자신에게 종속된 네트워크를 가지고 있으므로 그런 힘을 행사할 수 있다.

독점으로 수수료율이 높아진다면, 경쟁을 통해 그것을 막을 수 있다. 결제 네트워크의 수수료는 상대적으로 낮다. 이는 선택할 수 있는 결제 방법들이 많기 때문이다. 여러 결제 네트워크는 비자, 마스터카드, 페이팔 등 서로 비슷한 서비스를 제공한다. 이처럼 선택의 폭이 넓어지면 기업의 가격 결정력을 고객의 이익으로 바꿀 수 있다. 결과적으로 신용카드 네트워크는 모든 거래에 2~3%의 상대적으로 낮은 수수료만 부과한다. 게다가 벌어들인 수수료의 상당 부분은 포인트나 다른 혜택의 형태로 소비자에게 되돌아간다(누군가는 2~3%의 수수료율이 여전히 매우 높다고 주장할지도 모른다. 이는 14장의 '금융 인프라를 공공재로 만들기'에서 다루기로 하자).

실물을 거래하는 네트워크에서는 수수료율을 결제 네트워크보다는 높고 소셜 네트워크보다는 훨씬 낮은 중간 수준으로 정하는 경향이 있다. 예를 들어, 대개 중고 물품을 거래하는 이베이,[15] 수제품을 거래하는 엣시,[16] 운동화를 거래하는 스톡엑스[17] 등은 6~13%의 수수료율을 받는다.

사용자는 자신의 물품을 여러 사이트에 동시에 올릴 수 있고 어디에서 판매할지 결정할 수 있다. 수수료율이 낮은 이유가 부분적으로는 낮은 이익률 때문이지만, 네트워크 효과가 약하기 때문이기도 하다. 구매자는 원하는 물품을 소셜 피드보다는 주로 검색을 통해 찾으며, 이는 판매자가 다른 네트워크로 옮겨가는 비용을 낮추어준다. 판매자는 판매할 실물을 소유하고 있으므로 자신의 물품을 원하는 어떤 네트워크로도 가져갈 수 있다. 네트워크 참여자가 네트워크에 가치 있는 것을 소유하고 있을 때, 네트워크 전환 비용과 수수료율은 낮아진다.

프로토콜 네트워크에는 중간에 수익 일부를 가져가는 기업들이 없으므로 수수료 역시 없다. 여러분은 자신의 도메인 네임을 소유하고, 원하는 호스팅 서비스 업체에 전달할 수 있다. 일부 이메일 호스팅 업체와 웹 호스팅 업체 등은 서비스에 대해 요금을 부과한다. 그러나 기업 네트워크에서와는 달리 프로토콜 네트워크에는 중앙조직에 생기는 네트워크 효과가 없으므로 호스팅 업체는 가격 결정력을 거의 갖지 못하며, 따라서 수익의 일정 비율보다는 스토리지 및 네트워킹 비용을 기준으로 요금을 부과해야 한다. 결과적으로, 이런 요금들을 고려했을 때조차도 네트워크 참여자가 네트워크를 이용하기 위해 최종 지불한 실제 가격인 실질 수수료율은 매우 낮게 유지된다.

가게 카운터에서 숨겨진 요금이 불쑥 나타나는 것처럼 실질 수수료율에도 교묘한 속임수가 있을 수 있다. 기업 네트워크들은 종종 정해진 수수료율을 초과하는 실질 수수료율을 가져간다. 이들은 소셜 피드 알고리즘이나 검색 결과에서 네트워크 참여자들의 자연 검색 노출 빈도를 낮추어 실질 수수료율을 올린다. 창작자, 개발자, 판매자 등이 일정 규모에 도달하자마자, 기업 네트워크는 그들이 현 구독자를 유지하거나 증가시키려면 광고를 구매해야 한다고 강요한다.

예를 들어, 여러분은 구글이나 아마존의 검색 결과에서 광고료를 낸 결과물들이 어떻게 계속 증가하는지 보았을 것이다[18]('광고'라는 표시를 찾아보라). 거대 기술 기업들은 네트워크 참여자(구글의 웹사이트, 아마존의 판매자)에 대한 실질 수수료율을 올리기 위해 이런 기법을 사용한다. 구글의 경우, 웹사이트는 자연 검색에 대해서는 돈을 내지 않지만, 광고 검색에 대해서는 돈을 내고 경쟁해야 한다. 아마존의 경우, 판매자는 기본 수수료를 내지만, 광고료를 내는 위치를 원하면 추가 수수료를 내야 한다.[19]

구글과 아마존은 사용자가 검색 결과 순위에서 상위 링크를 클릭하는 경향이 있다는 점을 알고 있기 때문에, 자연 검색에 의한 노출 빈도를 낮추어 웹사이트와 판매자가 동일한 빈도의 노출을 위해 더 많은 돈을 내도록 실질적으로 강요하고 있다. 또한, 이들 기업 네트워크는 참여자와 경쟁하는 자사 제품을 홍보하기 위해 스크린의 값비싼 영역을 사용하기도 한다.

구글과 아마존을 포함한 거대 기술 기업들은 초창기 시절에는 파괴적 혁신 기업이었으며, 유인 단계에 있었다. 그러나 현재 이 기업들은 추출 단계에 있으며, 소유한 네트워크에서 최대한 많은 매출을 쥐어짜내는 데 몰두하고 있다. 이들은 네트워크에서 발생하는 거의 모든 수익을 차지하는 것을 넘어 추가 수수료를 더 챙길 방법을 궁리 중이다. 그 결과 네트워크 참여자들은 고스란히 피해를 입은 채 궁지에 몰렸다. 이들은 수년간 팔로워들을 늘리기 위해 노력하지만, 규칙이 바뀌면 자신이 만든 팔로워들에 도달하기 위해 더 많은 것을 내어놓도록 강요받는다.

거대 기술 기업 네트워크의 높은 수수료율은 네트워크 참여자에게는 나쁘지만, 기술 기업의 이익률에는 정말 좋다. 메타의 경우, 총수익률이 70% 이상이다.[20] 이는 1달러 매출을 올렸을 때, 메타의 몫이 70센트 이상이라는 뜻이다(매출에서 수익을 제외한 돈은 데이터센터 운영같이 매출 생성과 직접 연관된 비용으로 사용한다). 네트워크를 소유한 거대 기술 기업은 수익 일부를 인건비와 소프트웨어 개발 같은 고정비용에 쓴다. 나머지는 수익으로 실현한다. 이러한 기업 내부에는 수천 명의 직원이 관리 및 영업 분야를 담당하고 일부는 신규 R&D 프로젝트에 참여한다. 그러나 이러한 기업에는 중간 관리자 계층과 낭비적인 조직 문화가 존재한다.

기업이 큰 이익을 실현하려면, 기업가는 피를 봐야만 한다. 베이조스가 말했듯이, 경쟁자의 수익은 거대 기술 기업의 기회다.

개발자와 창작자를 불러 모으는
강력한 동기

블록체인 네트워크는 가격을 낮추는 방식으로 터무니없는 이익을 챙기는 기업들로부터 시장 점유율을 빼앗아, 비생산적인 활동으로 이익을 얻는 중개 사업을 파괴한다. 소비자를 옭아매는 힘을 가진 네트워크는 더 강력한 가격 결정력을 가진다. 가격 결정력이 더 강해지면 수수료율은 더 높아진다. 즉, 현 네트워크의 수수료율이 높아지면, 혁신의 기회는 더 멀어진다.

인기 있는 블록체인 네트워크는 수수료율이 1% 미만에서 2.5% 사이로 매우 낮다. 이는 네트워크를 통해 흐르는 돈의 나머지 부분이 사용자, 개발자, 창작자 등 네트워크 참여자에게 돌아간

기업 네트워크	수수료율	블록체인 네트워크/애플리케이션	수수료율
페이스북	~100%	오픈시	2.5%
유튜브	45%	유니스왑*	0.3%
iOS 앱스토어	15~30%	이더리움**	0.06%

*가장 대표적인 수수료. **사용자가 지불한 수수료를 2022년 이더리움과 상위 ERC20 토큰의 총 전달 가치로 나누어 계산한 것(출처: 코인 메트릭스)

다는 뜻이다. 인기 있는 블록체인 네트워크인 이더리움과 유니스왑 및 그 위에 구축된 마켓인 오픈시(OpenSea)의 수수료율을 인기 있는 기업 네트워크의 수수료율과 비교해보라.[21]

블록체인 네트워크는 다음과 같은 핵심 설계 원칙에 따라 엄격한 제약을 받기 때문에 수수료율이 낮다.

코드에 강제된 약속 블록체인 네트워크는 출시하는 시점에 수수료율을 약속하며 이는 커뮤니티의 합의를 통해서만 수정할 수 있다. 따라서 블록체인 네트워크는 더 낮은 수수료율을 제시하여 네트워크 참여자들을 끌어모으기 위해 경쟁한다. 경쟁이 치열한 시장에서 수수료율은 네트워크 유지 및 개발 비용 정도에 근접하는 수준으로 낮아질 것이다.

커뮤니티의 통제 잘 설계된 블록체인 네트워크에서는 커뮤니티의 투표를 통해서만 수수료율을 올릴 수 있다. 이는 네트워크 소유주가 커뮤니티를 희생시키면서 일방적으로 수수료율을 인상하는 기업 네트워크와는 대조된다.

오픈소스 코드 모든 블록체인 코드는 오픈소스이므로, '분기' 또는 '복사'가 쉽다. 블록체인 네트워크가 수수료율을 높이 올린다면, 경쟁자는 분기를 통해 수수료율이 더 낮은 블록체인 네트워크를 만들 수 있다. 분기의 위협은 수수료율 상승을 억제한다.

가치 있게 여기는 것을 소유 잘 설계된 블록체인 네트워크는 사용자가 신경 쓰며 관리하는 것을 소유할 수 있도록 보장하는 표준 시스템과 연동된다. 예를 들어, 많은 블록체인 네트워크는 이더리움 블록체인에서 인기 있는 네이밍 시스템인 이더리움네임서비스(ENS)와 연동한다. 이는 사용자가 자신의 ENS 네임(예: cdixon.eth)을 많은 다른 블록체인 네트워크에서도 사용할 수 있다는 뜻이다. 결과적으로 네트워크 규칙이 바뀌거나 수수료율이 오르면, 사용자는 자신의 네임을 잃어버리지 않고 새로운 네트워크로 손쉽게 옮겨갈 수 있다. 전환 비용이 낮다는 것은 네트워크의 가격 결정력이 약하다는 뜻이며, 이는 수수료율도 낮다는 뜻이다.

블록체인 네트워크의 낮은 수수료율이 일시적일 수 있다는 비난도 있다.[22] 즉, 회의론자들은 블록체인 네트워크가 널리 퍼지면 수수료율을 올리는 새로운 중개인이 등장할 것이라고 말한다. 저명한 보안 연구자이자 시그널 메시징 앱의 창업자인 목시 말린스파이크는 그의 유명한 블로그에서, 사용자는 사소한 유저 인터페이스 불편함조차도 싫어하기 때문에 이 같은 일이 벌어지면, 결국 블록체인으로부터 사용자를 빼앗아가는 사용하기 쉬운 프런트엔드(front-end) 애플리케이션으로 사용자들이 몰릴 것이라고 주장했다. 이런 애플리케이션을 기업들이 운영한다면 오늘날 직면한 문제, 즉 소수의 기업이 강력한 가격 결정력을 갖고 통제하는 문제를 또다시 겪게 될 것이다.

이는 최근 '재중앙화의 위험'이라고 알려진 통찰력 있는 비평이다. '왜 RSS는 기업 네트워크와의 경쟁에서 밀려났나'(64쪽)에서 다룬 것처럼, 비슷한 상황이 RSS의 근간을 흔들었던 일이 있다. 트위터를 포함해 다른 기업 네트워크는 편리한 사용자 경험을 제공하며 RSS로부터 사용자를 빼앗아갔다. 이런 상황은 빈약하게 설계된 블록체인 네트워크가 직면하는 위험이기도 하다.

사용자들이 일부 인기 있는 프런트엔드 애플리케이션 주변에 몰리더라도 사용자가 프런트엔드 애플리케이션을 바꾸는 일에 대한 위험의식을 확실히 갖도록 보장할 수 있다면, 블록체인 네트워크는 이런 RSS의 운명을 피할 수 있다. 이를 보장하기 위해, 네트워크는 다음 사항들을 포함하도록 설계되어야 한다.

최신 기업 네트워크에 뒤처지지 않는 편리한 사용자 경험　기업 네트워크처럼 소프트웨어 개발이나 사용자 보조금(예: 무료 호스팅과 네임 등록)에 지속적으로 자금을 투자할 수 있으려면 블록체인 네트워크에도 투자 메커니즘이 필요하다. 프로토콜 네트워크에는 충분한 펀딩 메커니즘이 없고, 이는 RSS가 실패한 주요한 이유였다(블록체인 자금 투자 메커니즘에 관해 좀 더 자세히 알고 싶다면 9장 〈토큰 인센티브가 있는 네트워크 구축〉을 보라).

기업 통제의 프런트엔드 애플리케이션보다 커뮤니티 통제의 블록체인에 축적되는 네트워크 효과　네임, 소셜 관계, 디지털 재화 등 사용자가 중요하게 관리하는 것들이 블록체인에 기반하고 사용자 소유여야 한다는 뜻이다. 사용자가 이 애플리케이션에서 저 애플리케이션으로 손쉽게 전환할 수 있다면, 애플리케이션은 가격 영향력을 가질 수 없다. 사용자가 중요한 것을 소유했을 때, 네트워크에 종속될 가능성이 훨씬 줄어든다.

말린스파이크는 블록체인 네트워크로부터 제어권을 빼앗아 갈 수 있는 기업 소유 애플리케이션의 예로, NFT 마켓인 오픈시를 꼽았다. 그러나 오픈시가 연동하는 블록체인 네트워크들은 잘 설계돼 있다. 사용자는 오픈시에 회원 가입할 때 이더리움과 같은 블록체인에 연계된 자신의 네임을 사용한다. 사용자가 소유한 모든 NFT는 기업 서버가 아니라 블록체인에 저장된다. 따라서 소중한 것을 소유한 채 다른 마켓으로 손쉽게 옮겨갈 수 있다.

말린스파이크가 블로그에 글을 쓴 시점은 2022년 초다. 그 이후, 블러 같은 새로운 마켓이 NFT 플랫폼의 낮은 전환 비용을 이용해 오픈시로부터 시장 점유율을 빼앗아갔다.[23] 이에 대한 대응으로 오픈시는 수수료를 낮추었는데, 이는 블록체인 기반 소유권이 실제로 수수료를 낮출 수 있다는 것을 보여준 사례였다. 이와는 대조적으로, 기업 네트워크 간에는 가격 인하 경쟁을 거의 찾아볼 수 없다.

블록체인 네트워크의 낮은 수수료율은 개발자와 창작자가 블록체인 네트워크를 토대로 개발하려는 강력한 동기를 제공한다. 예를 들어, 제삼자 스타트업들은 미래에 대한 우려 없이 탈중앙형 금융 네트워크에 기능과 애플리케이션을 추가한다. 이런 스타트업들은 탈중앙형 금융 네트워크가 규칙을 바꾸고, 사업 기반을 흔들며, 이익을 빼앗아가는 등 자신들의 사업과 투자를 위협에 빠뜨리지 않으리라는 것을 알고 있다. 스퀘어나 페이팔 같은 기업 금융 네트워크에 종속되려 하는 소프트웨어 개발자는 거의 없다. 여러 결제 수단 가운데 하나로 사용할 수는 있으나, 그들에 의존할 만큼 어리석지는 않다.

블록체인 네트워크 설계에서 수수료율은, 필수적인 네트워크 운영에 자금을 조달할 만큼 충분히 높으면서도 동시에 기업 네트워크와의 경쟁에서는 넉넉히 이기고 남을 만큼 낮아야 한다. 블록체인 네트워크는 경제적 수익의 훨씬 더 많은 부분이 네트워크 참여자에게 돌아가고, 관료적으로 조직 몸집만 부풀리는 데는 수익을 거의 쓰지 않는 새로운 모델을 제공한다.

기술 산업에서의 수익 경쟁은 결국 제로섬 게임일까?

기술 산업을 이해하려면 '기술 스택'의 한 계층이 보편화되었을 때 다른 계층에서 더 큰 수익이 발생한다는 사실을 반드시 이해해야 한다. 이런 맥락에서 기술 스택이란 수익을 만들기 위해 함께 작동하는 기술들의 집합을 의미한다. 컴퓨터, 운영체제, 소프트웨어 애플리케이션의 조합을 서로 겹겹이 쌓아 올린 계층들의 기술 스택이라고 생각하라.

보편화된 계층은 가격 영향력을 잃게 된다. 실제 현실에서 이는 일반적으로 경쟁이 매우 치열하며, 제품 사이의 차별화가 사라지고, 수익은 0에 가까워진다는 뜻이다. 밀이나 옥수수 같은 상품들의 경우가 그러하다. 기술 스택에서는 제품과 서비스가 (1) 아이폰의 계산기 앱처럼 무료로 제공되거나 (2) 리눅스 운영체제처럼 오픈소스로 제작되거나 (3) 이메일 프로토콜인 SMTP처럼 커뮤니티에 의해 통제될 때 계층이 보편화되는 것이 좀 더 일반적이다.

5장 〈토큰〉에서 파괴적 혁신을 논의하며 언급했던 클레이튼 크리스텐슨 교수는 이를 '매력적인 수익의 보존 법칙'[24] 이론으로 일반화했다. 이 이론에 따르면 기술 스택에서 한 계층의 보편화는 풍선을 쥐어짜는 것과 같다. 풍선을 쥐어짜면 풍선 속 공기 위치만 바뀔 뿐 부피는 일정하게 유지된다. 기술 스택에서의 수익 역시 마찬가지로, 계층을 옮겨 다닐 뿐 전체 수익은 보존된다.

한 가지 구체적인 예를 살펴보자. 구글 검색은 사용자가 검색 광고를 클릭할 때 수익이 발생한다. 돈을 내는 광고주와 클릭하는 사용자 사이에는 스마트폰이나 컴퓨터 같은 기기, 운영체제, 웹 브라우저, 통신업자, 검색엔진, 광고 네트워크 등으로 구성된 기술 스택이 놓여 있다. 이 모든 계층은 기술 스택을 통해 흘러가는 돈의 부분 부분들을 가져간다. 전체 시장이 커지거나 작아질 수는 있지만, 특정 순간 계층 사이의 경쟁은 제로섬이다.

검색에 대한 구글의 전략은 자신의 수익을 극대화하기 위해 기술 스택에 있는 모든 계층을 소유하거나 보편화하는 것이다. 구글이 그렇게 하지 않는다면, 다른 계층을 제어하는 경쟁자가 구글의 수익을 가져갈 수 있다. 이는 구글이 장치(픽셀), 운영체제(안드로이드, 거의 오픈소스다), 브라우저(크롬 및 오픈소스 크로미움 프로젝트), 심지어 통신 서비스(구글 파이)와 같이 기술 스택의 각 계층에서 제품을 생산하는 이유다. 구글 같은 기업이 오픈소스 프로젝트에 기여하거나 경쟁 플랫폼 제품의 저가 버전을 배포한다면, 이는 공익을 위한 것이 아니라 사익을 위한 것이다.

지금부터 오늘날 스마트폰에서 이런 경쟁이 어떻게 벌어지고 있는가에 관해 설명하려 한다. 애플은 아이폰의 운영체제와 아이폰 전용 웹 브라우저인 사파리를 통제하고 있다. 덕분에 구글 검색기를 아이폰 전용 검색엔진으로 계속 유지하는 대가로 구글에 매년 120억 달러의 돈을 요구할 수 있으며,[25] 구글은 사업 비용이라 판단하고 이런 요구를 받아들인다. 애플은 아이폰의 인기를 이용해 구글 검색 사업이라는 풍선을 쥐어짜는 것이다.[26] 만약 구글이 선견지명을 갖고 상당한 모바일 시장을 점유하고 있는 안드로이드를 만들지 않았다면, 애플에 주는 돈은 훨씬 많았을 것이다. 구글은 안드로이드에서는 돈을 벌 필요조차 없다. 구글은 사람들이 구글 검색 서비스에 접근하지 못하게 막을 수 있는 애플 같은 경쟁자가 통제할 수 없도록 스마트폰 운영체제를 보편화할 필요가 있을 뿐이다. 이에, 운영체제에 대한 싸움은 검색 수익에 대한 싸움으로 번진다.

구글은 안드로이드를 오픈소스화하여 많은 스마트폰 업체가 무료로 사용할 수 있도록 함으로써 '보완재를 보편화하라'는 고전적인 기술 전략을 추구했다.[27] 참고로 이 전략 문구는 스택 오버플로와 트렐로의 공동창업자인 조엘 스폴스키가 칼 샤피로, 구글의 할 배리언 같은 경제학자와의 작업을 바탕으로 2002년에 만들었다.[28] 구글은 모바일 운영체제 시장의 상당 부분을 보편화했다. 덕분에 구글의 주 수익원인 검색엔진은 새로운 컴퓨팅 플랫폼인 스마트폰에서도 방해받지 않으면서 시장 점유율을 끌어올릴 수 있었다. 결과적으로 컴퓨터에서 모바일로 이동하는 산업 분야 전반의 변화 속에서 구글은 플랫폼 리스크를 줄이고 협상력을 높여 검색엔진 수익에 대한 위협을 제거했다.

인텔도 오픈소스 운영체제인 리눅스에 가장 많은 코드를 제공하며 비슷한 전략을 추진해왔다. 운영체제는 인텔이 제조하는 프로세스의 보완재다. 누군가 윈도즈 컴퓨터를 구매하면 마이크로소프트는 윈도즈 운영체제로 인텔에게 돌아갔을 총수익 중 일부를 가져간다. 즉, 누군가 리눅스 컴퓨터를 구매한다면, 인텔은 더 큰 수익을 가져갈 수 있다. 이에 인텔은 주 수익원인 프로세서를 보완하는 운영체제를 보편화하기 위해 리눅스를 지원한다.

크리스텐슨 교수의 이론을 소셜 네트워크에 적용하면, 사용자로부터 제작자, 소프트웨어 개발자 및 다른 네트워크 참여자에게로 돈이 이동하는 경로를 기술 스택으로 생각할 수 있다. 수수료율이 높은 기업 네트워크는 기술 스택의 전체 수익 풍선을 양쪽에서 쥐어짠다. 기업 네트워크는 그 위에 있는 창작자와 소프트웨어 개발자 같은 보완재 계층의 희생 속에 네트워크 소유자를 대신하여 네트워크 중앙에서 가치를 가져간다. 종속을 초래한 네트워크 효과 때문에 창작자는 무료로 일하다시피 하며 개발자는 기업 네트워크의 지시에 따라 움직인다.

광고 기반 미디어의 경우, 광고주는 고객이자 돈 흐름의 시작이며, 사용자는 쥐어짤 보완재 계층이다. 사람들은 네트워크에 접속하는 대가로 자신들이 받을 관심과 개인 데이터를 포기한다. 이와는 반대로, 프로토콜 네트워크와 블록체인 네트워크에서는 수수료율이 낮아서 가치 있는 것들이 사용자, 창작자, 개발자 및 다른 네트워크 참여자들에게 흘러간다. 이 네트워크들은 풍선의 가운데를 쥐어짜 네트워크 수익이 네트워크 가장자리로 흘러가게 한다.

이런 의미에서 여러분은 기업 네트워크는 두껍고 블록체인 네트워크는 얇다고 생각할 수 있다. 두꺼운 네트워크에서는 네트워크 중앙에 더 많은 수익을 배분하고 창작자와 소프트웨어 개발자를 적은 수익을 받는 얇은 보완재 계층으로 만든다. 얇은 네트워크에서는 반대로 네트워크 중앙에 더 적은 수익을 배분하고 보완재에는 더 많은 수익을 배분한다.

여러분이 백지상태에서 소셜 네트워크 스택을 설계한다고 상상해보자. 여러분은 네트워크 참여자가 자신이 생성한 가치에 비례해 돈을 벌 수 있는 공정한 네트워크를 설계할 수도 있다. 혹은 균등한 부의 분배와 같은 사회적 목적을 염두에 두고 네트워크를 설계할 수도 있다. 그러나 다른 관심사는 잠시 옆으로 밀어두고 여러분이 단지 혁신성과 창의성을 북돋는 네트워크 설계를 원한다고 가정해보자. 이는 여러분이 오늘날의 소셜 네트워크와는 반대로 얇은 소셜 네트워크를 원할 것이라는 뜻이다.

내가 반복해 사용하는 비유인 도시 인프라 측면에서 이 일을 생각해보자. 도로는 기본 기능을 수행해야 하지만, 도로가 혁신의 온상일 필요는 없다. 도로에서는 차를 이동시킬 필요만 있을 뿐, 많은 창의성이 필요하지는 않다. 반면에, 여러분은 새로운 가게와 식당을 만들고, 새로운 빌딩을 건설하며, 지역을 확장하는 등 도로 주변에 무언가 만드는 창의적인 사업가를 많이 원한다. 결론적으로 도로는 얇아야 하며, 도로 주변은 두꺼워야 한다.

소셜 네트워크들은 도로와 같이 얇은 공공재여야 한다. 이들은 기본적인 기능을 지원하고 신뢰할 수 있어야 하며, 성능 기준에 맞고 상호연동해야 한다. 딱 그 정도다. 그 이상의 기능들은 네트워크를 중심으로 그 주변에 만들 수 있다. 최상단 계층들은 혁신적이고, 다양하며, 두꺼워야 한다. 소셜 네트워크를 보완하는 미디어와 소프트웨어에 창의성을 발휘할 수 있는 무한한 여지가 있어야 한다(이에 대해서는 PART 5에서 자세히 다루겠다).

웹은 얇은 네트워크로 개발되었으며, 기대한 결과를 가져왔다. 네트워크 자체는 단순한 HTTP 프로토콜이며, 모든 혁신은 그것을 기반으로 한 웹사이트에서 발생한다. 이런 구조는 지난 30년 동안 인터넷 전반에 걸친 폭발적인 혁신으로 이어졌다.

오늘날의 기업 소셜 네트워크는 이와 반대로 두껍게 설계되었다. 거의 모든 가치는 페이스북, 틱톡, 트위터 등과 같은 네트워크 자체로 흘러 들어간다. 일부 스타트업은 기존 기업 네트워크 위에 사업을 만들기보다는 이와 경쟁하는 소셜 네트워크를 만든다는 측면에서, 기업 소셜 네트워크에도 어느 정도는 혁신이 있다. 바꿔 말하자면, 스타트업은 기존 공공 도로 위에 무언가를 만들어

도시를 건설하는 게 아니라, 완전히 새로운 자기 소유의 도로를 만들어야만 그 위에 새로운 도시를 짓고 지원할 수 있다. 기업 소셜 네트워크들은 혁신을 질식시키는 방식으로 풍선을 쥐어짠다.

이는 오늘날 금융 네트워크도 마찬가지다. 결제는 이메일 발송처럼 쉽고 값싼 보편적인 기능이어야 한다. '금융 인프라를 공공재로 만들기'(325쪽)에서 다루겠지만, 우리는 이미 그렇게 할 수 있는 기술을 갖고 있다. 이는 금융과 상거래 스택에서 결제를 얇은 계층으로 만든다. 그러나 오늘날 상황은 그렇지 못하다. 높은 수익을 거두고 있는 결제 기업들이 있으며, 이 분야는 여전히 유지되는 수수료율로 스타트업과 벤처캐피털을 유혹하는 사업 분야로 남아있다. 다시금 풍선은 잘못된 위치에서 짓눌렸다.

블록체인 네트워크는 고무밴드와 같아서, 두꺼운 부분을 얇게 만들어 수익 풍선의 모양을 바꾸었다. 예를 들어, 탈중앙형 금융 네트워크는 결제, 대출, 거래를 얇게 만든다. 소셜 네트워킹, 게이밍, 미디어 등과 같은 분야에서 블록체인 네트워크도 마찬가지다. 좀 더 광범위한 사회적 목표는 사용자, 창작자, 기업가가 압박 대신 보상을 받는 기술 스택을 새로이 만드는 것이어야 한다.

수수료율은 블록체인 네트워크를 설명하는 경제성 방정식의 절반일 뿐이다. 나머지 절반은 소프트웨어 개발과 다른 건설적인 활동에 자금을 제공하는 토큰 인센티브다. 토큰은 다른 모든 도구처럼 잘 사용될 수도, 잘못 사용될 수도 있다. 적절하게 설계되었다면, 토큰은 네트워크를 사업을 구축할 수 있는 매력적인 공간으

로 만들 수 있다. 이런 설계 목적을 달성하려면 신중한 계획이 필
요하다.

수수료율이 채찍이라면, 토큰 인센티브는 당근이다.

토큰 인센티브가 있는 네트워크 구축

나에게 인센티브를 보여주면, 나는 결과물을 보여줄 것이다.[1]

— 찰리 멍거

외부인을 네트워크 안으로 끌어들이는 방법

가장 성공적인 프로토콜 네트워크들이 상업용 인터넷이 등장하기 전인 1970년대와 1980년대 정부로부터 재정지원을 받았다는 것은 시사하는 바가 크다. 이메일과 웹은 기업 네트워크와의 경쟁 없이 번성했다. 2000년도에 출간된 책으로 인터넷이 비즈니스와 그 밖의 많은 것들을 어떻게 변화시켜왔는지 기술한 《클루트레인 선언문》을 인용하자면 "인터넷은 전통적인 상거래라는 단일한 강철 유리 제국의 틈들 사이에서 잡초처럼 자라났으며, 크게 주목받지 못하고 무시된 덕분에 번성했다."[2]

이메일과 웹이 세상에 등장했을 때 스타트업과 대결했다면 어떠했을지 상상해보라. 프로토콜 네트워크는 견디지 못했을 것이다. 아마도 그들은 RSS처럼 용두사미로 끝난 프로토콜 네트워크와 같은 길을 갔을 것이다. 기업 네트워크는 소프트웨어 개발을 지원할 수 있을 만큼 충분히 많은 돈을 보유하고 있으므로, 부분적으로는 프로토콜 네트워크를 완전히 뭉개버릴 수 있다. 기술 기업들은 프로토콜 네트워크가 따라올 수 없는 매력적인 보상과 금전적 이득을 제공해 세계적인 수준의 개발자로 이뤄진 대규모 개발팀을 구성할 수 있다.

네트워크는 저절로 성장하지 않는다. 기업 경쟁자에게 도전하려는 모든 네트워크는 경쟁력 있는 보상과 재정적 이득을 제공해야 한다. 누군가는 기업과 경쟁해야 하지만, 그런 당위성이 현실적 부담을 줄여주지는 않는다. 결국 인센티브가 중요하다.

일반적으로 프로토콜 네트워크에는 개발자에게 경쟁력 있는 보상을 제공할 만큼 충분한 자원이 있지 않다. 자급자족하기에도 부족해 자원자의 선의에 기댈 뿐이다. 블록체인 네트워크 역시 프로토콜 네트워크와 마찬가지로, 필요한 소프트웨어 대부분의 개발을 제삼자 관계의 개인이나 기업들에 의존한다. 그러나 두 네트워크 사이에는 주요한 차이가 있다. 블록체인 네트워크는 오직 자원자에게만 의지하지 않으며, 개발자에게 재정적인 혜택을 제공하는 내장된 메커니즘을 갖고 있다.

블록체인 네트워크에서는 개발자에게 동기를 부여하기 위해 토큰 인센티브를 이용한다. 토큰이 소유권을 나타내는 일반적인 컴퓨팅 기본 요소이며, 블록체인 네트워크의 경제를 떠받치는 가치의 단위를 나타낼 수 있다는 것을 기억하라(우리는 블록체인 기반 경제 설계의 원칙을 10장 〈토크노믹스〉에서 다룰 것이다). 이런 목적으로 사용되는 토큰을 일반적으로 네이티브 토큰(native token)이라 부른다. 예를 들어, 이더는 이더리움 블록체인의 네이티브 토큰이다. 네이티브 토큰은 때론 소유자에게 재정적인 인센티브가 될 뿐만 아니라 지배 권한을 부여할 수 있다(이에 대해서는 11장 〈네트워크 지배구조〉에서 좀 더 상세히 설명하겠다).

블록체인 네트워크는 토큰 인센티브 제공을 통해 외부인을 네트워크 안으로 끌어들이고, 소프트웨어 개발 동기를 북돋우며, 네트워크 참여자들이 서로 계속 경쟁하게 한다. 네이티브 토큰 덕분에 블록체인 네트워크는 기업 네트워크와 경쟁할 수 있는 최신 소프트웨어 사용 경험을 만들 수 있다.

기업 네트워크에서는 직원들이 거의 모든 소프트웨어를 개발한다. 트위터 같은 기업의 경우, 직원들은 앱 개발과 관리, 트윗 분류와 순위 알고리즘 조정, 스팸 트윗을 걸러주는 필터 생성 등의 일을 수행한다. 이와는 반대로, 블록체인 네트워크에서는 이런 일을 외부에서 수행한다. 즉, 외부 개발자와 소프트웨어 스튜디오에게 맡긴다. 기업 네트워크에서는 내부적으로 수행되던 일들이 외부에서는 마켓 기반으로 수행된다. 외부 개발자는 종종 토큰을 보상으로 받으며, 그 결과 블록체인 네트워크의 부분적인 소유권과 지배권을 가진 이해관계자가 된다.

개발자를 위한 토큰 인센티브에는 몇 가지 장점이 있다. 첫째, 전 세계 누구라도 참여해 기여할 수 있으므로 인재 유입과 네트워크 이해관계자의 기반을 넓힌다. 블록체인 네트워크 기여자는 토큰을 받고 네트워크의 부분 소유자가 되기 때문에, 소프트웨어를 개발하거나 콘텐츠를 창작하는 등 여러 방식으로 네트워크 성공에 기여할 동기를 갖는다. 둘째, 토큰 인센티브는 각각의 일에 대해 경쟁을 유발한다. 덕분에 네트워크 사용자는 다수의 웹 브라우저와 이메일 클라이언트에서 원하는 것을 선택하는 방식으로, 다수의 소프트웨어에서 선택할 수 있게 한다. 셋째, 기업 주식과는 달리 토큰은 아날로그 시스템보다 좀 더 공정하고, 공개적이며, 거부감 없는 방식으로 프로그램에 따라 투명하게 배분할 수 있다.

어떤 프로젝트든 목표는 광범위한 기여자 커뮤니티를 모으는 것이지만, 그렇게 되기까지는 시간이 걸린다. 일반적으로 초기 단계의 프로젝트는 새로운 아이디어를 추구하는 소규모 개발자들로 구성된다. 초창기 기여자들은 때론 비공식적으로 때론 공식적으로 협업한다. 이들 개발자들은 대개 토큰으로 보상을 받는다. 잘 설계된 네트워크는 기여자 커뮤니티가 처음 맡은 일을 끝낸 후에도 많지는 않아도 지속적인 영향을 끼치도록 토큰을 보상으로 배분한다.

반자율 코드가 블록체인 네트워크에서 실행될 준비가 되면, 초기 개발자는 네트워크를 출시한다. 그리고 그와 동시에 제어권도 포기한다. 초기 개발자가 종종 네트워크 접속 앱 개발을 지속하기도 하지만, 접속 앱 또한 많은 앱 가운데 하나일 뿐이다. 출시된 네트워크는 광범위하고 다양한 커뮤니티가 지원할 때 가장 잘 작동한다. 블록체인 네트워크는 무허가형이며, 적절히 설계되었다면 어떤 앱 개발자에게도 심지어 네트워크 개발자에게도 특권을 부여하지 않는다.

출시 후 블록체인 네트워크는 토큰 제공을 통해 지속적인 개발을 재정적으로 지원한다. 몇몇 블록체인 네트워크에는 커뮤니티의 결정이나 사전에 정의된 기준에 따라 자동으로 토큰을 꺼내어 배분할 수 있는 수억 달러 가치의 트레저리가 있다.[3] 예를 들어, 토큰은 프런트엔드 애플리케이션, 인프라, 개발자 도구, 분석 프로그램 등을 만든 개별 소프트웨어 개발자들에게 주어질 수 있다. 활발한 생태계라면 수익을 추구하는 투자자는 이런 토큰 보조금 프로그램을 새로운 프로젝트, 앱, 서비스 및 그 네트워크를 토대로 만들어지는 기타 사업을 위한 추가적인 펀딩으로 보완할 것이다 (8장 〈수수료율〉에서 빌더와 투자자는 자신들이 만든 것이 성공했을 때 발생한 수익이 자신들에게 올 것을 알고 있으므로, 안정적인 낮은 수수료율이 어떻게 블록체인 네트워크 투자 동기를 북돋는지 설명한 바 있다).

토큰 인센티브를 소프트웨어 개발자들에게 지급하는 블록체인 네트워크의 능력은 블록체인 네트워크를 기업 네트워크와 경쟁하는 수준에 올려놓았다. 토큰 지급과 외부 투자 덕분에 블록체인 네트워크는 기업의 꽤 규모 있는 소프트웨어 개발 투자와 확실하게 경쟁할 수 있다. 토큰 인센티브에는 또 다른 이점도 있다. 개발자를 끌어들인 것과 동일한 보상으로 사용자, 창작자 및 기타 네트워크 참여자를 끌어들일 수 있다는 것이다.

초기 네트워크의 부트스트랩 문제 극복하기

기업 네트워크의 초창기 참여자들은 기업 네트워크에 매우 중요한 기회를 만들지만, 그들의 수고에 합당한 보상을 거의 받지 못한다. 유튜브의 비디오 창작자, 페이스북의 소셜 그룹, 인스타그램의 인플루언서, 에어비앤비의 주택 소유자, 우버의 운전사 등 일련의 네트워크와 참여자 목록을 살펴보라. 참여자가 없다면, 네트워크도 없다.

거의 예외 없이 기업 네트워크는 부와 힘을 투자자, 창업자, 일부 직원으로 이루어진 소수의 사람에게 모두 몰아준다. 즉, 소수의 운 좋은 사람들만이 노력의 산물을 독차지한다. 네트워크 효과는 네트워크를 소유한 기업에 생기며, 승자가 모든 결과물을 독차지한다. 기업 네트워크가 성장하면서, 초기 사용자들은 푸대접을 받는다. 몇몇 기업 관계자는 돈을 벌겠지만, 정작 네트워크 구축에 기여했던 사람들은 돈을 구경도 못 한다. 결국 초기 참여자들은 무시당한 채 비참함을 느낀다.

블록체인 네트워크는 네트워크를 만들고 네트워크에 참여한 초기 사용자들에게 토큰을 제공하는 훨씬 포괄적인 접근 방식을

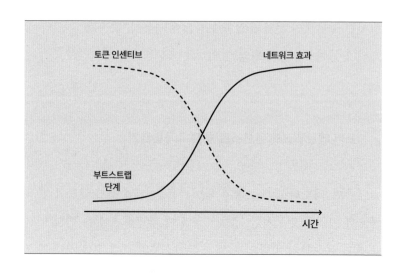

취한다. 블록체인 기반의 소셜 네트워크는 다른 사용자가 좋아하는 콘텐츠를 만든 네트워크 사용자에게 보상할 수도 있다. 예를 들어, 게임은 게임을 잘하거나 재미있는 모드를 기증한 사용자들에게 보상할 수 있으며, 마켓은 신규 구매자를 데려온 초기 판매자에게 보상할 수도 있다. 최상의 네트워크 설계라면 수수료를 내거나 무언가 샀기 때문이 아니라 네트워크에 건설적으로 기여했기 때문에 보상한다.

네트워크가 성장함에 따라서, 토큰 보상은 점점 줄어들어야 한다. 네트워크 참여자가 많아질수록 네트워크는 유용해진다. 그리고 충분히 많은 사람이 네트워크에 참여하고 네트워크 효과가 나타나기 시작하면, 인센티브를 제공할 필요성이 줄어든다. 네트워크 성공이 불확실한 초기에 위험을 감수하고 기여한 사람들이 가장 이득을 많이 얻는 구조다.

이는 네트워크 사용자와 참여자에게만 좋은 것이 아니라, 네트워크에도 좋다. 네트워크를 구축할 때 가장 중요한 것은 '부트스트랩' 혹은 '콜드 스타트' 문제를 극복하는 것이다. 즉, 네트워크를 본질적으로 유용하게 만들만큼 충분한 숫자의 사람들이 네트워크에 없을 때, 사용자와 기여자를 유인하는 것이다. 네트워크 효과는 성장을 가속할 수도 있지만, 반대로 성장을 막을 수도 있는 양면성을 갖고 있다. 어느 정도 규모를 갖춘 네트워크는 별다른 노력 없이 새로운 사용자를 끌어모은다. 반대로 규모가 작은 네트워크는 단지 생존을 위해 고군분투한다.

토큰 보상은 부트스트랩 문제를 극복하는 데 유용할 수 있다. 컴파운드 같은 탈중앙형 금융 네트워크는 앞의 그래프가 보여주는 것처럼,[4] 네트워크 효과가 약한 부트스트랩 단계 동안 토큰 인센티브가 사용자를 끌어모을 수 있다는 것을 깨닫고는 이런 접근을 선구적으로 수행했다.

기업 네트워크도 부트스트랩 문제를 극복하기 위해 비슷한 기법을 사용했다. 다만, 토큰 인센티브가 아닌 보조금을 제공했다. 기억할 텐데, 유튜브는 서비스를 시작했을 때 네트워크에 비디오를 제공하는 사람들에게 인센티브로 비디오 호스팅 비용을 지원했다.

그러나 보조금에는 한계가 있다. 광범위한 분야에서 유용하고 계속 존재해야 했지만 결국 그러지 못한 많은 네트워크가 있는 데, 이는 네트워크 효과를 누리기까지의 길을 막는 초기 장애물을 극복하기가 매우 힘들었기 때문이다. 토큰 인센티브는 이전의 시도가 실패한 영역에서 네트워크를 구축하는 새로운 기법을 제공한다.

통신을 예로 들어 생각해보자. 지난 수십 년 동안, 기술자들은 풀뿌리 인터넷 접속 서비스 구축을 꿈꿔왔다. 이런 서비스가 등장한다면 인프라를 구축하고 소유하는 기업 네트워크 소유주 대신에 사용자들이 자발적으로 무선 라우터 같은 접속 기기를 집이나 사무실에 설치할 것이다. 그리고 다른 사용자들은 네트워크에 연결하려 할 때, 기업의 무선 셀 기지국 대신 이런 접속 기기에 접속할 것이다. 이런 풀뿌리 인터넷 접속 서비스의 목적은 AT&T나 버라이즌 같은 현 통신 기업을 커뮤니티 소유의 네트워크 인프라로 대체하는 것이다.

수년간, 사람들은 풀뿌리 통신 서비스를 반복적으로 시도해보았다. MIT 학생들(루프넷), 벤처 자금을 지원받은 스타트업의 직원들(폰), 뉴욕시의 시민들(NYC 메시)이 모두 이 도전에 뛰어들었고,[5] 이들은 모두 광범위한 지역에 서비스하는 데 충분한 수량의 접속 기기를 설치하는 것이 얼마나 어려운 일인지 깨달았다. 결국 대부분의 프로젝트는 한 사례를 제외하고는 부트스트랩 단계에서 멈추었다.

실험적인 블록체인 프로젝트인 헬륨(Helium)은 가장 큰 성과를 보여주었다.[6] 헬륨 네트워크는 사람들이 토큰 보상을 받는 대가로 접속 기기를 설치하고 운영하도록 하였으며, 몇 년 만에 전국적인 범위의 통신 서비스에 도달했다. 물론 이 프로젝트에는 네트워크 사용자를 늘리기 위해 해야 할 일이 여전히 많이 남아 있다(초기 네트워크는 제한적인 네트워크 표준에 기반을 두었으나, 이후 훨씬 대중적인 5G 무선통신으로 업그레이드되었다). 그러나 헬륨 프로젝트는 기존의 그 어떤 시도보다 성공적으로 풀뿌리 통신 서비스를 위한 네트워크 공급망을 구축했으며, 이는 토큰 인센티브의 잠재력을 증명한다.

이미 다른 프로젝트들에서 전기차 충전, 컴퓨터 스토리지, 인공지능 학습 등으로 네트워크 적용 분야를 확장하기 위해 비슷한 방법을 사용하고 있다.[7] 이들은 모두 세상에 유용한 네트워크들이지만, 부트스트랩 문제에 발목을 잡혔다. 토큰 인센티브는 새로운 네트워크 구축을 가로막는 장애물을 극복하기 위한 강력한 도구다. 또한, 네트워크가 성공했을 때조차 사용자가 아닌 투자자와 직원만 이득을 보는 기업 네트워크의 부익부 경향을 깨뜨리는 데도 도움이 될 수 있다.

광고 없이 고객을 확보하는 법

입소문은 모든 마케터의 꿈이다. 한 사람이 다른 두 사람에게 이야기하고, 그 두 사람이 다른 네 사람에게 이야기하며, 그 네 사람이 다른 여덟 사람에게 이야기한다. 이런 식으로 이야기를 들은 사람들의 수가 폭발적으로 증가한다. 이런 추천 마케팅이야말로 제품, 브랜드, 커뮤니티, 네트워크를 키워나가는 가장 효과적이고 비용 면에서도 효율적인 방법이다. 입소문 마케팅 효과의 비결은 전파성에 있다.

핫메일이 이메일 하단에 '추신: 여러분을 사랑합니다. 핫메일에서 무료 이메일 계정을 받으세요(PS: I love you. Get your free email at Hotmail)'라는 문구를 고정 삽입해서 사용자 수를 늘린 이래,[8] 창업자들은 자신들의 서비스를 널리 전파할 수 있는 적절한 바이럴 루프를 찾는 데 집착해왔다. 페이스북은 대학 캠퍼스의 소셜 네트워크에서 그 해답을 찾았다. 스냅은 영구적인 디지털 기록에 지친 10대에게 다가갔다. 우버는 탈것과 음식이 즉시 나타나게 하는 마법의 버튼에서 그 비밀을 찾았다.

그러나 이런 기업 네트워크가 등장한 이후 많은 사용자는 이들 서비스를 사용하는 습관이 몸에 뱄다. 그 증거를 보고 싶다면, 애플 앱스토어와 구글 플레이 스토어의 가장 인기 있는 앱을 살펴보라.[9] 인기 앱 상위 목록을 줄곧 지키고 있는 거의 모든 제품은 10년 이상 전에 제작되었다. 예를 들어, 페이스북 2004년, 유튜브 2005년, 트위터 2006년, 왓츠앱 2009년, 우버 2009년, 인스타그램 2010년, 스냅 2011년 등이다. 2017년에 등장한 틱톡의 모기업인 바이트댄스조차도 2012년 출시돼 생각보다 오래전에 설립되었다.[10]

새로운 서비스가 결코 크게 성공하지 못할 것이라는 이야기를 하려는 게 아니다. 언제나 예외는 있기 마련이다. 아마도 챗

GPT 같은 AI 앱은 꾸준히 인기를 끌며 새로운 인기 앱이 될 수도 있다. 그러나 대부분의 경우, 상황이 바뀌었다. 소비자 인터넷(consumer internet) 투자자들과 이야기를 나눠보면, 그들은 사용자가 스마트폰 홈 화면을 이미 가득 채워 새로운 앱이 비집고 들어가기 훨씬 어려워졌다고 말할 것이다. 한마디로 사람들의 일상이 고정된 것이다.

오늘날 거대 기술 기업들은 문지기가 되었다. 스타트업들이 사람들에게 닿으려면, 먼저 거대 기술 기업들의 서비스를 뚫어야 한다. 8장 〈수수료율〉에서 다루었듯이, 추출 단계에 있는 기업 네트워크는 스타트업이 얼마나 많은 관심을 무료로 받을지 조절하며, 대부분의 스타트업이 성장을 이어나가기 위해 광고를 하게 만든다. 많은 스타트업은 주목받고, 그 상태를 유지하기 위해 광고료를 내야 한다.

스타트업들은 충분한 고객만 확보하면, 장기적으로는 수익성이 좋아지리라는 이론에 따라 마케팅 비용의 증가를 정당화한다.[11] 언젠가는 수익이 날 것이라고 확신한다. 그러나 실제는 스타트업의 규모가 커짐에 따라서 한계 수익이 감소한다.[12] 후기 단계의 스타트업들은 매트리스 판매, 밀키트 판매, 영화 스트리밍 혹은 다른 무슨 사업을 하든 높은 사용자 확보 비용을 지불하며, 적자 상태에 빠진다. 다른 말로 이들은 나쁜 사업 전망 상태로 접어든다.

토큰은 광고 없이 개인 간 전파를 통해 고객을 확보할 수 있는 새로운 길을 제시한다. 토큰 소유자는 단순 네트워크 참여자가 아닌 네트워크 소유자가 된다. 주인의식을 가진 사용자는 좀 더 많이 기여하고 더 널리 소문을 내려고 한다. 이런 사용자 전파는 고용된 직원에 의한 기업 마케팅보다 더 진정성 있고, 확실하며, 효과적이다. 주인의식을 가진 사용자들은 블로그 게시, 트윗, 코드를 통해 다른 사람들의 마음을 사로잡는다. 이들은 포럼에 참석하고, 자신의 데스크톱에서 세상을 향해 소리 높여 칭찬한다. 토큰의 경제성과 장점 덕분에, 토큰은 마케팅이 필요 없다. 즉, 자체 마케팅을 한다.

블록체인 네트워크는 광고가 아니라 커뮤니티 주도의 전파에 의존한다. 덕분에 블록체인 네트워크는 거대 기술 기업에 돈을 내지 않고도 성장한다. 비트코인, 이더리움은 배후에 기업이 없으며, 결과적으로 마케팅 예산도 없다. 그러나 수천만 명의 사람이 이들의 토큰을 갖고 있다. 전파자들은 입소문을 활용한다. 이들은 모임을 조직하고, 밈을 주고받으며, 온라인 게시물을 작성한다. 이와 비슷한 일이 다른 많은 네트워크에서도 일어난다. 상위 블록체인 네트워크 중 광고에 돈을 쓰는 네트워크는 거의 없다. 전파성이 있는 만큼 굳이 그럴 필요가 없는 데다 사용자들이 알아서 마케팅을 하기 때문이다.

토큰은 강력한 도구지만, 책임감 있게 사용되어야 한다. 토큰이 속한 네트워크는 유용한 서비스를 제공해야 한다. 토큰 마케팅은 네트워크 구축의 수단이어야 하며, 그 자체가 목적이어서는 안

된다. 그렇지 않으면, 블록체인 네트워크 프로젝트는 공허한 마케팅 기법들처럼 이내 사라질 것이다(276쪽 '토큰은 증권법의 적용을 받아야 하는가'에서 다룰 사려 깊은 규제가 중요한 이유다).

다시 한 번 도시 비유를 사용하자면, 주택 소유자들에게는 도시를 건설하고 홍보할 동기가 있다. 그들은 부동산을 개발하고, 사업을 시작한다. 또한, 지역 학교와 스포츠팀을 후원하고, 조직과 시민 정치 운동에 관여한다. 그들은 지배 체계에서 재정적 이득과 발언권을 가진 진정한 커뮤니티 구성원들이다.

진정한 커뮤니티를 구축하는 것이야말로 입소문을 낼 수 있는 가장 좋은 방법이다.

사용자를 소유주로 만들기: 도지코인과 유니스왑의 사례

아마도 가장 순수하며 여전히 활발한 자체 마케팅 현상 사례는 '밈코인' 혹은 조크 토큰으로 잘 알려진 '도지코인'이다.[13] 많은 밈코인처럼 도지코인도 블록체인의 오픈소스 정신에서 태어났다. 누구나 다른 블록체인 네트워크를 분기하고 복사할 수 있으므로 블록체인 네트워크를 만들기는 쉽다. 도지코인도 그런 파생 네트워크 가운데 하나다. 좀 더 엄밀히 말하면 도지코인은 어떤 네트워크의 복사본의 복사본의 복사본으로, 비트코인의 분기인 라이트코인의 분기인 럭키코인의 분기다.

도지코인 창업자는 비트코인 같은 암호화폐를 패러디하고자 했다. 그러나 아무런 실제적인 애플리케이션이 없었음에도 도지코인은 수년 동안 수십억 달러의 시장 가치를 유지했다. 거의 어떤 곳에서도 도지코인을 결제 수단으로 받아들이지 않았지만, 도지코인은 열정적인 추종자들을 구축했다. 200만 명 이상의 사용자가 레딧의 도지코인 논의 포럼에 가입했는데,[14] 이런 사용자 가운데 가장 유명한 사람으로는 일론 머스크가 있다. 심지어 도지코인 밋업에서 만나 결혼한 사람들도 여럿 있다.[15]

도지코인 제작자들은 자신들이 만든 것을 탐탁하게 여기지 않으며 도지코인 마니아를 억누르기 위해 주기적으로 암호화폐를 헐뜯는다. 그러나 제작자들의 이런 비난에도 불구하고, 도지코인은 프랑켄슈타인처럼 그러나 귀엽게 스스로 자신의 존재를 받아들이고 있다.

도지코인의 끈기는 원개발팀이 흩어지거나 혹은 적대적으로 변했을 때조차도 풀뿌리 커뮤니티가 블록체인 네트워크를 오랫동안 끌고 갈 수 있다는 사실을 증명한다. 도지코인은 사용자들에게 바보 같은 네트워크일 수도 있겠지만, 적어도 사용자들의 것이다. 사용자들은 이 네트워크를 소유하고 제어한다. 이에 네트워크 발전에 관해 중요한 결정을 내려야 한다면, 도지코인 사용자들은 결정을 내릴 것이다. 그리고 네트워크가 성장한다면, 기업 네트워크와는 달리 도지코인 소유자들은 이득을 볼 것이다. 도지코인은 교란 인자가 없는 토큰의 힘을 보여주는 임상시험에 가장 가깝다.

확실히 해두는데, 적어도 현재 나는 도지코인의 팬이 아니다. 또한, 말한 김에 덧붙이면 밈코인 대부분에 대해서도 팬이 아니다. 대다수 밈코인은 오직 금융 투기를 목적으로 존재하며, 최악의 경우 구매를 부추기는 사람들만 수익을 얻는 다단계 사기 기법일 수도 있다(물론 허가가 필요 없는 혁신의 장점은 여러분의 생각이 남들과 다를 경우에 나쁠 뿐 아니라 다른 누구의 지지도 받을 필요가 없다는 것이다).

별 볼 일 없어 보이지만, 도지코인 커뮤니티는 10년 이상 활발히 운영되고 있다. 다른 밈코인 역시 비슷한 기간 동안 활발히 운영되고 있다. 지난 30년 동안, 사용자들은 인터넷 네트워크의 성장에 기여해왔으나, 거의 아무런 보답도 받지 못했다. 한마디로 기업 네트워크는 사용자들을 잊었다. 이에 반해, 도지코인과 다른 토큰들은 처음으로 사용자들을 소유주로 만들고 그들에게 실질적인 제어권과 이익을 부여함으로써 그들을 포함했다. 분명, 소유권은 강력하면서도 지속적인 영향력을 갖고 있다.

이제 그 효과를 유용한 서비스를 제공하는 네트워크와 결합한다고 상상해보라. 유니스왑은 탈중앙화된 토큰 거래소라는 유용한 산출물을 네트워크의 성공에서 수익을 얻는 유니스왑 커뮤니티와 결합했다.[16] 2018년 출시된 이래 1조 달러 이상의 자산이 유니스왑 네트워크를 통해 이동했다.[17] 2020년, 유니스왑은 네트워크를 한 번이라도 사용한 사용자 모두에게 보상으로 전체 토큰의 15%에 달하는 토큰을 무료로 배포했다. 당시, 대략 25만 명의 사용자가 1인당 수천 달러의 가치를 지닌 '에어드롭(특정 코인을 보유하거나 특정 자격을 갖춘 사용자에게 무상으로 코인을 배분하여 지급하는 행위-옮긴이)'을 네트워크 지배 권한과 함께 받았다.[18] 이에 더해, 유니스왑 네트워크는 커뮤니티 보조금 프로그램 목적으로 전체 토큰의 45%를 따로 챙겨두었다. 사실상 전체 토큰의 60%를 커뮤니티에 할당한 것이다.

이렇게 대규모로 사용자를 소유주로 전환한 사례는 기술 스타트업 역사에서도 전에 없던 일이다. 유니스왑의 커뮤니티는 네트워크 가치 상승의 상당 부분과 지배 권한을 받았다. 기업 네트워크 대부분은 가치 있는 것을 직원들과 제한적으로 나누는 것을 넘어 네트워크 참여자들과 나누는 일에 훨씬 더 인색하다. 페이스북, 틱톡, 트위터 및 기타 거대 기업 네트워크 대부분은 자신들의 네트워크를 구축하고, 성장시키며, 지탱했던 사용자들에게 어떤 몫도 따로 떼어놓지 않는다.

이 책 전반에 걸쳐 나는 기업 네트워크 모델에서 발생하는 문제점을 다루었다. 물론, 기업 역시 좋은 일을 많이 해왔다. 8장 〈수수료율〉에서 주목했듯이 아마존, 에어비앤비, 구글 같은 기업의 디플레이션 사업 모델은 제품의 품질을 유지하거나 개선하면서 소비자에 대한 서비스 가격을 낮추었다. 사용자는 이전 제품보다 나은 제품을 제공하는 기업들에게 돈과 관심, 데이터를 주었다.

그러나 우리는 인터넷으로부터 더 많은 것을 기대해야 한다. 비용 절감도 좋은 일이지만, 기업이 주주뿐만 아니라 사용자도 재정적 성공에 함께 참여하게 한다면 더 좋지 않을까? 거대 기술 기업들의 시가총액은 수조 달러에 이른다. 사용자, 특히 초기 사용자는 이런 성공에 크게 기여한다. 그들은 아마존에서 제품을 판매하고, 유튜브에서 동영상을 공개하며, 트위터에서 콘텐츠를 공유한다. 사용자는 창업자와 투자자처럼 초기에 베팅한다. 그러나 기업 네트워크 대부분에서 사용자는 기껏해야 2등 시민 대우를 받거나 최악의 경우 광고주 같은 고객에게 제공할 제품 취급을 받는다.

그럼에도 희망의 빛이 비친다. 일부 기업들은 초기 공모분의 일부를 사용자를 위한 지분으로 따로 배정한다.[19] 특히, 에어비앤비, 리프트, 우버는 초기 공모분 일부를 떼어 주택 소유주와 운전자가 일회성 현금 보너스를 이용해 지분을 사도록 장려했다. 이런 프로그램들은 올바른 방향으로 나아가는 첫걸음이다. 그러나 이는 기업 전체 지분에서 낮은 한 자리 수 비율로 극히 일부분만을 차지한다.

한편, 블록체인 네트워크는 훨씬 관대하다. 인기 있는 블록체인 네트워크 대부분은 에어드롭, 개발자 보상, 얼리어답터 인센티브 등 다양한 방법으로 전체 토큰의 50% 이상을 커뮤니티에 배포한다.[20] 소수의 내부자 그룹에 소유권을 몰아주는 대신, 네트워크에 대한 기여도에 따라 소유권을 광범위하게 사용자들에게 배분한다.

모든 네트워크가 이렇게 운영되어야 한다. 많은 블록체인 네트워크가 이미 하는 것처럼, 기업 네트워크도 자신의 커뮤니티에 상당한 소유권을 어떻게 배분할지 알 수 있다면, 세상에도 좋고 사용자에게도 훨씬 나은 결과가 될 것이다. 그러나 지금까지 기업 네트워크는 그렇게 하지 않았으며, 앞으로도 그러지 않을 것 같다. 게다가, 기업 네트워크가 그렇게 할 방법을 찾는다 하더라도, 사용자와 강력하게 약속하고, 낮은 수수료율을 보장하며, 언제나 개방적이고 조합성 있는API를 보장하는 등의 다른 영역에서는 여전히 부족할 것이다.

블록체인 네트워크는 커뮤니티 소유권을 핵심 설계에 반영해 넣었다. 즉, 블록체인 네트워크의 DNA 속에 커뮤니티 소유권을 새겨 넣었다. 도지코인 같은 변종 밈코인이 장난처럼 보일 수도 있지만, 이들은 사용자가 기업 네트워크가 채우지 않은 빈 곳을 채우기 위해 모든 종류의 토큰을 어떻게 받아들이고 있는지 보여준다. 인터넷은 원래 참여자가 소유하고 제어하는 탈중앙화된 네트워크로 계획되었다. 토큰은 그 비전을 회복한다.

10　토크노믹스

가격은 중요하다. 돈이 가장 중요해서가 아니라, 단편적인 지식이
통합돼야 하는 광대한 사회에서 가격은 정보를 가장 빠르고
효과적으로 전달해주기 때문이다.[1]

— 토머스 소웰

블록체인 네트워크를 뒷받침하는 인센티브 시스템을 설계하
는 것을 '토크노믹스(tokenomics)'라고 부른다. 짐작하듯 '토큰'과 '이
코노믹스'를 합쳐 만든 용어다.

토크노믹스가 완전히 새로운 용어처럼 들릴 수도 있지만, 사
실 오래된 개념을 인터넷의 맥락에 적용한 것일뿐, 개념적으로는
그다지 획기적이지 않다. 토크노믹스는 대부분 경제학을 포괄하
는 개념이다(이 분야 기술자들은 토크노믹스를 프로토콜 설계라고 부르기도 한
다. 그러나 나는 초창기 인터넷 스타일의 프로토콜 네트워크와 혼동을 피하기 위
해 그렇게 부르지 않는다).

태생적으로 화폐가 존재하는 가상경제 개념은 블록체인 네
트워크 이전에도 있었다. 게임에는 수년 동안 가상경제가 있었다.

1970년대와 1980년대, 오락실에서는 동전으로 동작하는 게임을 사설 토큰으로 동작하는 게임기로 바꾸기 시작했다.[2] 오락실이 인기를 누리며 규모가 커지고 게임 종류가 늘어나자, 오락실은 종종 토큰의 가격을 올렸다. 싼 가격에 샀던 토큰도 여전히 사용할 수 있었으므로, 일찍이 토큰 한 움큼을 사서 계속 보유했다면, 실제로는 다른 사람보다 저렴한 가격으로 게임을 즐길 수 있었다.

오늘날 비디오 게임들에는 이와 같은 아이디어가 좀 더 정교하게 구현돼 들어 있다. 2000년대 초 출시된 이브 온라인은 아마도 오늘날 가상경제로 가장 유명한 게임일 것이다. 이 게임에는 뉴 에덴이라는 가상의 은하에서 거래하고 전투를 벌이는 수백만 명의 플레이어가 있다.[3] 게임 제작사인 CCP 게임즈는 '벨트스파', '스코다이트', '파이로제세스' 같은 가상의 광물들이 얼마에 거래되고 있는지와 같은 게임 내 상황에 대한 풍부한 데이터를 담은 월간 경제 보고서를 발간한다. 게임 제작사는 소위 인터스텔라 크레딧에 기반한 게임 속 경제를 매우 진지하게 받아들인다. 예를 들어, 게임 내 금융 정책을 운용하기 위해 2007년 저명한 박사를 채용한 일이 언론에 대서특필된 적도 있었다.[4]

이브의 성공은 클래시 오브 클랜 같은 단순한 모바일 게임부터 리그 오브 레전드 같은 하드코어 게임에 이르는 후속 세대의 게임에 영감을 주었다. 이런 게임들 모두 게임 내부에 화폐가 있으며, 게임 플레이어들이 그 화폐를 벌거나 쓰는 방법이 있다. 게임 제작사는 수백만 명의 플레이어를 유인하는 흥미로운 경험으로 디지털 화폐에 대한 수요를 만들었으며, 플레이어들은 그 화폐로 게임 속 가상 물품을 구매했다. 수요는 화폐의 가치를 높이며, 흥미가 줄어들면 화폐의 가치가 낮아진다.

블록체인 네트워크에서 토크노믹스 설계는 비디오 게임에서 학습한 교훈을 바탕으로 한다. 블록체인 경제는 임의의 건전한 가상경제와 마찬가지로, 지속 가능한 성장에 동력을 제공하는 네이티브 토큰의 공급과 수요의 균형을 맞추어야 한다. 잘 설계된 토큰 경제는 네트워크의 번영에 유익하다. 또한, 적절한 인센티브를 제공하면 사용자들은 소유자와 기여자로 구성된 커뮤니티에 들어오게 된다. 그러나 인센티브 설계에는 의도가 있어야 한다. 그렇지 않으면 의도치 않은 결과가 생길 수 있다. 스티브 잡스는 기업 인센티브에 관해 "인센티브 구조는 어떤 식으로든 영향을 끼친다. 그러므로 사람들에게 인센티브를 제공할 때는 매우 신중해야 한다."라고 경고하고, "인센티브는 여러분이 상상할 수 없는 모든 종류의 결과를 만들 수 있다."라고 덧붙였다.[5]

토큰 공급은 네트워크를 성장시키는
일에 최적화되어야 한다

토큰 경제의 설계에 관해 고찰할 때 흔히 쓰는 비유는, 토큰을 집 배관에 흐르는 물로 상상하게 하는 것이다. 공급의 원천은 물을 공급하는 '수도꼭지'고, 수요의 원천은 물을 배출하는 '배수구'다.

네트워크 설계자의 첫 번째 목적은 토큰이 넘치거나 부족하지 않도록 수도꼭지 같은 퍼셋(faucet)과 배수구 같은 싱크(sink)의 균형을 맞추는 일이다. 수요보다 공급이 많으면 가격 하락 압박이 생기며, 수요보다 공급이 적으면 가격 상승 압박이 생긴다. 수요와 공급 사이의 균형이 맞지 않는다면, 토큰 가격은 가격 거품이나 가격 붕괴를 일으킬 만큼 위아래로 크게 요동칠 수 있다. 그런 일은 토큰 인센티브를 왜곡해 네트워크의 유용성을 감소시킨다.

지난 9장에서는 개발자에 대한 토큰 제공, 토큰 보상을 통한 부트스트랩 문제 해결, 초기 사용자에 대한 에어드롭 등 토큰 공급에 관해 집중적으로 논의했다. 이상적으로 보면, 이런 토큰 공급은 네트워크를 성장시키는 긍정적인 행동에 최적화되어야 한다. 즉, 토큰 공급은 인센티브를 제공해 소프트웨어 개발자가 새로운 기능과 사용자 경험을 구현하도록 장려해야 한다. 또한, 창작자와 사용자 같은 다른 참여자들에게 네트워크를 가꾸고 키울 동기를 부여해 그들을 커뮤니티로 전환해야 한다.

다음 표는 토큰을 공급하는 퍼셋의 일반적인 예를 보여준다.

퍼셋은 네트워크 구축을 위한 강력한 도구다. 퍼셋으로 배포한 토큰 인센티브는 부트스트랩 문제 극복, 초기 기여자 모집, 진행 중인 개발에 자금 지원, 광범위한 사용자 커뮤니티와 네트워크 가치 상승 공유, 네트워크 보안 유지 등에 유용할 수 있다. 퍼셋은 부동산, 사업 및 기타 개발을 장려하는 초기 단계의 도시에서 토지

퍼셋	설명
투자자에게 판매	초기 펀드 운영을 위해 현금을 받고 토큰을 판매
초기 네트워크 구축팀 보상	초기 네트워크 구축에 대해서는 가치 상승 잠재력이 있는 보상을 제공. 최고의 인재를 확보하기 위해 경쟁할 수 있도록 함
진행 중인 개발 보상	커뮤니티 통제하에 진행 중인 개발에 자금을 지원하기 위한 토큰 제공. 최고의 인재를 확보하기 위해 경쟁할 수 있도록 함
부트스트랩 문제 극복 보상	네트워크가 부트스트랩 단계를 지나가는 데 필요한 인센티브. 네트워크 고유의 효용성이 나아지면서 점차 감소
사용자에 대한 에어드롭	초기 커뮤니티 멤버에 대한 보상. 네트워크에 대한 호감도를 높이고, 이해관계자 기반을 확장
보안 예산	시스템 보안을 높이는 인센티브. 예로 블록체인 검증기에 대한 보상이 있음

를 나누어주는 것과 비슷하다.

토큰 수요는 네트워크의
유용성을 반영해야 한다

최고의 싱크는 토큰 가격을 네트워크 사용량과 인기에 맞춰 조정하며 토큰 수요를 네트워크 활동과 연결한다. 유용한 네트워크는 토큰 수요를 더 많이 생성하며, 반대로 덜 유용한 네트워크는 더 적게 생성한다.

네트워크 접속 또는 사용 수수료를 부과하는 싱크는 '접속' 싱크 혹은 '수수료' 싱크로 알려져 있다. 네트워크 유지에 필요한 정도만 받으며, 여러분은 이를 고속도로 이용료와 비슷한 디지털 세계의 이용료라고 생각할 수 있다. 이더리움과 특정 탈중앙형 금융 네트워크들이 이런 방식을 사용한다. 이더리움 네트워크에는 용량 제한이 있어 어느 한순간 제한된 용량의 코드만 수행할 수 있다. 이더리움 네트워크는 과부하를 피하고자 컴퓨팅 시간에 대해 수수료를 부과한다(이더리움이 수십 년 전의 시분할 방식의 메인프레임 컴퓨터를 연상시키는 공용 컴퓨터와 비슷하게 동작한다는 것을 기억하라.)

이더리움에서 계산 비용을 '가스'라고 한다. 가스 가격은 네이티브 토큰인 이더의 가격 단위이며, 수요와 공급에 따라 변한다. 이더리움 네트워크는 토큰을 사거나 소각(영구적으로 제거)하기 위해 가스 수수료 일부를 징수하며, 이는 토큰 공급을 줄여 이론상 이더의 가격을 높인다(수요는 일정하다고 가정). 이와 유사하게 에이브, 컴파운드, 커브 같은 탈중앙형 금융 네트워크는 수수료를 받아 네트워크 트레저리에 저장한다. 저장된 토큰은 후일 퍼셋을 통해 재분배할 수 있다. 이 모든 일은 각각의 블록체인 네트워크에 내장된 변경할 수 없는 코드에 의해 자동으로 수행된다.

기반 계층 블록체인의 일반적인 싱크로 '보안' 싱크가 있다. 보안 싱크는 검증에서 토큰을 '스테이킹(staking)'한 것에 대해 토큰 소유자에게 보상한다. 스테이킹은 코드가 적용된 에스크로 계정에 토큰을 예치하고 묶어두는 것을 말한다. 앞서 '블록체인 기술은 어떻게 작동하는가'(113쪽)에서 논의했듯이, 검증기는 거래의 유효성을 검증함으로써 네트워크의 보안성을 유지하는 컴퓨터다. 검증기가 정직하게 행동한다면, 검증기는 더 많은 토큰을 보상으로 받는다. 일부 네트워크에서는 검증기가 부정직하게 행동하면 벌칙을 준다. 스테이킹은 양날의 검이다. 즉, 토큰을 묶어두고 결과에 따라 몰수도 하는 싱크이자, 정직한 검증기에 토큰을 보상하는 퍼셋이다.

보안 싱크에는 장점과 단점이 있다. 장점은 네트워크의 보안성을 높인다는 것이다. 스테이킹된 돈이 많을수록, 네트워크와 네트워크 응용은 더 안전하다. 네트워크에서 실행되는 애플리케이션의 인기가 높아질수록, 더 많은 사람이 애플리케이션을 사용하려 하고, 네트워크 수익은 올라간다. 이는 토큰 가격의 상승 요인이 되며, 스테이킹 보상을 늘린다. 또한, 더 많은 스테이킹 및 네트워크 보안성 향상을 가져온다.

보안 싱크의 단점은 비용이 많이 들 수 있다는 것이다. 스테이킹에 대해 보상하는 퍼셋이 내장돼 있으므로, 토큰 공급을 늘려 잠재적으로 토큰 가격을 떨어뜨리며 토큰 수요 기능에 역행할 수 있다. 이런 문제를 다루기 위해 이더리움 같은 블록체인 네트워크는 접속 싱크를 보안 싱크와 결합하였으며, 커뮤니티는 균형을 맞추기 위해 토큰의 유입과 유출을 정교하게 조정한다. 한쪽이 너무 많아져 균형이 깨지면 시스템은 엉망이 될 수 있다.

마지막으로 다룰 일반적인 싱크는 '지배구조' 싱크다. 일부 토큰은 사용자에게 네트워크 변경 사항들에 대해 투표할 수 있는 권한을 부여한다. 이에 사용자들은 더 많은 영향력을 갖기 위해 토큰을 구매할 것이다. 투표라는 인센티브는 사람들이 토큰을 획득해 보유하게 만들어 유통되는 토큰을 줄인다. 즉, 토큰에 대한 수요를 만들어 결과적으로 토큰 싱크가 생기게 한다. 그러나 지배구조 싱크는 무임승차 문제가 있을 수 있다. 무임승차는 사람들이 투표하지 않을 때 발생한다. 투표권을 가진 사람들은 투표 결과가 중요하지 않다고 생각하거나 참여 여부에 따라 결과가 달라지지 않으리라 생각해 투표하지 않을 수 있다. 지배구조 싱크는 네트워크를 민주적으로 유지하는 데 유용하지만 그 자체만으로 토큰 수요를 유지하기는 어려울 것이다.

잘 설계된 싱크는 네트워크 사용량과 잘 맞는다. 즉, 사용량이 증가하면, 더 많은 토큰이 빠져나가고, 이는 토큰 가격 상승 압력을 만든다. 그리고 이는 보안, 소프트웨어 개발 및 기타 건설적인 행동들에 대한 토큰 보상의 가치를 높여준다. 그러므로 올바르게 설계되었다면 토큰 싱크는 선순환을 만든다.

그러나 잘못 설계된 퍼셋과 싱크는 블록체인 네트워크 커뮤니티의 정신을 훼손하는 투기적 환경을 초래할 수 있다. 일부 커뮤니티는 오로지 토큰 가격에만 집중한다. 토큰 가격에 지나치게 집중하는 것은 카지노 문화의 특징으로 나쁜 징조다. 잘 설계된 토큰

싱크	장점	단점
접속 혹은 수수료 싱크	네트워크 사용량과 잘 맞으며, 토큰 소유자가 네트워크 규모를 키울 유용한 애플리케이션을 만들도록 장려함	지나치게 높으면, 네트워크 사용을 꺼리게 만들 수 있음
보안 싱크	토큰이 좀 더 귀중해지므로 네트워크 보안이 향상됨	성실한 행동에 대해 퍼셋이 보상해야 하므로 비용이 많이 들 수 있음
지배구조 싱크	이해관계자에게 네트워크 지배구조에 참여하는 방법을 제공	무임승차가 발생하기 쉬움. 결과적으로 네트워크 유용성 증가와 부분적으로만 연계

인센티브는 커뮤니티가 새로운 애플리케이션 개발이나 기술 향상 같은 건설적인 주제에 집중하게 한다. 그러므로 블록체인 네트워크에서 논의되는 사항들의 수준을 보면, 그 블록체인 네트워크의 건전도를 알 수 있는 경우가 많다.

토큰의 가치는 어떻게 평가되는가

블록체인 네트워크에 반대하는 사람들은 흔히 토큰이 완전히 투기적이며 본질적인 가치를 전혀 갖고 있지 않다고 주장한다. 신문 칼럼니스트들은 정기적으로 블록체인 네트워크를 사기라고 비난한다. 워런 버핏은 블록체인 네트워크를 '쥐약'이라고 낙인찍었으며,[6] 빅쇼트로 유명해진 반대매매 전문가 마이클 버리는 '마법의 콩'이라고 불렀다.[7] 이는 토큰에 기반한 블록체인 네트워크가 아무짝에도 쓸모없는 투기적 신기루일 뿐이라는 뜻이다.

유망한 새로운 산업을 퇴출하기 위해 새로운 기술의 나쁜 예만 부각한다면, 이는 사람들의 이목을 끄는 뉴스 헤드라인을 만들수 있을지는 몰라도 제대로 된 비난은 아니다. 성장할 수 없는 철도회사들이 초창기 주식시장 마니아를 먹여 살렸다고 해서, 철도가 무가치한 것은 아니었다. 자동차가 처음 등장했을 때, 사람들은 비실용적이고 비효율적이며 생명을 위협한다고 생각했다. 초기 인터넷은 어리석고, 공격적이며, 심지어 위험한 내용이 포함돼있었으며, 자신이 더 잘 안다고 생각한 많은 사람이 인터넷 산업을 중요하지 않거나 극단적으로는 도덕적으로 해롭다고 생각했다.

새로운 기술을 이해하려면 노력이 필요하다. 좋은 점은 무시하고 나쁜 점에만 집중하는 비평가들은 파괴적 혁신 기술의 장기적 가능성을 보지 못한다. 순전히 투기만을 목적으로 잘못 설계된 토큰들이 많이 있는 것도 사실이지만(대부분 밈코인이다), 모든 토큰이 그런 것은 아니다. 비평가들은 소프트웨어가 매우 유연해 상상할 수 있는 거의 모든 경제 모델을 구현할 수 있다는 사실을 놓치고 있다. 그러므로 정직한 평가라면 몇몇 나쁜 점을 일반화하는 대신 토큰 설계의 세부 사항들을 살펴볼 것이다.

지속 가능한 수요와 공급의 원천을 가진 잘 설계된 토큰도 많이 있다. 예를 들어, 이더리움을 보자. 이더리움 시스템에서 거래 시 혹은 네트워크 사용 시 수수료를 받는 방법, 이렇게 모은 수수료로 토큰을 구매하고 소각해 토큰 유통에서 토큰을 제거하는 방법을 떠올려보자. 토큰 공급을 줄이면 토큰의 가치를 올려 토큰 소유자에게 이익을 줄 수 있다. 이 모든 일이 시스템에 투명하게 코딩된 규칙의 일부분으로써 자동 실행된다. 보이지 않는 곳에서 그 과정에 개입해 의사결정을 내리는 기업 따위는 없다. 이더리움의 토큰 설계는 이해가 된다.

바꿔 말하면, 이더리움은 현금 흐름과 동일한 방식으로 토큰을 생성한다. 이더리움을 대상으로 제작된 애플리케이션이 많을수록, 그리고 그 애플리케이션이 많이 사용될수록, 컴퓨팅 시간과 이더리움 네이티브 토큰에 대한 요구량과 수요는 더 커진다. 이더 공급이 변하기는 하지만, 일반적으로 퍼셋과 싱크가 토큰 흐름을 담당한 후에는 상대적으로 안정된다(과거에는 토큰 공급이 서서히 증가했으나 최근에는 감소하고 있다). 이는 이더의 가격이 이더리움 네트워크 위에 구축된 애플리케이션의 인기와 대략적으로 연관되어야 한다는 것을 뜻한다. 현금 흐름과 블록체인 네트워크의 토큰 소각률을 공부하면, 가격대 수익률 같은 전통적인 금융 지표를 사용해 블록체인 네트워크 토큰의 가치를 매길 수 있다.

이더리움은 좋은 토큰 설계란 어떤 것인지 보여주었다. 그러나 이더리움만이 유일하게 잘 설계된 블록체인 네트워크가 아니다. 비슷한 모델을 사용하는 탈중앙형 금융 네트워크들도 잘 설계된 블록체인 네트워크다. 이 네트워크들에서 수수료로 거둔 토큰은 토큰을 구매해 소각하거나 토큰 소유자들에게 돈을 배포하는 등의 네트워크 활동을 재정적으로 지원하는 데 사용된다. 여러분이 시스템의 퍼셋과 싱크를 이해한다면, 여러분은 시스템의 토큰을 평가할 수 있다. 접속 싱크와 수수료 싱크는 제반 비용을 제외한 네트워크 수익을 생성한다. 토큰의 가격에 토큰 공급량을 곱하면(미래 토큰 발행에는 약간의 할인율을 적용함) 시가총액이 산출된다. 이 모든 것이 표준 금융이다.

우리의 이야기를 부동산과 비교해보라. 접속 수수료를 받는 블록체인 네트워크는 부동산 소유와 비슷하다. 예를 들어, '가격 대비 임대료'는 부동산에서 일반적인 가치 지표이며, 집값을 연간 임대료로 나누어 계산할 수 있다. 이 지푯값을 보면 여러분은 집을 구매하는 것과 임차하는 것 가운데 어느 쪽이 유리한지, 소유한 집에서 사는 것과 그 집을 임대하는 것 가운데 어느 쪽이 유리한지 알 수 있다. 언제라도 부동산을 임대해 현금을 만들 수 있다고 가정하면, 이는 그 자산의 가치 평가 모델을 제공한다. 여러분은 토큰의 타당한 가치를 결정하기 위해 이와 같은 기본적인 분석을 블록체인 네트워크에 적용할 수 있다.

토큰이 가치를 가졌는지 여부는 주로 토큰에 대한 장기 수요가 있는지 여부로 귀결된다. 그리고 이는 부분적으로 경제성 설계에 달려 있다. 이에 네트워크의 인기가 지속적인 토큰 수요로 전환되도록 블록체인 네트워크의 퍼셋과 싱크를 설계할 필요가 있다.

물론 이는 우리에게 더 까다로운 질문을 던진다. 네트워크가 인기 있을까? 알 수 없다. 어떤 네트워크는 성공하고, 어떤 네트워크는 실패할 것이다. 다만, 한 가지는 확실히 말할 수 있다. 성공하는 네트워크는 사용자들을 네트워크로 유인하는 유용한 서비스를 제공할 것이다.

합리적인 회의론자라면 특정 블록체인 네트워크의 생존 가능성이나 이 세상에 블록체인 네트워크가 필요한지를 의심할 수도 있다. 인터넷에는 이미 충분한 네트워크들이 있고, 어쩌면 기업 네트워크들만으로도 충분하고, 아마도 기업 네트워크들이 계속 경쟁에서 이길 것이다. 이는 사용자들이 이미 기업 네트워크에 매우 종속돼 있기도 하고, 사용자 경험 측면에서 블록체인 네트워크보다 늘 우위에 있기 때문이기도 하다. 이런 견해가 내 시각은 아니지만, 비평가가 가정할 수 있는 타당한 견해다. 이에 반해, 토큰에 대한 비합리적인 견해는 토큰이 상상 속에나 나올 법한 경제 이론에 근거를 두고 있다고 말하는 것이다. 토큰은 마법의 콩이 아니다. 토큰은 가상경제에 동력을 제공하기 위한 자산이며, 전통적인 금융 기법을 사용해 가치를 평가할 수 있다.

투기적 투자는 종종 기술혁명을 가능하게 한다

투기는 주식, 원자재로부터 부동산, 수집품에 이르기까지 무언가 사고파는 곳에서는 언제든 발생할 수 있다. 시장에는 언제나 투기가 있었으며, 앞으로도 그럴 것이다. 토큰 역시 예외가 아니다. 경제 주체들은 특히 유망한 신기술, 사업, 자산이 등장했을 때 흥분하기 쉽다.

경제사학자인 카를로타 페레스는 2002년에 쓴 《기술혁명과 금융자본》에서 기술 주도의 경제 혁명이 예측 가능한 사이클을 따라 어떻게 움직이는지 기술하였다.[8] 맨 처음은 기술적 돌파구를 포함한 '설치 단계'인데, 이는 투기 '열풍'을 일으킨다. 그다음으로 시장이 붕괴되며 거품이 터진다. 이후, '시너지' 기간을 포함해 신기술이 채택되는 '전개/배치 단계'가 온다. 마지막으로 산업은 통합되고 한때 획기적이었던 발명이 일상이 되는 '성숙' 단계에 다다른다.

기술 혁신의 과정을 살펴보는 또 다른 방법으로는 '하이프 사이클(Hype Cycle)'이 있다.[9] 이 방법은 컨설팅 기업인 가트너가 1995년에 시작해 대중화한 경영 프레임워크다. 가트너의 하이프 사이클 모델은 '창조적 파괴' 이론으로 잘 알려진 경제학자 조지프 슘페터 같은 다른 학자의 연구를 기반으로 만들어졌다.[10] 하이프 사이클 모델은 새로운 기술이 나타났을 때, 그 기술이 일으킨 흥분이 금융 버블(부푼 기대감의 정점)을 어떻게 촉진하는지 설명한다. 이후, 일반적으로 붕괴가 뒤따르며(환멸의 계곡), 다음으로 기술이 폭넓게 전개, 배치되는 생산적인 성장 단계가 오랫동안 나타난다(계몽의 오르막길).

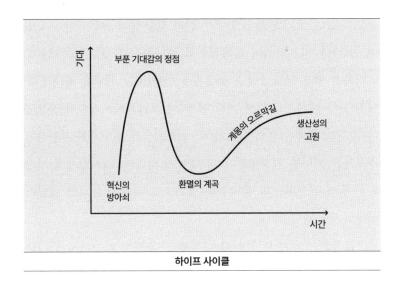

기대

부푼 기대감의 정점

계몽의 오르막길

생산성의
고원

혁신의
방아쇠

환멸의 계곡

시간

하이프 사이클

하이프 사이클은 철도, 전기, 자동차 등 수많은 기술 전반에 걸쳐 나타났다. 예를 들이, 인터넷을 살펴보자. 1990년 닷컴 열풍이 '부푼 기대감의 정점'을 향해 올라간다. 당시 많은 주식이 지나치게 비싼 가격으로 상장되었고, 몇몇 정당하고 크게 성공한 기업 역시 그러했다. 2000년대 초 '환멸의 계곡' 이후, '계몽의 오르막길'이 20년간 뒤따르며 근본 기술의 주도하에 인터넷의 가치를 새로운 정점 위로 가져다놓았다. 닷컴을 마법의 콩으로 깎아내렸던 모든 회의론자는 구글, 아마존 등 거대 기술 기업들의 성공을 바라만 보았을 것이다.

블록체인 네트워크는 이미 오르막과 내리막의 사이클을 여러 차례 겪었다. 그리고 그때마다 새로운 오르막과 내리막은 전보다

규모가 컸다. 초기 열광의 일부는 진짜 기술 돌파구에 기반을 두었다. 2009년, 비트코인이 블록체인의 개념을 선도했다. 2015년 이더리움은 범용 프로그래밍 플랫폼을 만들며 그 개념을 확대했다. 양쪽 모두 페레스가 말한 기술 돌파구를 나타내는 기술적 진보였다. 시장의 흥분은 흔히 앞서가며, 실제 기술은 투자자와 기업가가 추구하는 커다란 결과물을 당장 내놓지 않았다. 거시경제적 사건 혹은 유명 프로젝트의 몰락같이 충격으로 촉발된 붕괴가 잇달아 일어나기도 했다.

블록체인의 주요 혁신이 디지털 소유권을 가능하게 한다는 점에서 다른 어떤 기술들보다 더 투기적 사이클을 악화시킨다고 주장할 수도 있다. 여러분이 무언가 소유하고 있을 때, 여러분은 사고파는 일을 포함해 하고 싶은 것을 할 수 있다. 우리가 집을 오직 임차할 수만 있는 세상에 살았다면, 그리고 어느 날 누군가가 집을 소유하는 방법을 발명했다면, 거의 확실히 부동산 투기가 발생할 것이다. 현명한 정책과 규제가 투기를 억제하는 데 도움이 될 수 있겠지만, 투기는 사람들이 근본적인 것에 기반해 새로운 기술의 가치를 평가하는 방법을 배우면 자연스럽게 가라앉는 경향이 있다.

나는 동료들과 함께 토큰 시장의 부침을 연구해왔으며, 우리가 그동안 관찰한 패턴을 '가격-혁신 사이클'이라고 부른다. 토큰 시장은 경제학자들이 오랫동안 연구했던 사이클 패턴을 똑같이 따른다. 새로운 혁신이 주목을 받고 활동 시기에 들어가면, 그 시기 동안 기대감이 증폭하고 가격이 상승한다. 이는 더 많은 창업자, 개발자, 빌더, 창작자를 이 산업으로 이끈다. 기대가 지나쳐 시장이 붕괴하기 시작하더라도, 빌더는 주변에 머무르며 새로운 아이디어를 가지고 계속 일한다. 이런 노력은 결국 사이클을 갱신하는 기술적 진보를 낳는다. 내가 이 책을 쓰는 시점까지 최소 세 번의 사이클이 있었으며, 그런 추세는 계속될 것이라 예상한다.

투기 열풍이 단순히 기술혁명을 특징짓지는 않는다. 오히려 종종 기술혁명을 가능하게 한다. 많은 이머징 기술은 자원 집중적이며, 다음 단계로 나아가는 데 필요한 인프라 비용을 충당하기 위해 대규모 자금을 유입해야 한다. 철도는 막대한 양의 철강 생산과 엄청난 노동력을 필요로 했다. 전기는 전력망이 보낼 수 있는 거리만큼만 흘러가고, 자동차는 도로가 있는 곳까지만 간다. 닷컴 붐은 거대한 광대역 인프라를 구축했고, 이는 훗날 닷컴 산업 성장에 핵심 요인이 되었다. 투기적 투자가 언제나 낭비는 아니다.

블록체인 역시 막대한 투자가 필요하다. 인프라가 필요하며, 그 위에 구축된 네트워크와 애플리케이션 역시 빠르게 성장하려면 자본이 필요하다. 거대 기술 기업은 네트워크 사용자 규모를 수십억 명으로 확대하기 위해 수백억 달러를 투자한다. 이런 기업 네트워크와 경쟁할 네트워크라면 비슷한 규모의 투자가 필요하다. 이성적이든 비이성적이든 다소 호기로운 투자는 효과가 있다.

나는 블록체인 네트워크를 둘러싼 시장이 역사상 다른 기술들을 둘러싼 시장이 따랐던 궤적을 똑같이 따르리라 기대한다. 시간이 지나면서, 근본적인 것들이 다른 시장에서 그랬던 것처럼 토큰 가격을 주도할 것이다. 투기 열풍은 잦아들고, 그 빈 자리를 토큰 수요와 공급의 근원에 대한 좀 더 신중한 평가가 차지할 것이다. 가치투자의 아버지 벤저민 그레이엄의 월스트리트 옛 격언을 인용하자면, "시장은 단기적으로는 투표 계수기이고, 장기적으로는 저울이다."[11]

바꿔 말하면, 실제로 본질적인 가치가 있는 자산이 장기적으로 가장 전망이 좋다. 오늘 인기 있다고 미래에도 인기 있는 것은 아니므로, 단기적으로 겉모습만 화려한 것에 시선을 빼앗기지 않는 것이 현명하다는 뜻이다.

11 네트워크 지배구조

민주주의는 최악의 통치 형태다. 지금까지 시도된 모든 통치
형태를 제외하면 말이다.[1]

— 윈스턴 처칠

인터넷의 핵심 프로토콜 네트워크는 민주주의와 비슷하다.
처음 만들어질 때, 개발자들은 기술 표준에 대한 의견을 제시하고
그것을 구현한다. 많은 개발자는 독립적으로 일하며 선택의 자유
를 누리거나, 클라이언트 애플리케이션을 만드는 더 큰 회사의 구
성원이다. 누군가 기존 프로토콜을 바꾸거나 새로운 프로토콜을
개발하자고 제안하면, 그 아이디어의 실행 여부를 결정하는 것은
개발자와 기업의 몫이다. 제안은 단지 제안일 뿐이다.

인터넷 커뮤니티가 프로토콜을 소유하고 운영한다는 것은 바
로 이런 의미에서다. 개발자는 그 제안을 소프트웨어에 포함할지
여부를 결정함으로써 제안에 투표한다. 간접적이기는 하지만, 사
용자 역시 어떤 제품을 사용할지 결정함으로써 투표한다. 많고 작

음의 차이는 있겠지만, 거의 모든 사람이 발언권을 갖고 있다.

　좀 더 높은 차원에서 살펴보면, 인터넷 지배구조는 기술 표준 조정자들의 조직적인 분업으로부터 비롯된다. 국제 비영리 단체인 월드와이드웹컨소시엄(World Wide Web Consortium, W3C)은 연구 기관, 정부 그룹, 소규모 기업, 대기업 등 수백 개 회원 기관들을 대상으로 웹 관련 표준을 논의하는 포럼을 제공한다.[2] 인터넷아키텍처위원회(Internet Architecture Board, IAB)의 산하 조직으로 오직 자원봉사자로만 구성된 인터넷엔지니어링태스크포스(Internet Engineering Task Force, IETF)는 이메일 같은 인터넷 프로토콜에 대한 표준을 유지관리한다.[3] 또 다른 비영리 기구 ICANN은 IP 주소 할당, 도메인 네임 등록 승인, 상표 분쟁에 대한 심사 및 기타 법률 문제를 포함해 인터넷의 네임 공간을 감독한다. ICANN을 제외하면 이런 기관들은 실질적인 관리 기구는 아니다. 그들은 프로토콜 표준을 정하고 회의를 소집하지만, 대부분의 경우 권고 사항을 발표할 뿐 법령을 통보하지는 않는다.

　정부는 기반 기술에 대해 간섭하지는 않지만, 규제와 집행을 책임진다. 정부 그룹은 인터넷 지배구조에 고문으로 참여해 프로토콜에 대해 의견을 내놓지만, 그 결과 도출되는 정책은 궁극적으로 업계, 시민 사회, 학계 및 기타 관계자 간 대화의 산물이다. MIT 연구자이자 인터넷 선구자인 데이비드 클라크는 다음과 같은 말로 프로토콜 네트워크 지배구조의 정신을 가장 잘 담아냈다. "우리는 왕, 대통령, 투표를 거부한다. 우리는 대략적인 합의와 실행

코드를 믿는다."**4** (IETF는 훗날 클라크의 말을 비공식 모토로 채택한 듯하다.)

역사적으로 인터넷 규제는 프로토콜이 아닌 프로토콜과 상호 작용하는 사람과 기업을 대상으로 해왔다. 여기에는 클라이언트 앱을 개발하는 기업도 포함된다. 예를 들어, 정부 당국은 이메일 프로토콜인 SMTP에게 스팸 메일 전송 방지를 요구하지 않는다. 대신 정부는 잘못된 광고, 이메일 옵트아웃(opt-out, 메일을 보낸이에게 메일을 받지 않겠다고 명확히 밝히는 일-옮긴이) 무시와 같은 스팸방지법을 위반한 사람이나 기업에 벌금을 부과해 이메일의 오용을 규제한다. 소프트웨어 개발자, 기업 등은 이러한 규정을 준수하거나(규제는 기반 프로토콜보다는 앱, 기업, 클라이언트 소프트웨어를 대상으로 한다) 불이익을 감수해야 한다. 어느 쪽이든 그들의 선택이다. 프로토콜이 아닌 앱을 규제하는 것만 봐도, 정부는 프로토콜을 밑받침하는 기반 기술의 장래를 지키는 데 도움을 준다.

프로토콜 네트워크가 민주주의 국가라면, 기업 네트워크는 독재 국가다. 기업 네트워크는 절대적으로 소유주가 다스리기 때문에, 효율적인 조정은 가능할지 몰라도 본질적으로는 불공정하다. 경영진이 지침을 내리면, 모두가 그 지침에 따라야 한다. 경영진이 다른 네트워크 이해관계자를 희생시키면서까지 기업의 이익에 맞게 정책을 마음대로 바꾸려 해도 그것을 막을 수 있는 방법이 없다. 기업 네트워크의 경제력과 일방적인 결정을 내릴 수 있는 능력은 프로토콜 네트워크에 비해 경쟁 우위를 제공한다. 그러나 기업의 의사결정 프로세스는 대개 불명확하고, 변덕스러우며 일부 사용자들이 주장하듯이 차별적이다.

오늘날 인기 있는 인터넷 상품 대부분은 기업 소유이며, 이는 독재국가처럼 운영된다는 것을 의미한다. 기업 네트워크는 실리콘 밸리의 거대 기술 기업들에게 축복이었으며, 그들 상당수는 현재 상태에 만족한다. 기업 모델은 오늘날 인터넷이 동작하는 방법과 매우 밀접하게 엮여 있어서, 사람들은 네트워크를 지배하는 다른 방법이 있다는 사실을 잊어버리곤 한다. 그러나 기업 네트워크의 체계에도 틈이 생기기 시작했으며, 사람들은 기업 네트워크의 악영향을 알아차리고 있다. 그 틈은 기업 네트워크 중 가장 중요한 분야인 소셜 네트워크에서 가장 뚜렷하다.

몇 년 전만 해도 네트워크 지배구조에 관한 질문은 학문적인 문제로 보였으나, 이제는 주류의 관심사가 되었다. 페이스북, 트위터, 유튜브 같은 인기 있는 기술 네트워크의 지배구조에 관한 논의는 점점 더 일상화되고 있다. 알고리즘이 콘텐츠의 순위를 어떻게 매겨야 하는가? 누가 접속 권한을 가져야 하는가? 올바른 조정 정책은 무엇인가? 사용자 데이터는 어떻게 다루어야 하는가? 광고와 수익 사업은 어떻게 작동해야 하는가? 많은 기업과 창작자에게 이런 질문은 그들의 생계 수단에 직접적으로 영향을 끼쳤으며, 심지어 민주주의 자체에도 영향을 미칠 듯하다.

나는 네트워크를 지배하는 더 좋은 방법이 있다고 믿는다. 그런 믿음을 가진 사람은 나뿐만이 아니다. 이런 생각을 공유하는 사람은 네트워크 지배구조가 특정 기업을 소유하고 있는 사람이나 특정 시점에 그곳에서 일하는 사람의 견해에 좌우되어서는 안 된 다고 믿는다. 트위터를 예로 들어 생각해보자. 아마도 여러분은 일 론 머스크가 트위터를 인수하기 전에는 트위터가 운영되던 방식 을 좋아했을지도 모른다. 그러나 지금은 어떤가. 현재도 그 방식을 좋아하는가? 가장 좋아하는 네트워크가 있다면 아마도 현재의 운 영 방식이 마음에 들어서일 것이다. 그러나 장기적으로도 지금의 운영 방식을 좋아할까? 점점 더 많은 사람이 네트워크는 하나의 강력한 기업이나 개인의 변덕에 맡기기에는 너무 중요하다는 생 각에 동조하고 있다.

비영리 모델:
동기의 순수함과 수익성의 한계

어떤 사람들은 비영리 법인이 해결책을 제시하리라 믿는다. 그 경우 네트워크 운영은 여전히 독재적이겠지만, 적어도 금전적 성공 이상의 동기를 가진 조직이 네트워크를 관리할 것이다. 이런 방법을 지지하는 사람들은 크라우드소싱 방식으로 제작된 백과사 전인 위키피디아를 모델로 꼽는다. 위키피디아는 비영리 법인인 위키미디어 파운데이션이 소유하고 지원한다. 분명 흥미로운 아 이디어이기는 하지만, 다른 기술 영역으로도 확장될 수 있을까?

위키피디아는 특별한 경우로,[5] 비영리적으로 조직된 유일한 대규모의 인터넷 서비스다. 위키피디아가 이런 방식으로 성공할 수 있었던 것은 창업자의 선의, 오랜 기간 유지된 네트워크 효과, 낮은 유지 비용 등 여러 요인이 합쳐졌기 때문이다. 다른 많은 인터넷 서비스와는 달리, 위키피디아는 2001년 처음 등장한 이래 많이 변할 필요가 없었다. 백과사전 정보에 대한 소비자의 요구는 기술 플랫폼의 변화와 상관없이 크게 변하지 않았다. 결과적으로 위키피디아의 유지 비용은 여전히 상대적으로 작으며, 자발적인 기부를 통해서 충당할 수 있다.

창업자와 이사회의 공 덕분에 위키피디아는 방향을 바꾸거나 돈을 벌고자 시도하기 쉬웠을 때조차도 주어진 임무를 흔들림 없이 수행했다. 위키피디아의 비영리 모델이 다른 영역으로 확대될 수 있다면 매우 좋겠지만, 현대 인터넷 서비스가 지속적인 투자를 그렇게 적게 받아도 되는 경우는 매우 드물다. 실제로 위키피디아의 성공을 다른 영역에서 따라 하려 했던 시도들이 있었으며, 그 가운데 가장 잘 알려진 두 가지 시도는 모두 창업 당시의 비영리 구조를 벗어났다.

첫 번째 시도는 파이어폭스 웹 브라우저를 만든 모질라다.[6] 모질라는 1998년 초기 웹 브라우저인 넷스케이프의 코드를 관리하는 오픈소스 프로젝트로 시작했다. 넷스케이프로부터 비영리 법인으로 독립한 지 2년이 지난 2005년, 모질라는 영리 목적의 자회사인 모질라 코퍼레이션을 설립했다. 덕분에 모질라는 세금을 면제받는 비영리 법인에는 금지된 좀 더 공격적인 사업 전략을 추진할 수 있었다. 예를 들어, 구글과 수억 달러의 계약을 맺었으며,[7] 제품 개발 속도를 올리기 위해 자신보다 작은 기업들을 인수했다.[8]

두 번째 시도는 챗GPT를 만든 OpenAI다. OpenAI는 원래 2015년 비영리 법인으로 시작했다.[9] 4년 후 OpenAI는 거대 기술 기업과의 경쟁에 필요한 수십억 달러를 투자받기 위해 영리 자회사를 만들었으며, 기업이 되었다.

돈을 추구하는 세상에서 돈을 추구하지 않기란 어려운 일이다. 모질라와 OpenAI의 영리 기업으로의 전환은 아마도 필요한 일이었다. 인터넷은 수백억 달러의 현금 자산을 보유한 거대 기업들이 장악한 매우 경쟁적인 영역이다. 매출 없이 혹은 자본 시장에 접근하지 않고 경쟁하려 한다면 그 즉시 불리한 상황에 부닥칠 것이다. 비영리 모델은 이론적으로는 그럴싸하게 들리지만, 실제로 그렇게 일하기는 매우 어렵다.

연합 네트워크:
"트위터를 기업으로 만든 것을 후회한다"

지배구조 개선에 대한 또 다른 해결책은 프로토콜 네트워크로 돌아가는 것이다. 트위터의 공동창업자이자 전 CEO인 잭 도시는 이 방법에 찬성한다.[10] 그는 2022년 4월 트위터 CEO에서 사임

한 후에 "어떤 개인이나 기관도 소셜 미디어, 좀 더 일반적으로 말하면 미디어 기업을 소유해서는 안 된다. 미디어는 개방적이고 검증할 수 있는 프로토콜이어야만 한다."라는 트윗을 올렸다. 훗날 자신의 재임 기간에 대한 회고를 요청받자, 그는 "트위터를 기업으로 만든 것이 가장 큰 문제였으며 가장 크게 후회하는 일이에요."라고 덧붙여 말했다.[11]

우리는 이미 프로토콜 네트워크를 부활시키고자 하는 몇몇 시도를 '왜 RSS는 기업 네트워크와의 경쟁에서 밀려났나'(64쪽)에서 논의한 바 있다. 사실 그 외에도 많이 있었다. 2000년대 소셜 그래프를 위한 탈중앙화된 프로토콜인 프렌드오브어프렌드(Friend of a Friend)가 있었다.[12] 2009년 등장한 분산 오픈소스 소셜 네트워크인 스테이터스넷(StatusNet)도 있었다.[13] 스테이터스넷은 훗날 유사한 프로젝트인 프리소셜(FreeSocial), GNU 소셜과 통합되었다. 스커틀버트(Scuttlebutt)는 2014년 등장한 자체 호스팅 소셜 네트워킹 프로젝트다.[14] 2016년 등장한 마스토돈(Mastodon)은 탈중앙화된 소셜 프로토콜인 액티비티퍼브(ActivityPub)를 기반으로 구축된 네트워크다. 웹을 만든 팀 버너스리의 솔리드(Solid)는 'Social Linked Data'를 축약한 것으로 2018년에 등장했다.[15] 잭 도시가 후원하고 탈중앙화된 프로토콜을 사용하는 트위터 대체 서비스인 블루스카이(Bluesky)는 2019년에 제안돼 구체화되었다.[16] 트위터에 대응해 메타가 제작한 스레드(Threads)는 2023년에 등장했으며, 언젠가 액티비티퍼브와 연동할 것이다.[17] 이외에도 여럿 있다. 프렌디카(Frendica, 탈중앙화된 페이스북), 펑크웨일(Funkwhale, 탈중앙화된 사운드클라우드), 픽셀페드(Fixelfed, 탈중앙화된 인스타그램), 플레로마(Fleroma, 탈중앙화된 트위터), 피어튜브(FeerTube, 탈중앙화된 유튜브) 등도 있다.

프로토콜 네트워크 기반의 소셜 네트워킹을 성공시키고자 하는 노력이 계속되고 있으며, 아마도 결과물 가운데 몇 가지는 주류 서비스가 될 것이다. 그러나 극복해야 할 문제들이 있으며, 상당수는 네트워크 설계에 기인한다. 프로토콜 네트워크 기반의 소셜 네트워킹 구현 대부분은 '연합 네트워크'라 불리는 변형된 프로토콜 네트워크에 의존한다. 이에 기업 네트워크와는 달리 사용자 데이터를 중앙 데이터센터에서 호스팅하지 않고, '서버'라 부르는 소프트웨어 인스턴스를 실행해 데이터를 호스팅한다. 이를 '페디버스(Fediverse)'라고 부른다.

위에서 언급한 블루스카이, 마스토돈, 메타의 스레드를 포함해 몇몇 트위터 대체 네트워크는 이런 방식으로 작동하거나 작동하려 한다. 사용자는 오픈소스 소프트웨어를 다운로드 받아 자기 자신의 서버를 실행하거나 기존 서버의 사용자로 등록한다. 모든 서버는 자신의 허가 프로세스와 커뮤니티 기준을 갖고 있다. 서버 사이의 커뮤니케이션 프로토콜(액티비티퍼브가 가장 유명하다)은 사용자가 다른 서버 사용자의 활동을 따르도록 허용한다. 이는 단일 기업이 제어하지 않으면서도 일부 기능이 중앙화된 시스템에서 수행되는 것처럼 보이게 한다.

좀 더 쉽게 이해할 수 있도록 실제적인 비유를 들어 설명해보려 한다. 트위터 같은 기업 네트워크를 한 명의 지배자가 다스리는 커다란 국가로 생각해보자. 이와 반대로 연합 네트워크는 작은 나라들의 연합체이며, 각 나라는 각기 다른 지도자가 다스린다. 각 나라는 여전히 독재국가지만, 선택할 독재국가가 많다. 사용자는 어디에서 시간을 보낼지 결정할 수 있으며, 덕분에 지배 방식에 관해 발언권을 가질 수 있다. 이런 방식의 네트워크는 아무것도 결정할 수 없는 기업 네트워크와 비교해 개선된 것이다.

그러나 연합 네트워크에는 두 가지 주요한 약점이 있다.[18] 첫째는 독립적으로 실행되는 서버 사이들의 경계 때문에 발생하는 불편함이다. 예를 들어, 중앙 데이터 저장소가 없다 보니 전체 서버들에서 콘텐츠를 찾고 다른 사용자와 상호작용하는 일이 상당히 성가실 수 있다. 특정 사용자의 게시물과 그 게시물에 대한 답이 서로 다른 서버에 있을 수 있으며, 전체를 저장하고 있는 중앙 서버는 없다. 그 결과 네트워크 전반에 걸쳐 어떤 일들이 발생하는지 전체적으로 살펴보기 어렵다.

연합 네트워크는 이런 아키텍처 때문에 다른 네트워크에서 제공하는 원활한 사용자 경험과의 경쟁에서 어려움을 겪는다. 기업 네트워크는 데이터를 중앙 데이터센터에 저장해 불편함을 없애며, 블록체인 네트워크는 데이터를 블록체인에 저장해 불편함을 없앤다(블록체인이 소셜 데이터를 포함해 임의의 정보를 저장할 수 있는 분산 가상 컴퓨터라는 사실을 떠올려보라). 프로토콜 네트워크 같은 연합 네트워크에는 중앙화된 서버가 없으며, 따라서 데이터를 저장할 중앙 저장소도 없다. 기존 사례가 보여주듯이, 작은 불편함도 사용을 주저하게 만들 수 있는 만큼 이는 문제다.

이 문제를 어떻게 해결할까? 연합 네트워크를 기반으로 개별 서버들로부터 데이터를 수집하고, 수집한 데이터를 중앙 데이터베이스로 통합하는 시스템을 상상해보자. 때때로 서버들 사이에 불일치가 있으므로 이 시스템은 어떤 서버가 네트워크의 진짜 상태를 나타내는지 결정할 방법이 필요하다. 자, 무엇이 떠오르는가? 우리는 블록체인을 발명했다. 블록체인은 데이터의 제어를 탈중앙화하면서도 데이터를 중앙화하는 메커니즘을 제공한다.

연합 네트워크를 지지하는 많은 사람은 블록체인 사용에 반대할 뿐만 아니라 고려조차 하지 않으려 한다. 이는 아마도 블록체인이 사기 혹은 투기 같은 카지노 문화와 연관 있다는 생각 때문이다. 이는 안타까운 일로, 블록체인을 냉정하게 바라보는 사람이라면 블록체인을 기업 네트워크와 경쟁하는 데 유용한 강력한 도구로 인식할 것이다(12장 〈컴퓨터 vs 카지노〉를 참고하라).

이 문제를 조금 더 복잡하게 다루어보면, 일부 연합 네트워크 지지자들은 블록체인 사용을 고려하지만 단지 특별한 블록체인만을 고려할 것이다. 예를 들어, 잭 도시는 탈중앙화된 소셜 네트워크에서 비트코인을 사용하는 방안에 흥미를 나타냈다. 그러나 비트코인은 트랜잭션 처리 수수료가 거래당 1달러 이상으로 높다는 문제가 있다. 게다가 네트워크 상황 등 다양한 조건에 따라 달라지기는 하지만, 일반적으로 트랜잭션 처리에 10분 이상의 시간이 걸릴 만큼 처리 속도가 느리다. 일부 프로젝트에서는 비트코인 위에 계층들을 만들어 이런 제약을 고치고자 시도하고 있다. 나는 이런 시도가 성공하기를 바란다. 만약, 이런 시도가 성공하지 못한다면 비트코인은 기업 네트워크와 확실히 경쟁할 수 있는 탈중앙화된 소셜 네트워크의 핵심 구성요소가 되기 어렵다.

그러나 이미 차세대 소셜 네트워크를 가동하는 데 유용하면서도 충분한 성능을 내는 예도 있다. 좀 더 후에 등장한 블록체인 시스템들과 이더리움을 기반으로 구축된, 소위 '레이어2'라고 불리는 네트워크 시스템들이 그러하다.

가장 큰 네트워크가 쿠데타를 일으키면

연합 네트워크의 두 번째 약점은 프로토콜 쿠데타의 위험이다. 즉, 특정 연합 네트워크가 성공한다고 할지라도, 그것이 새로운 기업 네트워크를 만들어 이 책 전반에 걸쳐 논의했던 문제들을 똑같이 일으킬 수 있다.

앞서 말했듯이 연합 네트워크는 국가 연합과 같다. 국가 사이에 공통 규칙이 있지만 국가 간 경계를 넘어가는 일은 불편하다. 사용자는 가장 인기 있는 국가(서버)에 모이는 경향이 있으며, 각 국가는 사실상 국가 지도자(서버 소유주)에게 규칙을 정하고 바꾸는 무한대의 권한을 준다. 이런 시스템을 연구하는 사람들은 이 방식의 위험을 알고 있다.[19] 한 개인정보 보호 연구자는 2018년 '연합 네트워크는 최악이다'라는 제목의 게시글을 블로그에 남겼다. 그는 게시물에서 "프로토콜과 인프라에 대한 동의와 반대 없이, 우리는 사용자 대부분에게 어떤 선택 근거도 없이 그들 데이터를 위해 새로운 독재자를 뽑으라고 강요하고 있다."라고 썼다.

연합 네트워크의 서버는 자신의 약속에 구속되지 않으며, 이는 문제다. 시스템에는 어떤 보호장치도 없다.

비슷한 쿠데타들이 이미 발생했었다. RSS의 쇠퇴에 관해 이야기했듯이, 사람들은 한때 사실상 기업 네트워크인 트위터를 RSS의 오픈 네트워크에서 상호운용 가능한 노드로 보았다. 결국, 트위터는 다른 기업 네트워크처럼 유인에서 추출로 단계를 바꾸어 RSS에 대한 지원을 없앴다.[20] 성공적인 연합 네트워크는 연합 내 가장 큰 네트워크로부터 동일한 쿠데타 위협에 직면할 것이다. 더 강력한 제약이 없다면, 경제적 이익이 고결한 이상을 대체하는 것은 시간문제일 뿐이다.

연합 네트워크에서 서버의 일반적인 수명 주기를 생각해보라. 처음 한동안은 취미로 서버를 운영하는 일이 가능하다. 그러나 사용자가 수백만 명 규모로 증가한다면, 서버 운영 비용 역시 증가한다. 네트워크가 성장하려면 돈이 필요하며, 이는 주요 소셜 네트워크 대부분이 수십억 달러의 투자금을 모으는 이유다. 돈은 투자자 혹은 구독이나 광고 같은 수익원으로부터 온다. 연합 네트워크는 설계적으로 중심부가 없으므로, 연합 네트워크 자체로는 쉽게 돈을 모을 방법이 없다. 대신 돈은 인기 있는 몇몇 서버들로 몰릴 것이다. 이윽고, 기업 네트워크 논리가 강해지고, 상호운용성은 골 칫거리가 될 것이다. 결국 인기 있는 서버들은 트위터가 그랬던 것처럼 연합 네트워크에서의 활동을 줄일 것이다.

기업 네트워크 같은 거대한 독재국가를 연합 네트워크에서처럼 작은 독재국가들로 나누는 방법은 각 나라들이 작은 규모를 유지할 때만 효과가 있다. 그러나 실제로는 네트워크 효과로 인해 오히려 기대와 반대되는 상황이 확실히 나타나며, 작은 이점들이 거대한 승자의 탄생으로 이어진다. 결과적으로 연합 네트워크는 기업 네트워크로 진화하는 경향이 있다. 이는 연합 네트워크 아키텍처의 근본적인 부작용으로, 연합 네트워크 내 가장 강한 네트워크가 연합 네트워크 전체를 흡수할 수 있다.

프로토콜 쿠데타의 위험이 이메일과 웹 같은 고전적인 네트워크에도 존재한다는 사실은 주목할 만한 가치가 있다. 거대한 규모의 사용자를 확보한 네트워크는 큰 영향을 끼칠 수 있다. 지메일과 크롬 모두 수십억 명이 사용하고 있으며, 그들은 구글이 자신의 뜻에 따라 이메일과 웹의 지배구조를 흔들고자 사용할 수 있는 엄청난 규모의 지지 세력이 될 수 있다.[21] 예를 들어, 지메일의 스팸 메일 필터링 방법은 큰 규모의 이메일 발신자가 보낸 이메일에 우호적이라고 하자. 그렇게 되면 개인 서버 혹은 작은 기업의 서버에서 발송된 이메일은 좀 더 자주 스팸 메일 취급을 받는다. 이는 비교적 사소한 문제다. 그러나 지메일의 인기가 매우 높아진다면, 구글은 아마도 훨씬 공세적으로 나아가며 원하면 일방적으로 핵심 이메일 표준을 수정할 수도 있다. 지금까지는 구글이 이런 시도를 하지 않았다. 이는 애플, 마이크로소프트 같은 거대 기업들이 경쟁하며 균형을 맞추고 있기 때문이기도 하고, 이메일과 웹을 둘러싼 커뮤니티들이 강력하고 깊이 뿌리내린 규범을 갖고 있기 때문이기도 하다.

새로운 네트워크에는 균형을 잡아줄 경쟁자나 전통적인 규범이 없다. 네트워크 지배구조가 프로토콜 네트워크나 연합 네트워크처럼 네트워크 연결구조의 함수일 때, 언제든 기업이 네트워크를 장악할 위험이 있다. 프로토콜 쿠데타의 위험을 최소화하면서도 성장을 고려하는 네트워크 아키텍처가 필요하다. 코드에 명확히 반영된 규칙이 없다면, 독재자를 막을 수 있는 것은 관습밖에는 없다.

블록체인 헌법, 수정할 수 없는 규칙을 새기다

블록체인은 네트워크 지배구조에 대해 수정할 수 없는 규칙을 소프트웨어로 코딩해 넣는 새로운 방법을 제공한다. 이 규칙은 네트워크 지배 방법 및 그 지배구조하에 네트워크가 신뢰를 구축하고, 투명성을 높이며, 장악 시도에 저항하는 방법을 규정할 수 있다.

미국 헌법 같은 국가 헌법이 이해를 돕는 비유가 될 수 있다. 헌법은 국가 지배구조가 개별 통치자들로부터 성문법으로 이동함을 공식화한다. 같은 맥락에서 블록체인은 네트워크 지배구조를 기업의 관리에서 코드로 옮긴다. 소프트웨어는 법률만큼이나 표현력이 매우 높다. 영어로 각 단계를 기술할 수 있는 모든 지배구조 시스템을 범용 프로그래밍 언어를 사용해 코드로 기술할 수 있으며, 이 언어로 블록체인 지배구조 시스템도 기술할 수 있다. 즉, 블록체인 지배구조 시스템은 네트워크에 대한 헌법이다.

블록체인 헌법은 다양한 지배구조 유형을 표현할 수 있다. 블록체인 헌법은 단일 조직에 책임을 맡기는 방식으로 기업 네트워크를 표현할 수 있다. 그 조직의 리더는 알고리즘, 내부 경제성, 접속 규칙 등 원하는 모든 것을 바꿀 수 있다. 다른 예로, 블록체인 헌법은 입헌 군주제에서처럼 리더의 힘을 제약할 수 있다. 블록체인 헌법은 단일 지도자가 없는 약간 수정된 공화국을 확립할 수도 있으며, 프로토콜 네트워크의 정신을 따와 수수료와 지배 수준을 최소화할 수 있다. 블록체인 대부분은 헌법적 민주국가와 비슷한 지배구조를 구현해 의사결정을 커뮤니티에 맡긴다. 이런 예들은 광범위하고, 다차원적인 범위에서 블록체인 헌법이 나타낼 수 있는 몇몇 경우를 설명한 것일 뿐, 글로 표현할 수 있는 모든 시스템을 블록체인 헌법으로 구현할 수 있다.

블록체인과 외부 세계는 어떤 식으로 연결되는가

블록체인 지배구조에는 두 가지 경향이 있다. 첫 번째 경향의 블록체인 네트워크는 오프체인 지배구조를 사용한다. 이 지배구조는 개발자, 사용자, 다른 커뮤니티 멤버들이 연합해 운영하는 프로토콜 네트워크 지배구조와 비슷하다. 오프체인 지배구조의 장점은 프로토콜 네트워크와 오픈소스 소프트웨어 프로젝트에서 수십 년에 걸쳐 학습한 교훈들을 기반으로 구축되어 오랜 시간 검증되었다는 것이다. 단점은 프로토콜 네트워크와 마찬가지로 지배구조가 네트워크 구조의 함수라는 것이다. 즉, 특정 네트워크 노드가 상대적으로 높은 인기를 누리며 강력한 영향력을 갖게 되면, 그 노드가 네트워크를 차지할 수 있다.

최근에 나온 많은 블록체인 네트워크는 온체인 지배구조를 사용한다. 이 지배구조에서는 토큰 소유자가 네트워크 변경 사항이 제안되었을 때, 이에 대해 명확히 투표한다. 이때, 토큰 소유자는 소유한 토큰과 결합된 블록체인 트랜잭션에 서명할 수 있는 투표 소프트웨어를 사용한다. 서명은 새로운 제안이 있을 때 토큰 소유자가 투표하는 방식을 가리킨다. 블록체인 네트워크는 투표 결과를 자동으로 따른다. 여러분이 네트워크에 의존한다면, 투표하기를 원할 것이다.

온체인 지배구조에서 영향력은 투표자의 토큰 보유량이다. 네트워크 구조와 지배구조를 떼어놓은 덕분에 대형 소프트웨어 개발자가 지나친 영향력을 갖게 되는 위험을 제거했다. 그러나 오픈마켓에서의 토큰 거래는 토큰을 많이 소유한 사람이 불균등한 영향력을 가질 수 있다는 새로운 위험을 불러왔다. 즉, 토큰을 많이 소유한 사람이 네트워크를 장악하는 금권 지배의 위험이 있다.

이 위험을 줄이는 가장 좋은 방법은 토큰을 광범위하게 분산시키는 것이다. 특정한 토큰 소유자에게 지나치게 많은 영향력이 집중되지 않도록 토큰 소유권을 커뮤니티 전반에 걸쳐 분산시켜야 한다. 이를 위해서는 앞장에서 논의했듯이 퍼셋을 사려 깊게 설계해야 한다.

일부 네트워크에는 금권 지배에 대항할 수 있는 두 번째 방어선이 있다. 투표자를 두 그룹으로 나누는 것이다. 이 방법은 상원과 하원으로 이루어진 두 의회 시스템과 유사하다. 블록체인 네트워크에서 한 의회는 재단이 선택한 존경받는 커뮤니티 멤버들로 구성되는 반면, 다른 한 의회는 토큰 소유자들로 구성될 것이다. 재단 의회는 때때로 토큰 의회의 제안을 지나치게 자기 이익을 추구한다고 판단해 거부할 수 있다. 다른 때에는 기술적 결정, 재정적 결정처럼 종류에 따라 책임이 두 의회로 나뉜다.

블록체인 네트워크는 지배구조를 통해 얼마나 많이 변형될 수 있느냐에 따라 달라진다. 극단적인 경우로, 모든 참여자가 네트워크의 핵심 코드에 대해 변화를 제안할 수 있는 네트워크도 있다. 사용자는 포럼에서 비공식적 제안이나 동작하는 코드로 변화를 제안한다. 충분한 지지를 받은 제안은 토큰 소유자 투표 대상이

네트워크	지배 주체	지배구조 방법	장점	단점
프로토콜 네트워크와 블록체인 네트워크 (오프체인 지배구조)	커뮤니티	비공식적이며 네트워크 구조로부터 나타남	변화 속도가 느림. 대개 기술 업그레이드로 한정	대형 네트워크 노드가 장악할 위험, 느린 움직임
기업 네트워크	기업	법률적 소유권	빠르고 일방적인 의사결정	불투명하고, 비민주적임. 기업 이익에 기여
블록체인 네트워크 (온체인 지배구조)	커뮤니티	공식적이며 토큰 투표 사용	의도를 갖고 설계. 네트워크 변화에 잘 견딤	금권 지배 위험. 토큰을 많이 소유한 사람이 과도한 영향력 가짐

된다. 제안이 통과되면, 네트워크는 자동으로 그 제안을 구현한다. 추가적인 조치는 필요하지 않다.

반대편 극단적인 경우로, 토큰 소유자가 네트워크의 핵심 코드에 아무것도 할 수 없는 네트워크도 있다. 소프트웨어가 블록체인에 업로드되면 수정할 수 없으며 그것으로 끝이다. 이는 새 버전의 소프트웨어가 무한히 활성화 상태인 옛 버전과 공존하며 완전히 새로운 네트워크로서 배포된다는 뜻이다. 토큰 소유자들은 코드를 건드릴 수 없으며, 이는 그들이 할 수 있는 것을 제한하고 지배구조에 관한 논쟁을 단순화한다. 토큰 소유자는 코드를 건드리지 못하는 대신 트레저리 배포로 소프트웨어 개발을 지원하는 일같이 좀 더 제한적인 문제에 대해 투표한다.

이런 지배구조 시스템 가운데 어느 것도 완벽하지 않다. 그러나 네트워크 지배구조를 공식화할 수 있다는 것은 네트워크 설계에서 한발 더 나아갔다는 뜻이다. 비공식 지배구조의 문제점은 반드시 규칙과 리더가 등장한다는 것이지만, 일반적으로 규칙과 리더는 사려 깊은 설계라기보다는 이해할 수 없는 역학 관계의 산물이다. 페미니스트 작가인 조 프리먼은 이를 '무조직의 폭정'이라고 불렀다. 그녀는 1972년 발표한 같은 제목의 에세이에서 리더 없는 조직 안에 설명할 수 없는 숨겨진 계층 구조가 어떻게 생성되는지 기술하였다.[22] 여러분이 공식 규칙을 만들면, 여러분은 그 규칙을 논의할 수 있으며, 규칙으로부터 배우고 규칙을 개선할 수 있다.

이는 기업 네트워크가 프로토콜 네트워크 대비 갖고 있는 한 가지 장점이다. 누군가(대개 CEO)는 책임을 지는데, 그런 사람은 적어도 좋은 리더를 뽑고 책임을 맡기려 하는 과정을 통해 선택된다. 프로토콜 네트워크와 연합 네트워크에도 규칙과 리더가 있지만, 일반적으로 사려 깊은 과정이 아닌 불투명한 인간관계의 결과물이다.

네트워크 설계자는 블록체인을 사용해 코드로 강제할 수 있는 공식 규칙을 만들 수 있다. 이 규칙들은 네트워크에 대한 헌법과 같다. 이런 헌법과도 같은 규칙의 내용은 논쟁 및 실험의 대상이 되지만, 수정할 수 없는 소프트웨어에 규칙을 담을 수 있는 능력은 이전 네트워크 설계에서는 가능하지 않았던 의미 있는 발전이다. 네트워크 지배구조는 너무 중요해서 우연에 맡길 수 없는 주제인 만큼, 이에 관해 의도적으로 생각할 때다.

블록체인 헌법은 사용자들이 함께 네트워크 지배에 참여하게 한다. 이는 마치 조합성 덕분에 개발자들이 소프트웨어 개발에 함께 기여하는 것과 토큰 덕분에 참여자들이 소유주가 되는 것과 같다. 우리는 이들을 결합해 커뮤니티 소유의 네트워크라는 새로운 네트워크를 구축할 수 있다. 이 새로운 네트워크는 모두가 함께 만들었기 때문에 모두에게 무언가를 제공하는 디지털 도시다.

PART 4

두 진영의 충돌

12 컴퓨터 vs 카지노

새로운 기술은 수시로 등장한다. 그것은 좋은 것도 나쁜 것도 아니다. 강철이 좋은가 혹은 나쁜가?[1]

— 앤디 그로브

두 개의 서로 다른 문화가 블록체인에 관심을 두고 있다. 첫 번째 문화는 블록체인을 지금까지 기술했듯이 새로운 네트워크를 구축하는 방법으로써 바라본다. 이 문화의 중심부는 블록체인이 새로운 컴퓨팅 동향에 동력을 제공한다고 여기므로, 나는 이 문화를 '컴퓨터'라고 부른다.

두 번째 문화는 주로 투기나 돈벌이에 관심을 두고 있다. 이런 사고방식을 가진 사람들은 블록체인을 오직 거래를 위한 새로운 토큰을 만드는 수단으로써 바라본다. 이 문화의 중심부는 크게 한탕하는 데만 관심이 있으므로, 나는 이 문화를 '카지노'라고 부른다.

언론 보도는 두 문화 사이의 혼동을 더욱 키운다. 블록체인 네트워크는 매우 투명하고 토큰은 365일 24시간 거래할 수 있으므로 기자, 애널리스트 및 기타 관련자들에게 공개된 정보가 매우 풍부하다. 그러나 안타깝게도 많은 뉴스가 인프라나 애플리케이션 개발 같은 장기적 주제는 배제한 채, 거의 가격 변동 같은 단기적 이슈에만 매달린다. 큰돈을 벌었거나 잃은 이야기는 극적이고, 설명하기 쉬우며, 사람들의 관심을 사로잡는다. 이와 반대로 기술 이야기는 미묘하고, 발전 속도가 느리며, 역사적인 맥락을 알아야 이해할 수 있다(이것이 내가 이 책을 쓴 중요한 이유다).

카지노 문화는 문제다. 카지노 문화는 토큰을 왜곡하고, 마케팅 언어로 포장해 투기를 부추긴다. 신뢰할 수 있는 토큰 거래는 보관, 스테이킹, 시장 유동성 같은 유용한 서비스를 제공하는 반면, 그렇지 못한 거래는 나쁜 행동을 부추기고 무책임하다. 토큰 거래 가운데 상당수는 해외 투자이고 다른 투기성 금융 상품들과 마찬가지로 레버리지 파생상품이다. 최악의 경우, 완선 나단세 사기인 경우도 있다. 극단적인 경우에 이런 카지노 문화는 바하마 소재 암호화폐 거래소 FTX의 파산 같은 파국으로 이어져 선량한 고객들에게 수십억 달러의 손실을 입힌다.[2]

카지노 문화가 과해지면 사람들에게 큰 피해를 줄 뿐만 아니라 규제기관과 정책 입안자들의 반발을 부르는 등 블록체인에 대한 역풍을 불러올 수 있다.[3] 규제기관은 대개 극단적인 카지노식 활동이 대다수 해외에서 이루어지고 있고 접근하기 어렵다는 이유로 그동안 무시해왔다. 대신 가장 가까이 있어 손쉬운 표적, 즉 미국 내 기술 기업을 집중적으로 감시해왔다.[4] 이는 윤리적인 기업가들이 상품을 만드는 것을 주저하고[5] 관련 개발이 점차 해외로 옮겨가게 만드는 부정적인 결과를 가져왔다.[6] 한편, 사기꾼들은 법이 미치지 않는 해외에서 대부분 아무 통제도 받지 않고 대담하게 카지노 문화식 행각을 벌이고 있다.

일부 비평가들은 블록체인 네트워크가 규제가 부재한 덕분에 이익을 얻는다고 말한다. 그러나 이는 사실이 아니다. 잘 설계된 금융 규제는 소비자를 보호하고, 법 집행을 지원하며, 국익을 증진하는 동시에 책임감 있는 기업가들이 혁신을 만들 수 있게 한다. 미국은 1990년대에 지혜롭게 인터넷 규제를 가장 먼저 도입해 인터넷 혁신의 중심이 되었다. 우리에게는 새로운 블록체인 시대에 다시금 이런 혁신을 재현할 기회가 있다.

토큰은 증권법의 적용을 받아야 하는가

토큰과 관련해 자주 논의되는 규제는 증권법이다. 금융 규제는 복잡하고 다양하지만, 간략하게라도 증권법이 무엇이고 그 법이 토큰과 어떤 연관이 있는지 살펴보는 일은 충분히 의미가 있다.

유가증권은 투자로 수익을 내기 위해 소수의 사람들, 일반적으로 경영진에 의존하는 세계 거래 자산 가운데 일부다. 증권법은 유가증권을 거래하는 당사자뿐만 아니라 유가증권 발행자에게 공시 의무를 적용해 이런 의존 관계에서 발생하는 위험을 최소화하도록 설계되었다. 이때 공시는 경영진을 포함해 기밀 정보를 알고 있는 시장 참여자가 정보를 덜 알고 있는 사람들을 이용하는 것을 제한하도록 설계되었다. 바꿔 말해, 유가증권은 일부 사람만 접근할 수 있는 정보가 존재하는 자산이다.

사람들이 가장 잘 알고 있는 유가증권은 애플 주식 같은 기업 주식이다. 애플에는 경영진을 포함해 애플 주가에 영향을 미치는 정보를 알고 있는 사람들이 있다. 그들은 다음 분기 수익처럼 주가 변동을 가져올 수 있는 정보를 알 것이다. 또한 주가에 영향을 줄 만한 애플의 비즈니스 거래 정보를 알고 있는 기업 혹은 비즈니스 상대들도 있다. 애플 주식은 주식시장에서 자유롭게 거래할 수 있으므로, 누구나 주식을 살 수 있다. 그리고 주식을 사는 사람들은 애플 경영진이 수익을 낼 것이라고 신뢰한다. 이들은 또한 거래 상대에게 주가에 영향을 끼칠 수 있는 정보가 없다고 믿는다. 증권 규제 법규는 애플이 주가에 영향을 끼치는 중요한 정보를 일반 대중에게 적절한 방식으로 완전히 공개하는 것을 보장해 모든 잠재적인 정보 불균형을 줄이거나 없애도록 설계되었다.

원자재 역시 세계 거래 자산 가운데 일부지만, 유가증권과는 다른 규제를 받는다. 가장 익숙한 원자재는 금이다. 금 같은 원자재에 관한 정보는 균일하게 분산돼 있지는 않지만, 대개 균등하게 접근할 수 있다. 물론 금 채굴 기업 같은 금 관련 기업들도 있고, 금 가격을 예측하는 데 전문성을 가진 투자자나 분석가도 있다. 그러나 애플 주식처럼 금 가격에 영향을 끼칠 수 있는 특별한 정보를 가진 사람들은 없다. 금과 다른 원자재를 둘러싼 생태계는 충분히 탈중앙화돼 있어, 원칙적으로 누구나 조사할 수 있고 다른 시장 참여자와 공평하게 경쟁할 수 있다.

토큰을 유가증권으로 분류하면, 토큰은 증권법의 대상이다. 대부분의 증권법은 정보통신기술혁명 훨씬 이전인 1930년대에 만들어졌다. 그러므로 이러한 증권법을 법조문 그대로 적용하면 여러 가지 문제가 발생할 것이며, 토큰 사용자가 직접 토큰을 거래하기 힘들게 만드는 장애물이 생겨날 것이다. 증권법의 변화 혹은 법 해석의 명확함이나 제한 없이 토큰을 유가증권으로 분류하고 거래한다면, 토큰은 등록된 유가증권 중개인과 거래소에 의해 중개되어야 하며, 이는 탈중앙형이라는 토큰 기술의 가치와 잠재력의 상당 부분을 파괴하는 재중앙화 과정이 될 것이다.

토큰은 웹사이트처럼 디지털 빌딩 블록이다. 여러분이 토큰을 유가증권으로 다루는 인터넷 서비스를 이용하려 할 때마다, 현재 유가증권을 구매할 때 거쳐야 하는 과정을 똑같이 반복해야 한다고 상상해보라. 소셜 미디어 앱을 열어 화면을 위아래로 스크롤하는 대신, 여러분은 먼저 거래 계정에 로그인하고 토큰 주문을 입력해 넣어야 한다. 그런 앱을 사용하고 싶을까? 궁극적으로 토큰이 잠재력을 발휘하려면, 현행 증권법의 테두리 안에서 전통적인 유가증권으로 규제해서는 안 된다. 이 테두리는 기업의 이익을 나타내는 주식이라는 증명서를 양도하기 위해 아날로그 도구를 사용했던 세상을 대상으로 만들어졌다. 블록체인 네트워크는 기업 네트워크의 사용자 경험과 비교할 만한 최고의 사용자 경험을 제공할 수 있을 때만 기업 네트워크와 경쟁할 수 있다. 사용자가 불편함 때문에 거부감을 느낀다면 그야말로 끝장이다.

다행스럽게도 규제기관과 블록체인의 근본적인 목적은 궁극적으로 일치한다. 증권법은 공개적으로 거래되는 유가증권에 관한 비대칭적인 정보를 제거하여 시장 참여자가 경영진에 대한 신뢰를 최소화할 수 있게 한다. 블록체인은 중앙에 집중된 경제력과 지배력을 제거하여, 사용자가 다른 네트워크 관계자를 신뢰해야 할 필요성을 줄이려고 한다. 동기와 도구는 다를지라도, 공시 체계와 네트워크 탈중앙화는 신뢰의 필요성을 제거한다는 동일한 목적을 가지고 있다.

규제기관과 정책 입안자들은, 일반적으로 '충분히 탈중앙화된' 블록체인 네트워크에 동력을 제공하는 토큰을 유가증권이 아닌 원자재로 분류해야 한다는 것에 대개 동의한다.[7] 그리고 비트코인이 이런 충분한 탈중앙화라는 임계값에 도달했다는 사실에 대해서도 폭넓은 공감대가 있다. 비트코인의 미래 가격에 영향을 끼칠 만한 특별한 정보를 가진 집단은 존재하지 않는다. 그러므로 비트코인은 애플 주식 같은 유가증권이 아니라 금 같은 원자재로 분류되며, 그것을 사용하기 위해 번거로운 과정을 거칠 필요가 없다.

모든 소프트웨어 프로젝트는 한 명 또는 소수의 창업자에 의해 소규모로 시작된다. 비트코인은 사토시 나카모토가 시작했으며, 이더리움은 핵심 창업자 그룹이 만들었다. 초기 단계의 프로젝트들은 규모가 작다 보니 중앙집중형 형태였다. 그러나 어느 정도 시간이 지난 시점에 비트코인과 이더리움 초기 개발팀은 뒤로 물러났으며, 좀 더 광범위한 커뮤니티가 발전을 이끌었다. 최근의 다른 프로젝트들은 탈중앙화의 다양한 단계에 있다. 이 과정은 시간이 걸린다.[8]

현재의 규칙에 따라 블록체인 네트워크를 구축하는 기업가들은 어려움을 겪는데, 시작과 끝은 명확하지만 중간은 불명확하기 때문이다.[9] '충분히 탈중앙화된'이 정확히 무슨 뜻인가? 이에 대한 가장 좋은 기준은 인터넷 이전 시대의 규제와 법원 선례에서 찾을 수 있다. 가장 유명한 선례는 유가증권의 다른 이름인 '투자 계약'의 구성 요건을 결정하는 하위 테스트(Howey test)를 만든 1946년 미국 연방대법원 선례다.[10] 하위 테스트는 세 가지 요건으로 구성돼 있다. 이를 디지털 자산에 적용하면, 하위 테스트는 디지털 자산의 매도 혹은 판매에 (1) 금전 투자 (2) 공동 기업에 대한 투자 (3) 타인의 노력을 통해 얻을 수 있는 이익에 대한 합리적 기대와 관련이 있는지를 판단한다. 디지털 자산의 매도 혹은 판매가 유가증권 거래로 인정되려면 이 세 가지 요건을 모두 충족해야 한다.

이 책을 쓰기 시작한 이후, 미국 유가증권 시장의 주요 규제기관인 증권거래위원회(Securities and Exchange Commission, SEC)는 2019년 이 주제에 관해 마지막으로 실질적인 지침을 주었다.[11] 이 지침에 따르면 충분히 탈중앙화된 블록체인 네트워크는 하위 테스트에서 '타인의 노력' 부분을 충족시키지 못하므로 증권법을 토큰에 적용하지 못할 것이다. 그러나 이후, 증권거래위원회는 특정 토큰 거래가 증권법의 적용을 받는다고 주장하는 몇몇 조치를 시행했으며, 이런 결정을 내린 기준에 관해 추가 설명 없이 그렇게 했다.[12]

인터넷 이전의 법적 선례를 오늘날의 네트워크에 적용한다면 악의적 행위자와 미국 법을 따르지 않는 미국 밖 기업에 막대한 이득을 제공하는 회색지대를 남길 것이다. 나쁜 행위자는 탈중앙화로 가고자 지름길을 택한다. 그들은 재빨리 토큰을 발행하고, 이는 그들의 성장에 도움이 된다. 반면에, 선의의 행위자는 자신의 프로젝트에 '충분한 탈중앙화'가 어떻게 적용되는지 판단하기 위해 변호사에게 많은 돈을 쓴다. 그리고 이는 굳이 그렇게까지 하지 않는 경쟁자와 비교해 불리한 상황을 만든다. 오늘날의 상황은 더욱 복잡해서 규제기관들조차도 서로 의견이 다르다. 예를 들어, 증권거래위원회는 이더리움의 토큰을 유가증권으로 판단해왔으나,[13] 미국 상품선물거래위원회(Commodity Futures Trading Commission, CFTC)는 이더리움 토큰을 원자재라고 말했다.[14]

이상적으로는 정책 입안자와 규제기관이 유가증권과 원자재를 구분하는 기준을 명확히 하고,[15] 새로운 프로젝트가 원자재로 규제될 수 있도록 '충분한 탈중앙화'를 달성하는 길을 제시해야 옳다. 오늘날 비트코인은 탈중앙화의 표준이 되었지만, 비트코인 역시 다른 모든 발명과 마찬가지로 중앙집중형 구조로 시작했다. 2009년 당시, 탈중앙화에 대한 방안이 규제에 없었다면, 비트코인은 탄생할 수 없었을 것이다. 그런 방안이 없다면 규제 이전에 개발된 옛 기술은 허용되는 반면, 새로운 기술은 차단될 것이다. 사실상, 이는 임의로 미래 혁신을 불법화하는 것과 같다.

유가증권이든 원자재든 거래되는 자산 전반에는 다양한 규칙이 적용된다는 점에 주목해야 한다. 예를 들어, 거래되는 모든 자산에 대해 시장을 독점하거나 가격을 조작하는 행위는 불법이다. 소비자보호법은 허위광고 및 소비자의 오해를 불러일으키는 행동을 금지하고 있다. 모든 사람은 이런 규칙이 전통적인 자산뿐만 아니라 디지털 자산에도 적용돼야 한다는 데 동의한다. 논쟁은 유가증권으로 분류된 자산에 대한 전통적인 규칙을 디지털 자산에 언제 적용하는지에 관한 좀 더 세부적인 문제에서 집중적으로 발생한다.

토큰 거래를 막는다고
카지노 문화를 제거할 수 있을까?

일부 정책 입안자는 실질적으로 토큰과 블록체인을 금지하는 규칙을 제안해왔다.[16] 토큰이 오로지 투기 목적이라면, 이런 제안이 정당화될 수도 있다. 그러나 내가 지금까지 주장했듯이, 투기는 커뮤니티가 소유하는 네트워크를 실현하는 핵심 툴인 토큰이 진정한 목적을 달성하는 과정에서 생긴 부작용일 뿐이다.

소유할 수 있는 모든 사물과 마찬가지로, 토큰 역시 거래될 수 있으므로 토큰을 순전히 금융 자산이라고 생각하기 쉽다. 적절히 설계된 토큰은 네트워크 개발을 장려하고, 가상경제에 동력을 제공하는 네이티브 토큰을 포함해 특별한 용도를 갖고 있다. 토큰은 블록체인 네트워크에서 없애거나 버릴 수 있는 부차적인 것이 아니다. 토큰은 꼭 필요한 중심 기능이다. 커뮤니티 소유권은 커뮤니티가 토큰을 소유할 방법이 없는 한 작동하지 않는다.

때때로 사람들은 법적인 혹은 기술적인 수단을 써 토큰 거래를 불가능하게 만듦으로써 카지노 문화를 제거하고 블록체인의 이점을 얻는 것이 가능한지 질문한다. 그러나 무언가를 사고팔 수 있는 기능을 없앤다면, 소유권 또한 사라질 것이다. 저작권이나 지적재산권처럼 만질 수 없는 무형 자산도 소유주가 마음대로 사고팔 수 있다. 거래가 없으면 소유권도 없다. 즉, 거래 없이는 소유권을 가질 수 없다.

토큰 거래를 없애면 블록체인의 생산적인 사용에 방해가 된다. 일반적으로 네트워크 노드의 동작에는 비용이 들며, 블록체인은 검증기에 네트워크 노드를 동작시킬 동기를 부여하기 위해 토큰 인센티브가 필요하다. 기업 네트워크가 투자금 모집, 스톡옵션, 수익 등으로 운영 및 개발 자금을 충당하는 반면, 블록체인 네트워크는 토큰으로 운영 및 개발 자금을 충당한다. 토큰과 연계된 시장과 가격이 없다면, 사용자는 블록체인 네트워크에 접속하기 위해 토큰을 구매할 수 없다. 또한 토큰을 달러 혹은 다른 화폐로 환전할 수 없으며, 이는 불가능하지는 않더라도 9장과 10장에서 논의했듯이, 토큰을 네트워크 참여자에게 줄 인센티브로 사용하는 것을 어렵게 만든다. 토큰과 토큰 거래 없는 무허가형 블록체인을 설계하는 방법은 알려진 바가 없으므로, 그것이 가능하다고 말하는 사람이 있다면 믿지 말아야 한다.

블록체인 네트워크에 하이브리드 방식을 도입해 컴퓨팅 기능은 유지하면서도 카지노식 문화는 억제할 수 있을까? 재미있는 질문이다. 이 제안은 새로운 블록체인 네트워크에 대해 일정 기간 혹은 특정 조건을 만족할 때까지 토큰 재판매를 금지하자는 것이다. 이 방식을 적용하면 토큰은 네트워크를 성장시키기 위한 인센티브로 여전히 사용될 수 있지만, 토큰 소유자는 토큰 거래 제약이 해제되기까지 몇 년간 혹은 네트워크가 특정 조건을 만족할 때까지 기다려야 할 수 있다.

토큰 보유 기간 제약은 인센티브를 좀 더 광범위한 사회적 이익과 일치시키는 매우 효과적인 방법일 수 있다. 앞서 기술이 진화하며 겪는다고 설명했던 하이프 사이클을 떠올려보자. 기술은 하이프 사이클의 초기 단계 이후 '환멸의 계곡'과 '계몽의 오르막길'을 거쳐 '생산성의 고원'에 다다른다. 장기간에 걸쳐 토큰 거래를 제약하면 토큰 소유자는 강제적으로 이런 과정을 견디고 생산적인 성장에 기여하며 가치를 실현한다.

일부 블록체인 네트워크는 이런 종류의 제약을 자체적으로 부여한다. 또한, 미국 혹은 그 밖의 국가들에서는 토큰에 대한 일시적인 제약을 의무화하는 입법 제안들이 등장하고 있다. 이런 하이브리드 방식을 채택하면 블록체인 네트워크에서 토큰 인센티브를 기업 네트워크와의 경쟁 툴로 사용할 수 있을 뿐만 아니라, 토큰 소유자는 장기적인 가치를 생성하는 데 집중하게 될 것이다. 블록체인 네트워크의 발전 이정표는 '충분한 탈중앙화' 같은 규제 목표와 결합할 수 있으며, 이를 통해 유가증권과 그 외 다른 규제 체제의 목적을 만족시킬 수 있다.

네트워크 분야는 확실히 추가적인 규제가 필요하다. 그리고 규제는 나쁜 참여자 징벌, 소비자 보호, 시장 안정화, 책임감 있는 혁신 장려 같은 정책 목표를 달성하는 것에 집중해야 한다. 위험 부담이 크다. 내가 지금까지 주장했듯이, 블록체인 네트워크는 개방적이고 민주적인 인터넷을 다시 구축할 수 있는 유일한 기술이다.

혁신을 장려하는 현명한 규제:
유한책임회사의 사례

역사를 살펴보면 영리한 규제를 통해 혁신을 가속할 수 있다는 것을 알 수 있다. 19세기 중반까지는 파트너십 형태의 기업구조가 많았다.[17] 파트너십에서는 모든 주주가 파트너이며 비즈니스 활동에 대해 무한 책임을 진다. 기업에 재무적 손실 혹은 비재무적 피해가 발생하면, 기업을 넘어 주주들에도 책임이 전가된다. IBM, GE 같은 상장 기업의 주주가 기업의 잘못에 대해 투자한 돈에 상관없이 개인적으로 책임을 져야 한다고 상상해보라. 극소수의 사람만이 주식을 사려 할 것이며, 기업은 투자금을 모으기가 훨씬 어려워질 것이다. 19세기 초까지 거슬러 올라가면 유한책임회사는 드물기는 해도 실제로 존재했다.[18] 그러나 유한책임회사 설립은 특별한 입법 활동이 필요했다. 결과적으로 거의 모든 벤처 사업은 가족이나 친한 친구처럼 서로를 깊이 신뢰하는 사람들 사이의 긴밀한 파트너십에 기반을 두었다.

1830년대 철도 붐과 산업화가 일어나면서 변화가 나타났다. 철도와 중화학 산업은 엄청난 자본을 요구했고, 이는 제아무리 부자라 하더라도 소수의 사람이 부담할 수 있는 규모가 아니었다. 세계 경제의 변화에 자금을 지원하기 위해 자본을 끌어올 수 있는 새롭고 다양한 재원이 필요했다.

추측했겠지만, 이는 논쟁에 불을 붙였다. 법률 입안자는 유한책임을 새로운 기업 표준으로 정하라는 압박을 받았다. 반면에 비판론자들은 유한책임회사를 늘리는 일은 무모한 행동을 부추기고 주주의 위험을 고객과 사회 전체에 전가할 것이라 주장했다.

결국, 각 진영은 나아갈 방향을 합의했다. 산업계와 법률 입안자는 현명하게 타협했으며, 법적인 틀을 만들고, 유한책임을 새로운 표준으로 만들었다. 이는 주식과 채권에 대한 공개 자본 시장의 탄생 및 기술 혁신에 따른 부와 경이로움의 탄생으로 이어졌다. 이처럼 기술 혁신은 규제에 대해 실용적인 변화를 끌어냈다.[19]

기술과 법률의 발전을 결합한 덕분에 경제적 참여도는 증가했다. 파트너십 참여자 규모는 수십 명 정도로 작았으나, 유한책임구조의 도입으로 소유권의 범위는 급격히 증가했다. 오늘날 상장사는 주주의 숫자가 수백만 명에 달한다. 블록체인은 에어드롭, 토큰 부여, 토큰 보상 등을 통해 소유자의 규모를 한 번 더 확장했다. 미래 네트워크에서는 소유자 규모가 수십억 명에 달할 수 있다.

산업화 시대의 비즈니스에서 새로운 조직 구조가 필요했던 것처럼, 오늘날 네트워크 시대의 비즈니스에서도 그러하다. 기업 네트워크는 옛날의 법체계, 주식회사, 유한책임회사 등을 새로운 네트워크 구조와 결합한다. 옛것과 새것 사이의 불일치는 유인 모드에서 추출 모드로의 냉혹한 전환, 네트워크 성장 과정에서 수많은 기여자의 배제 등 기업 네트워크가 갖는 수많은 문제점의 근본 원인이다. 세상은 사람들이 상호작용하고, 조율하며, 협력하고, 경쟁하는 디지털 태생의 새로운 방법을 필요로 한다.

블록체인은 네트워크에 대한 합리적인 소식 구조를 제공한다. 토큰은 자연스러운 자산이다. 정책 입안자와 산업 리더는 그들의 전임자들이 유한책임회사에 대해 했던 것처럼, 블록체인 네트워크에 대해 적절한 보호장치를 마련하기 위해 함께 협력할 수 있다. 블록체인 네트워크에 대한 규제는 탈중앙화를 허용하고 장려해야 한다. 기업들이 하듯 무조건 중앙화해서는 안 된다. 컴퓨터 문화가 발전하면서도 카지노 문화를 억제할 수 있는 많은 방법이 있다. 바라건대, 규제 당국은 혁신을 장려하고 창업자들이 최선을 다해 미래를 만들어나가도록 해야 할 것이다.

카지노 문화가 컴퓨터 문화의 발목을 잡아서는 안 된다.

PART 5

네트워크의
다음 물결

13 아이폰이 세상을
바꿨던 것처럼

미래는 예측하는 것이 아니라 만드는 것이다.[1]

— 아서 클라크

새로운 컴퓨팅 플랫폼이 프로토타입에서 주류 제품이 되기까지 수년 심지어 수십 년이 걸릴 수도 있다. PC, 스마트폰, 가상현실 헤드셋 같은 하드웨어 기반 컴퓨터도 그러하고, 블록체인과 인공지능 시스템 같은 소프트웨어 기반의 가상 컴퓨터도 그러하다. 시행착오를 거치며 몇 년을 소비한 후, 누군가 급속한 성장을 가져오는 혁신 제품을 출시한다.

PC 산업도 이 패턴을 따랐다. 알테어(Altair)는 1974년에 출시된 세계 최초의 PC였다.[2] 이후, 1981년 IBM PC의 출시가 PC 산업 성장 단계의 시작을 이끌었다.[3] 그때조차도 주로 마니아들이 게임을 만들거나 시간을 보내는 목적으로 PC를 사용했다. 고성능 컴퓨터를 원했던 고객들의 문제를 PC로는 해결하지 못했기 때문에, 당시 컴퓨터 기업들은 PC를 값비싼 장난감 정도로 치부했다. 그러나 PC 개발자들은 워드프로세서와 스프레드시트 같은 애플리케이션을 만들었고 시장은 폭발적으로 성장했다.[4]

인터넷도 이런 방식으로 발전했다. 부화 단계는 1980년대와 1990년대 초기였으며, 당시에는 학계와 정부가 주로 문자 기반 툴을 사용했다.[5] 1993년 모자이크 웹 브라우저가 출시되자 인터넷 상업화의 물결이 뒤따랐다.[6] 성장 단계가 시작되었으며, 지금까지 이어지고 있다.

인공지능은 지금까지의 컴퓨팅 기술 중 가장 부화 기간이 길었다. 신경생리학자인 워런 매컬러와 논리학자인 월터 피츠는 1943년, 현대 인공지능을 밑받침하는 핵심 모델인 뉴럴 네트워크(neural network)를 생각해냈다.[7] 7년 후, 앨런 튜링은 진정한 인공지능이라면 사람과 구별할 수 없는 방식으로 질문에 답한다는 튜링 테스트 아이디어를 담은 유명한 논문을 발표했다.[8] 이후 소위 인공지능의 여름과 겨울을 몇 차례 보낸 다음, 인공지능은 세상에 등장한 지 80년이 지난 오늘날 꽃을 피우고 있다. 인공지능 기술을 밑받침하는 특별한 컴퓨터 칩인 GPU 기술의 발전이 주요한 이유다.[9] GPU 성능은 지수 곡선에 따라 증가했으며, 덕분에 뉴럴 네트워크는 인공지능 시스템 지능의 핵심 동인인 매개 변수를 수조 개까지 가질 수 있게 되었다.

내가 기업가였고 파트타임으로 투자 업무를 시작했을 때는 2007년 아이폰이 출시된 무렵으로, 모든 사람이 모바일 컴퓨팅에 관해 이야기했다. 친구와 나는 잠재력 있는 모바일 애플리케이션을 찾기 시작했고, 누구나 킬러 앱이 무엇인지 알고 싶어 했다. 그 당시 근래의 상황이 이에 대한 단서를 제공했다. 이미 PC에서 인기를 끈 일부 앱이 모바일 앱으로 전환될 것 같았고, 그런 가정은 맞을 가능성이 높았다. 쇼핑과 소셜 네트워킹은 의심할 여지 없이 모바일 앱으로 개발돼 인기를 이어가리라 생각했다. 이런 모바일 앱들은 기존 활동을 더 좋게 만드는 방식일 것이라 생각했다.

또 다른 단서는 모바일의 고유한 능력에서 찾았다. 킬러 앱은 이런 모바일 고유의 특징을 이용할 것처럼 보였다. 아이폰에는 PC에 없는 많은 것들이 있었다. 아이폰은 사용자와 늘 함께 있고, GPS도 달려 있으며, 카메라도 내장돼 있다. 이런 특징들은 여러분이 아이폰 등장 이전에는 할 수 없었던 일들을 가능하게 한다.

돌이켜 생각해보면, 가장 크게 성공했던 제품들은 이런 패턴을 따랐다. 성공을 거둔 앱들은 기존 인기 있던 활동들을 재해석하는 동시에 모바일 폰의 고유한 특징을 잘 활용했다. 인스타그램과 틱톡은 카메라에 의존하는 소셜 네트워크였다. 우버와 도어대시는 GPS에 의존하는 온디맨드 배달 서비스였다. 왓츠앱과 스냅챗은 언제나 사용자 옆에 있다는 특징에 의존하는 메시지 앱이었다.

2007년 모바일에 대한 중요한 질문은 '어떤 종류의 모바일 앱이 중요하겠는가?'였다. 오늘날 블록체인에 대한 중요한 질문은 '어떤 종류의 블록체인 네트워크가 중요하겠는가?'이다. 블록체인 인프라는 최근에서야 인터넷 규모의 애플리케이션을 지원할 만큼 발전했다. 이 산업은 현재 부화의 끝 단계에 다다르거나 혹은 성장의 초기 단계에 진입하고 있는 것처럼 보인다. 이에 킬러 블록체인 네트워크가 어떤 모습일지 질문하기에 좋은 시점인 것 같다.

어떤 블록체인 네트워크는 스큐어모픽일 것이다. 즉, 전에 하던 일을 더 잘할 것이다. 이런 관점에서 소셜 네트워크는 블록체인 네트워크의 확실한 응용이다. 소셜 네트워크는 사람들이 가장 많은 시간을 보내는 곳이며 수십억 명의 생각과 행동에 영향을 끼친다. 그리고 창작자들의 주요 경제 엔진이다. 블록체인은 오늘날의 기업 네트워크와는 달리 수수료율이 낮고 규칙을 마음대로 바꾸지 않는 소셜 네트워크를 구축할 수 있다.

스큐어모픽 관점에서 또 다른 중요한 영역은 금융 네트워크일 것이다. 송금은 문자 메시지를 보내는 것만큼이나 쉬워야 한다. 결제 과정을 개선하는 일은 대개 여러 주체가 엮인 집합적인 문제이며, 블록체인이 해결하기에 적합한 문제다. 블록체인 기반의 결제 시스템은 수수료를 낮출 수 있고, 거부감을 줄이며, 새로운 영역의 애플리케이션을 보여준다.

이전에는 할 수 없던 것을 태생적으로 하는 중요한 블록체인 네트워크도 등장할 것이다. 나는 그런 블록체인 네트워크 상당수가 미디어와 창의적인 활동을 포함하리라 기대한다. 다른 태생적인 애플리케이션들은 앞서 다루었듯이, 인공지능과 가상 세계 같은 주목받는 신기술 영역과 일부 겹칠 것이다.

여기서 다루지는 않았지만, 결국 중요해질 애플리케이션 영역이 있을 것이다. 미래를 만들어가는 기업가와 개발자는 언제나 이론적 지식에 기대 예측하는 사람들을 뛰어넘을 것이다. 그럼에도 불구하고, 나는 내가 수집한 정보에 근거해 '읽기-쓰기-소유하기 시대'에 어떤 블록체인 네트워크가 인기를 끌지 몇 가지 추측을 해보고자 한다. 이 목록은 완전하진 않지만, 나는 여러분도 그것을 생각하기 시작했으면 한다.

14 앞으로의 애플리케이션

소셜 네트워크:
수백만 개의 수익성 있는 틈새시장

와이어드 창업자인 케빈 켈리는 2008년에 출간한 대표 에세이 《천 명의 진정한 팬(*1,000 True Fans*)》에서 인터넷이 창조적인 활동의 경제학을 변화시킬 것이라고 예측했다.[1] 그는 인터넷을 21세기식 후원을 가능하게 하는 최고의 중개자로 보았다. 아무리 틈새시장이라도 창작자들은 진정한 팬을 발견할 수 있고, 그 팬은 다시 창작자를 지지할 것이다.

창작자로 성공하기 위해 반드시 수백만 규모의 무언가를 가질 필요는 없다.

수백만 달러의 돈, 수백만 명의 고객, 수백만 명의 팬은 더 이상 필요하지 않다. 장인, 사진작가, 음악가, 디자이너, 작가, 만화가, 앱 제작자, 기업가 혹은 발명가로 활동하면서 생계를 꾸려가려면 수천 명의 진정한 팬만 있으면 된다.

진정한 팬이란 여러분이 만든 것을 그게 무엇이든 구매하려는 팬을 말한다. 이런 열성팬은 여러분의 노래를 듣기 위해 수백 킬로미터 거리를 기꺼이 운전해 공연장에 도착할 것이다. 이들은 여러분이 책을 출간하면 양장본뿐만 아니라 보급판, 심지어 오디오북까지 구매할 것이다. 이들은 여러분이 다음에 만들 작은 피규어를 현물도 보지 않은 채 구매할 것이다. 이들은 유튜브 채널을 통해 공짜로 볼 수 있는 영상이더라도 명장면을 모아놓은 편집본 DVD가 출시되면 곧장 구매할 것이다. 또한 이들은 한 달에 한 번 셰프의 특선 요리 식탁에 참석할 것이다.

켈리의 예측이 정확히 맞지는 않았다. 현실에서 창작자는 활동을 이어가기 위해 일반적으로 수백만 명의 팬 또는 최소 수십만 명의 팬이 필요하다. 기업 네트워크는 창작자들과 팬 사이에 끼어들어 주요한 연결 수단이 되고 중간에서 가치를 가로채며 방해한다.

소셜 네트워크는 오늘날 인터넷에서 가장 중요한 네트워크일 것이다. 소셜 네트워크는 경제 분야뿐만 아니라 사람들의 삶에도 엄청난 영향을 끼쳤다. 일반 인터넷 사용자는 하루에 거의 2.5시간을 소셜 네트워크를 하는 데 소비한다.[2] 소셜 네트워킹은 문자 메시지 다음으로 가장 인기 있는 온라인 활동이다.

주요 소셜 네트워크의 설계는 무엇이 잘못되었는지를 보여준다. 강력한 네트워크 효과는 사용자를 거대 기술 기업의 손아귀에 가두다시피 했으며, 이는 높은 수수료율로 이어졌다. 대다수 주요 기업 네트워크의 약관은 불분명하고 애매해 정확히 알기는 어렵지만, 수수료율이 약 99%라고 생각하면 충분히 타당하다. 상위 다섯 개 소셜 네트워크인 페이스북, 인스타그램, 유튜브, 틱톡, 트위터의 매출을 합하면 1년에 약 1500억 달러에 이르며, 이는 이들 소셜 네트워크가 사용자에게 1년에 200억 달러 규모의 수익을 지급한다는 뜻이다. 이때, 200억 달러의 상당 부분은 유튜브에서 지급한 것이다.

기업 네트워크는 RSS 같은 프로토콜 네트워크에 비해 인터넷 접속이 쉬웠기 때문에 경쟁에서 이겼다. 그러나 이는 기업 네트워크가 인터넷에 접속할 수 있는 유일한 혹은 가장 좋은 방법이라는 의미는 아니다. 오늘날의 대안은 소셜 네트워크가 탈중앙화되고 커뮤니티가 소유하는 프로토콜 구조 또는 블록체인 구조로 구축된 네트워크가 될 것이다. 이는 사용자, 창작자, 개발자에게 의미 있는 경제적 효과를 가져올 수 있으며, 인터넷 시대의 진정한 팬이라는 켈리의 멋진 비전을 부활시킬 수 있다.

다른 네트워크 설계의 효과를 이해하기 위해, 간단한 산수로 어림잡아 따져보자. 프로토콜 네트워크의 수수료율은 사실상 0%다. 때때로 기업들은 프로토콜 네트워크 위에 간편한 접속 및 기타 다른 기능을 추가한 앱을 개발한다. 서브스택은 이러한 방식으로 이메일 뉴스레터를 만들었으며, 편리함의 대가로 약 10%의 수수료를 부과했다(서브스택의 수수료율은 소유권을 인정하는 다른 마켓에서처럼 낮게 유지되었다. 이는 사용자가 자신이 보유한 이메일 구독자 목록을 소유하고 있어 언제든지 경쟁사로 옮겨갈 수 있기 때문이다).

상위 다섯 개 소셜 네트워크에서 비슷한 수준의 수수료를 부과한다고 가정해보자. 서브스택과 마찬가지로 10%의 수수료만 받는다면, 연간 매출 1500억 달러 가운데 이들의 몫은 1300억 달러에서 150억 달러로 급감할 것이다. 이렇게 되면 창작자 같은 네트워크 참여자의 지갑에 연간 1150억 달러가 더 들어올 것이다. 이는 얼마나 많은 사람의 삶을 변화시킬까? 미국인의 평균 연봉이 약 5만 9000달러인 상황에서[3] 1150억 달러의 간접 수익은 거의 200만 개의 일자리를 늘릴 수 있는 재원이다. 추정치일 뿐이지만, 분명 큰 수치다.

수수료율을 낮추면 승수효과가 발생한다. 네트워크 가장자리로 더 많은 돈을 보낼 수 있다면, 더 많은 사람이 창의적인 일에만 몰두할 수 있는 소득 수준에 도달할 것이다. 대부분의 소셜 네트워크에서 창작자와 사용자 사이의 이동이 더 많아질 것이다. 즉, 더 많은 사용자가 지속 가능한 미디어 기업을 설립하면서 둘 사이의 장벽은 낮아질 것이다. 이와 동시에 전일제 작업자는 더 나은 콘텐츠를 만들어 더 많은 구독자를 모으고 네트워크에서 더 높은 수입을 얻을 것이다.

창작자들에 대한 경제적 여건이 나아지면 선순환이 발생한다. 수백만 명의 사람이 전일제 방식으로 창의적인 활동에 전념한다면, 모든 사람이 사용하는 인터넷의 질이 나아질 것이다. 소셜 네트워크는 잡담하고 밈을 주고받을 수 있는 공간이어야 하지만 글쓰기, 게임 제작, 영화 제작, 작곡, 팟캐스트 녹음 등과 같은 장기 활동에도 힘을 실어줄 수 있어야 한다. 이런 활동에는 시간, 돈, 노력이 필요하다. 인터넷이 깊이 있는 창작 활동의 가속 엔진이 되려면, 더 나은 경제적 엔진이 필요하다.

새로운 일자리를 만드는 것은 단순히 멋진 일이 아니라 필수다. 인공지능 같은 신기술이 업무를 자동화하고 있는 오늘날, 소셜 네트워크는 사람들에게 성취감을 안기는 경력 기회를 제공하는 균형추가 될 수 있다.

탈중앙형 소셜 네트워크는 사용자와 소프트웨어 개발자에게도 좋을 것이다. 기업 네트워크의 높은 수수료율, 변덕스러운 규칙, 플랫폼 리스크는 개발자에게 큰 장애물이다. 반면에, 탈중앙형 네트워크는 투자와 구축을 장려한다. 더 많은 툴이 구축되면, 사용자는 선택에 앞서 훨씬 다양해진 소프트웨어와 기능을 고려해볼 수 있다. 선택은 경쟁을 이끌며, 경쟁은 더 나은 사용자 경험으로 이어진다. 고객이 게시물에 순위를 매기고, 스팸성 콘텐츠를 필터링하며, 개인 데이터를 추적하는 방식이 마음에 들지 않는가? 바꾸면 된다. 이렇게 바뀐다고 해도 실질적으로 여러분에게 전혀 해가 되지 않으며, 자신이 가진 어떤 연결 관계도 잃지 않을 것이다.

이론상으로는 훌륭하게 들린다. 그러나 우리가 소셜 네트워킹의 진화 가운데 있다는 것을 고려할 때, 실질적인 문제는 오늘날 성공할 수 있는 탈중앙형 소셜 네트워크를 구축하는 것이 가능하냐는 것이다. 소셜 네트워크 사용자들은 때때로 디플랫포밍, 규칙 변경, 네트워크 소유주 변경, 개인정보 보호 혹은 법률 스캔들 같은 사고가 터지면 플랫폼의 문제를 깨닫고는 새로운 소셜 네트워크로 도망치듯 옮겨간다. 그러나 이런 안티 커뮤니티는 일반적으로 오래 지속되지는 않는다. 지속 가능한 소셜 네트워크는 분노가 아닌 연대감과 공유 이익을 통해 구축되기 때문이다.

소셜 네트워크에 대한 새로운 가치 제안은 사용자 경험 측면에서는 기존 기업 네트워크와 완전히 동등해야 하고, 경제적인 측면에서는 훨씬 나아야 한다. 기업 네트워크가 성공할 수 있었던 건 사람들이 쉽게 접속할 수 있었기 때문이었다. 접속하기 쉬운 탈중앙형 소셜 네트워크는 지금이라도 제작할 수 있다. RSS 같은 프로토콜 네트워크 기반의 소셜 네트워크는 좋은 출발점이었으나, 기업 경쟁자들과 비교해 기능과 자금이 부족해 실패했다. 블록체인은 두 가지 약점을 해결할 수 있다. 우리는 현재 역사상 처음으로 프로토콜 네트워크의 사회적 장점과 기업 네트워크의 경쟁적 장점을 모두 갖춘 네트워크를 만들 수 있다. 블록체인이 최근에서야 소셜 네트워킹을 지원할 만큼의 성능을 갖춘 만큼 정말로 시기가 적절하다.

오늘날, 여러 블록체인 프로젝트가 소셜 네트워킹 구축을 시작하고 있다. 프로젝트마다 설계는 제각기 다르지만, RSS를 실패로 이끌었던 문제점을 극복하고 있다는 공통점이 있다. 가장 훌륭한 블록체인 설계들은 소프트웨어 개발자들을 재정적으로 지원하고, 기업 금고와 유사한 토큰 트레저리를 통해 사용자 등록에 보조금을 주거나 호스팅 비용을 지원한다. 기능 측면에서도 블록체인은 기본 서비스를 지원하기 위해 중앙집중형 글로벌 상태 정보를 제공하는 핵심 인프라를 갖추고 있다. 덕분에 네트워크 전반에 걸친 검색이 쉬워지고, 프로토콜 네트워크와 연합 네트워크에서 분할로 인해 발생하는 사용자 경험 문제를 피할 수 있다(257쪽 '연합 네트워크'에서 다루었다).

마케팅 측면에서는 네트워크 효과를 촉진하는 일이 핵심 과제다. 한 가지 방법은 높은 수수료로 인해 가장 큰 어려움을 겪고 있는 공급자 측면에서 시작하는 것이다. 일반 사용자는 자신들이 기업 네트워크에 참여하며 얼마나 많은 가치를 놓지고 있는지 모를 수 있다. 그러나 창작자와 소프트웨어 개발자들은 자신들의 수입에 크게 신경 쓴다. 그러므로 그들에게 자신들이 만든 가치에서 더 큰 몫을 가져갈 수 있는 예측 가능한 네트워크를 제시한다면, 이는 매력적인 제안일 것이다. 최고의 콘텐츠와 소프트웨어를 오직 특정 네트워크에서만 이용할 수 있다면, 네트워크의 수요 측면에 있는, 즉 수동적인 소비자인 사용자는 그런 네트워크를 찾을 가능성이 높다. 블록체인 네트워크를 사용하면 예전에는 누릴 수 없었던 특권인 네트워크의 경제적 성과 공유와 지배구조에 참여할 수 있다는 점은 사용자가 블록체인 네트워크로 전환할 추가적인 동기가 된다.

틈새시장에서 시작하면 새로운 소셜 네트워크가 초반의 어려움을 이겨내는 데 도움이 될 수 있다. 신기술 혹은 뉴미디어 장르에 관심 있는 사람들처럼, 공통 관심사를 가진 그룹을 타깃으로 삼는 것도 커뮤니티의 씨앗을 뿌리는 한 가지 방법이다. 네트워크에서 가장 귀중한 참여자는 다른 네트워크에서는 구독자가 적지만 이 네트워크에서는 장래가 유망한 참여자일 것이다. 유튜브는 사업 초기에 TV나 다른 형태의 미디어로부터 창작자를 영입하는 방식으로 성공하지 않았다. 새로운 스타는 플랫폼과 함께 부상한다. 그것은 스큐어모픽 사고를 넘어서는 것으로, 네트워크에서 성장한 참여자의 힘이다.

창작자에게 오늘날의 기술 인프라는 절호의 기회처럼 보일지 모른다. 창작자들은 버튼 하나만 클릭하면 50억 명의 사람들에게 즉시 자기 작품을 게시할 수 있다. 그들은 지구 어느 곳에서든 팬, 비평가, 협력자를 찾을 수 있다. 그러나 그들은 대개 모든 일을 기업 네트워크를 통해서 해야만 한다. 그리고 그 기업 네트워크는 측정할 수 없을 만큼 다양한 콘텐츠 제작에 쓰였을 수백억 달러의 돈을 중간에서 가로챘다. RSS 같은 탈중앙형 소셜 네트워크의 초창기 시도가 지속되지 못한 탓에 우리가 얼마나 많은 창의성을 놓치고 있는지 상상해보라.

우리는 더 잘할 수 있다. 인터넷은 인간의 창의성과 진정성에 훼방을 놓는 방해자가 아닌 촉매자가 되어야 한다. 블록체인 네트워크를 활성화해 수익을 낼 수 있는 수백만 개의 틈새시장이 있는 시장 구조는 이것을 가능하게 한다. 좀 더 공정하게 수익을 분배받는다면, 더 많은 참여자가 자신의 진정한 소명을 발견할 것이며, 더 많은 창작자가 자신의 진짜 팬을 만날 것이다.

게임과 메타버스:
누가 가상 세계를 소유할까?

메타버스에 관한 가장 인기 있는 책《레디 플레이어 원》의 줄거리는 3차원 가상 세계인 오아시스를 누가 제어할지 겨루는 대결을 중심으로 전개된다. 나는 누가 대결의 승자가 되는지 말할 생각은 전혀 없다. 내 생각에 진짜 이슈는 누가 승자가 되는지가 아니라 한 사람이 가상 세계 전체를 제어할 수 있냐는 것이다.

공상과학 작가 닐 스티븐슨은 1992년 출간한 소설《스노 크래시》에서 '메타버스'라는 새로운 용어를 사용했다.[4]《레디 플레이어 원》은 스티븐슨으로부터 비롯된 초현실 소설의 전통을 토대로 쓰였다. 스티븐슨이 소설을 썼던 때로 돌아가보면, 3차원 멀티플레이어 게임은 그래픽도 단순하고 단지 몇몇 플레이어 사이의 상호작용만을 지원했다. 그때 이후 명백히 많은 발전이 있었다. 오늘날 게임 그래픽은 할리우드 영화에 뒤지지 않는다. 수백 명 혹은 심지어 수천 명의 플레이어가 동일한 게임 속 가상 세계에서 상호작용을 하고, 게임을 지켜보는 사람들은 수억 명에 이른다. 포트나이트와 로블록스 같은 비디오 게임은 현존하는 게임 가운데 오아시스 같은 완전한 가상 세계와 가장 유사하다.

여러분은 굳이 애쓰지 않아도 우리가 어디로 향하고 있는지 볼 수 있다. 충분히 이른 시일 내에 디지털 세계는 실제와 똑같이 표현할 수 있는 그래픽 기술을 구현할 것이다. 그리고 수백만까지는 아니어도 수천 명의 사람이 그곳에서 함께할 것이다. 구독자의 수는 계속 증가하고, 사람들은 게임 세상에서 더 많은 시간을 보낼 것이다. 고사양 가상현실 헤드셋이 흔해지고, 물리적인 반응을 지원하는 촉각 인터페이스 기기가 등장한 덕분에 사용자 경험은 한층 현실감 있을 것이다. 인공지능 기술은 다양한 인물, 세상 및 콘텐츠를 만들어 세상에 내놓을 것이다. 이처럼 모든 기술 트렌드가 가상 세계를 가리키고 있다.

가상 경험의 품질이 나아지면서, 디지털 상호작용이 경계를 넘어 실제 세계로 들어올 것이다. 여러분은 가상현실에서 친구를 사귀고, 미래 배우자를 만나며, 새로운 직업을 얻게 될 것이다. 경제의 더 많은 부분이 온라인 세상으로 들어옴에 따라서, 온라인 세상에만 존재하는 직업의 수도 더 많아질 것이다. 일과 놀이의 경계가 모호해지며, 디지털 세상에서 일어난 일이 실제 세상에서 영향을 끼치고 의미를 가질 것이다. 물론 반대의 경우도 있다. 소셜 네트워크도 마찬가지다. 트위터는 점심으로 무엇을 먹었는지 같은 사소한 일을 공유하는 수단으로 출발했지만, 현재는 전 세계 정치의 중심에 있다. 장난감처럼 보이는 것들이 계속 장난감에 머물기도 하지만, 때론 훨씬 중요한 것이 되기도 한다.

메타버스의 비전이 실현되면서, 메타버스 속 세상들이 어떻게 설계되고, 어떤 구조가 그 세상을 밑받침할지가 핵심 질문이 되었다. 오늘날 가장 인기 있는 비디오 게임은 기업 네트워크 모델을 사용한다. 게임 플레이어들은 게임 제작사가 제어하는 공유 가상 세계를 통해 연결된다. 이러한 가상 세계 상당수에는 디지털 화폐, 가상 상품 등이 있는 경제 시스템들이 존재하지만, 게임 제작사가 중앙에서 제어하는 탓에 수수료율은 높고, 기업가가 활동할 기회는 제한되어 있다.

기업 모델의 대안은 프로토콜 네트워크나 블록체인 네트워크에 기반한 개방형 모델이다. 포트나이트와 인기 게임 엔진인 언리얼의 제작사인 에픽(Epic)의 창업자 팀 스위니는 개방형 메타버스에 대한 자신의 비전을 두 네트워크를 결합한 것으로 설명한다.[5]

몇 가지가 필요하다. 3차원 세상을 나타내는 파일 포맷이 필요하다. (중략) 이들을 3차원 콘텐츠를 표현하기 위한 표준으로 사용할 수 있다. 교환을 위한 프로토콜이 필요한데, HTTPS 프로토콜이나 모두에게 개방돼 있고 탈중앙화된 구조인 IPFS 같은 프로토콜을 사용할 수 있다. 안전한 전자상거래를 수행하려면 수단이 필요하며, 블록체인을 사용할 수 있다. 또한, 객체의 위치와 안면 움직임 정보 등을 주고받기 위한 실시간 프로토콜이 필요하다. (중략) 메타버스 구현을 위해 남아 있는 구성요소를 갖추려면 몇 차례 개발 과정이 필요하다. 이 모든 것은 웹을 표준화한 HTTP처럼 공통분모를 뽑아 표준화할 수 있을 만큼 꽤 유사하다.

스위니의 비전은 올바른 방향으로 가고 있지만, 개방성을 좀 더 공격적으로 확대할 수 있다. 블록체인을 전자상거래에 한정하는 것은 스큐어모픽 사고방식이다. 블록체인은 컴퓨터이며, 당연히 모든 종류의 소프트웨어를 실행할 수 있다. 그러므로 가장 강력한 개방형 메타버스를 만드는 방법은 조합성 있는 블록체인 네트워크들을 모아 상호연동하는 메타 네트워크를 구성하고, 각각의 블록체인 네트워크가 스위니가 필요하다고 언급한 것들을 하나씩 담당하도록 만드는 것이다. 처음에는 핵심적인 한 개의 블록체인 네트워크로부터 출발해 서로 연결된 블록체인 네트워크들로 확장할 수 있다.

기술 사양을 충족시키기까지 오랜 시간이 걸리지는 않을 것이다. 가상 화폐를 나타내는 대체 가능 토큰과 가상 상품을 나타내는 NFT가 네트워크를 통해 자유롭게 통용될 것이다. 일부 NFT는 소유자와 영원히 묶인 성과나 아이템을 나타내며 양도할 수 없거나 거래할 수 없을 것이다. 가상 의류같이 사고팔 수 있는 NFT도 있을 것이다. 이외의 다른 NFT는 거래할 수 있는 기능과 그렇지 않은 기능이 섞여 있을 것이다. 예를 들어, 아바타는 전송 시에 리셋되는 경험치를 가질 듯하다.

게임 설계자는 작업할 풍부한 설계 공간을 가질 것이다. 그들은 블록체인 네트워크를 기반으로 애플리케이션을 구축하지만, 오늘날 게임 설계자가 사용하는 모든 툴도 여전히 사용할 수 있을 것이다. 또한 지속적이고, 양도할 수 있는 소유권과 네트워크 전체로 확장되는 경제와 같은 새로운 디자인 요소를 갖게 될 것이다.

블록체인 네트워크에서는 참여자가 낸 수수료로 개발비를 충당할 수 있다. 수수료율이 낮지만, 기업가 정신에 의해 주도되는 더 큰 경제 규모가 낮은 수수료율을 보상할 것이다. 창작자는 가게를 열어 자기 작품을 팔 수 있으며, 수입의 대부분을 직접 가져갈 수 있다. 네트워크 성과 공유에 제한이 없다는 것을 알고 있으므로 투자자는 네트워크 위에 무언가 구축할 기업가를 재정적으로 지원할 동기를 갖게 된다. 블록체인 네트워크의 상호연동성과 조합성 덕분에 사용자는 한 네트워크에서 다른 네트워크로 옮겨가며, 네트워크 사이에 경쟁을 유발하면서 게임과 애플리케이션 사이에서 움직일 수 있을 것이다. 블록체인에 내장된 지속적인 규칙이 디지털 재산권을 보장하며, 커뮤니티가 지배구조를 관리할 것이다.

기업 네트워크에서는 네트워크 간의 상호연동성을 흔히 골칫거리 같은 일로 여긴다. 블록체인은 반대로 상호연동성을 성장하기 위한 툴로 만든다. 한 네트워크가 토큰 소유자 커뮤니티를 만든다면, 다른 네트워크에서는 그 커뮤니티의 토큰 사용을 지원하겠다고 제안해 커뮤니티가 네트워크에 참여하도록 유인할 수 있다. 덕분에 한 게임에서 플레이어가 수년에 걸쳐 모은 검과 약물은 게임을 멈추더라도 헛수고가 되지 않으며, 그 플레이어는 수집품을 새 게임으로 가져갈 수 있다. 아마도 그래픽과 게임 방식은 다르겠지만, 아이템과 핵심 소유물은 유지된다.

웹 같은 프로토콜 네트워크가 메타버스를 구축하는 데 유용할 수 있다면, 나는 그것을 환영한다. 그러나 스위니가 지적했듯이, 웹 같은 프로토콜 네트워크가 제공할 수 없는 많은 조각이 여전히 필요하다. 프로토콜 네트워크나 블록체인 네트워크 같은 개방형 시스템이 빈 곳을 채우겠다고 나서지 않는다면, 기업 네트워크가 나설 것이다. 그리고 메타버스의 가상 세계는 《레디 플레이어 원》의 암흑판이 될 것이다.

NFT: 풍요로움의 시대에 희소성의 가치

인터넷에서 '복사'는 핵심 활동이다. 사람들이 온라인에 글을 쓰면 그 정보는 개인 기기에서 서버로 복사된 다음, 다시 독자들에게로 복사된다. 게시물에 대한 '좋아요'부터 리트윗에 이르기까지 한 사람이 하는 거의 모든 행동은 복사를 만든다. 복사는 무료이고 거부감도 없어 동영상, 밈, 게임, 메시지, 게시글 등이 홍수처럼 넘쳐나게 만든다.

복사는 창작자들에게 좋기도 나쁘기도 하다. 한편에서 보면, 복사는 창작물을 광범위한 사람들에게 배포한다는 장점이 있다. 반면 다른 한편에서 보면, 미디어가 넘쳐나면서 주목을 받기 위한 경쟁도 그만큼 치열해진다. 네트워크는 이런 정보를 전달하고 제거한다. 그런데도 모든 사람이 소비할 수 있는 것보다 훨씬 많은 양의 정보가 네트워크에서 흘러 다닌다. 좋은 소식은 여러분의 글이 즉시 50억 명의 사람들에게 도달할 수 있다는 것이며, 나쁜 소식은 다른 사람도 그렇게 할 수 있다는 것이다.

전통적인 미디어 사업은 돈을 벌기 위해 희소성에 의존한다. 인터넷 이전 시대에서 책과 CD 같은 미디어는 제한적이었으며, 사람들은 실제 상품을 찾아 획득해야만 했다. 기본적으로 정보가 무료로 흘러 다니는 디지털 세상에서는 풍요로움이 표준이 되었다. 많은 미디어 사업은 유료화와 저작권 같은 제약을 부과해 자신의 이익을 지킨다. 〈뉴욕타임스〉 기사를 읽거나 스포티파이에서 음악을 들으려면 돈을 내야 한다(불법복제는 명백한 불법이며, 합법적인 대안이 등장하면서 그 매력을 점점 잃고 있다).

희소성은 관심을 돈으로 바꿀 수 있지만, 미디어가 희소하면 인터넷에서 돈을 벌 수 없다. 콘텐츠 접근이 어려우면 콘텐츠는 주목받기 위한 경쟁에서 살아남을 기회가 줄어든다. 예를 들어, 콘텐츠 이용에 제약이 있으면, 공개된 콘텐츠처럼 공유하거나 수정할 수 없다. 이는 미디어 창작자가 관심의 극대화와 수익의 극대화 사이에서 직면하고 있는 균형을 찾는 문제로, 나는 이 문제를 '주목과 수익 사이의 딜레마'라고 부른다.

비디오 게임 산업은 이런 딜레마를 헤쳐나가는 일에서 다른 미디어 사업보다 훨씬 앞서 있다. 게임은 수명이 짧은 경향이 있으며, 변화하는 기술과 트렌드에 적응해야 한다. 매든, 콜 오브 듀티와 같이 오랜 기간 인기를 유지하는 몇몇 예외적인 게임들도 있지만, 게임 대부분은 출시 후 얼마 지나지 않아 사라진다. 결과적으로 게임 산업은 빠르게 움직이고, 매우 경쟁적이며, 새로운 시도에 개방적이다. 계속 살아남는 기업들은 새로운 기술과 사업 모델을 받아들인다. 비디오 게임 제작사들은 단지 좀 더 일찍 배웠을 뿐, 그들이 학습해온 교훈은 다른 유형의 미디어에도 적용할 수 있다.

비디오 게임 제작사는 오랫동안 다른 모든 미디어 사업과 같은 방식으로 돈을 벌었다. 사람들은 한 번만 돈을 냈다. 대개 50달러 정도였으며, 고객은 일회성 금액을 내고 게임 CD를 받거나 게임을 다운로드했다. 인터넷 시대가 시작되자, 엄청나게 많은 플레이어가 함께하는 롤 플레잉 게임이나 슈팅 배틀로열 같은 새로운 장르의 비디오 게임이 등장해 인터넷 고유의 특징을 이용했다. 스트리밍과 가상 상품 판매 같은 새로운 활동과 사업 모델이 인기를 끌었다.

게임 제작사들은 새로운 시도를 하는 동안 무료 게임에서 돈을 더 많이 벌 수 있다는 사실을 깨달았다.[6] 자신들의 유일한 수익원을 공짜로 내주는 일은 과감한 시도였지만 효과가 있었다.

인터넷 초기, 게임 설계자들은 초반 게임 일부를 무료로 제공하고는 게임 전체를 돈을 받고 판매했다.[7] 2010년대에 그들은 한발 더 나아가 게임 전체를 무료로 제공하고, 향후 추가 제공하는 것들에 대해서만 돈을 받았다. 오늘날 포트나이트, 리그 오브 레전드, 클래시 로얄 같은 최고 수준의 게임들은 가상 상품을 팔아 돈을 번다.[8] 이 가상 상품들은 대개 게임을 더 잘할 수 있게 만들어주기보다는 여러분의 게임 캐릭터를 꾸미는 용도다(사람들은 이기기 위해 돈을 내야 할 때 반감을 느낀다).[9]

비디오 게임은 주목과 수익 사이의 딜레마를 해결했다. 게임을 무료화한다는 것은 게임 및 관련 비디오와 밈 등이 인터넷을 통해 자유롭게 퍼질 수 있다는 뜻이다. 결과적으로 게임 관련 콘텐츠는 소셜 미디어 전반에 걸쳐 꾸준히 가장 인기 있는 콘텐츠로 자리 잡았다. 가장 규모가 큰 신규 출시 게임은 일반적으로 가장 규모가 큰 개봉 영화보다 높은 매출을 올린다.[10] 최근 팬데믹을 거치며 그 차이는 더욱 벌어졌다.[11] 2022년, 게임 산업은 전 세계적으로 약 1800억 달러의 수입을 거두었으며, 이는 전 세계 영화 수입의 7배에 달한다.[12] 마니아를 위한 틈새시장에 불과했던 게임 산업이 지금은 블록버스터급 오락물이 되었다.

게임 산업의 기민한 노하우는 스트리밍에 대한 접근에서 명확히 나타난다. 트위치 같은 양방향 생방송 서비스에서 사용자들은 시청자들과 대화를 나누는 플레이어들의 게임 생방송을 시청한다. 일종의 스포츠 관람과 라디오 토크쇼의 혼합이라 할 수 있다. 법적으로는 게임 산업이 스트리밍을 엄격히 단속하기 쉽다. 예를 들어, 2000년대 후반 게임 스트리밍이 시작되었을 때, 닌텐도 같은 몇몇 기업은 부정적인 반응을 보였다.[13] 그러나 오늘날 모든 게임 제작사는 관심이 손해보다는 수익이 크다는 것을 깨닫고는

14

앎으로의 애플리케이션

너 나 할 것 없이 스트리밍을 장려한다.

게임 제작사는 영리했다. 그들은 개발한 게임을 단순한 게임을 넘어 스트리밍과 가상 상품으로 폭넓게 바라보았다. 그들은 실험을 통해 주목과 수익 사이의 균형을 최적화할 수 있는 무료 요소와 유료 요소의 적당한 혼합 수준을 찾았다. 그 과정에서 그들은 새롭고 희소한 가치 계층을 만들었다. 즉, 게임 자체는 유료에서 무료가 되었지만, 무료 스트리밍과 유료 가상 상품 같은 새로운 계층을 만들었다. 게임 제작사들은 수익 풍선의 한쪽을 오그라뜨리면서 부풀릴 다른 쪽을 찾았다.

음악 산업은 비디오 게임 산업과는 달리 혁신가들에 대한 소송으로 시간을 낭비하며 인터넷의 확산에 대응했다.[14] 음반 기업들은 새로운 기회를 찾기보다는 기존 사업을 보호하는 데 훨씬 더 집중했다.[15] 음반 기업들은 상당한 시간이 흐른 후에야 스포티파이 같은 스트리밍 서비스 업자들이 자신들의 음원 콘텐츠를 구독형 방식으로 사용하도록 하며 점진적인 변화를 수용했다. 음반 기업들은 이런 상황을 달가워하지 않았다.

이런 식의 대응은 오늘날까지도 이어지고 있다. 음악 스타트업들이 주목과 수익 사이의 딜레마를 헤쳐나가기 위해 새로운 방법을 찾고 있지만, 음반 기업들은 여전히 소송을 무기로 그들을 위협한다. 이런 위협은 실험적 시도에 찬물을 끼얹는다. 음악 관련 새로운 기술 제품들은 있다고 해도 대개 기존 제품을 약간 변경한 정도다. 새로운 접근은 매우 위험하고 값비싸게 여겨진다.

이런 대응의 결과는 확실하다. 매년 수백 개의 비디오 게임 스타트업이 생겨나는 데 만해, 음악 관련 스타트업은 거의 생겨나지 않는다. 이는 기업가들이 새로운 것을 발명하는 데 시간을 쏟고 싶지, 법정에서 시간을 허비하고 싶지는 않기 때문이다. 투자가들 역시 기업가들이 학습한 교훈을 똑같이 학습해왔으며, 결과적으로 음악 관련 스타트업들에는 좀처럼 투자하지 않는다.[16]

이런 서로 다른 두 대응 방식의 결과에 결코 놀라서는 안 된다. 다음 두 그래프가 보여주듯이 지난 30년간 비디오 게임 산업의 수익은[17] 음악 산업의 수익을 크게 앞질렀다.[18] 게임 산업은 여러 신기술을 받아들이며 성장한 반면, 음악 산업은 법적 대응으로 시간과 기회를 날리며 성장이 뒷걸음질 쳤다.

비디오 게임이 다른 어떤 유형의 미디어보다 많은 수익을 낼 수 있었던 데에 마법 같은 것은 없었다. 사람들이 비디오 게임을 좋아하기는 하지만 음악, 책, 영화, 팟캐스트 등도 좋아한다. 다만, 비디오 게임 산업 이외의 창작 산업들은 새로운 비즈니스 모델을 다양하게 시도하지 않았을 뿐이다. 사람들은 음악을 예전만큼 만들고 듣는다. 문제는 수요와 공급이 아니라, 둘 사이를 연결하는 비즈니스 모델이 부서졌다는 것이다.

비디오 게임에서 가상 상품의 역할을 인터넷 미디어에서는 NFT가 할 수 있다. NFT는 이전에는 존재하지 않았던 디지털 소유권이라는 새로운 가치 계층을 만든다.

왜 사람들은 디지털 소유권을 구매할까? 많은 이유가 있겠지

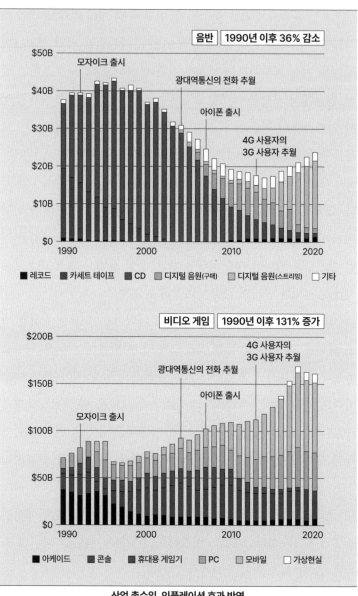

음반 | 1990년 이후 36% 감소

$50B
$40B
$30B
$20B
$10B
$0

모자이크 출시
광대역통신의 전화 추월
아이폰 출시
4G 사용자의
3G 사용자 추월

1990   2000   2010   2020

■ 레코드   ■ 카세트 테이프   ■ CD   □ 디지털 음원(구매)   □ 디지털 음원(스트리밍)   □ 기타

비디오 게임 | 1990년 이후 131% 증가

$200B
$150B
$100B
$50B
$0

4G 사용자의
3G 사용자 추월
광대역통신의 전화 추월
아이폰 출시
모자이크 출시

1990   2000   2010   2020

■ 아케이드   ■ 콘솔   ■ 휴대용 게임기   □ PC   □ 모바일   □ 가상현실

산업 총수입, 인플레이션 효과 반영

만 사람들이 예술작품, 수집할 수 있는 장난감, 빈티지 핸드백을 구매하는 이유와 똑같다. 상품에 담긴 아이디어와 이야기에 대한 감정적 연결 때문이다. 브랜드 공식 제품이나 예술가가 서명한 작품의 복제본을 구매하듯이 NFT를 구매한다고 생각해보자. NFT는 수정 불가능한 서명을 통해 여러분을 수집가 커뮤니티뿐만 아니라 해당 브랜드와 예술가 혹은 창작자에게도 연결한다. 여러분이 그 예술작품을 더 많이 복제하고 수정하며 공유한다면, 그 작품은 더 많이 알려지고 창작자와 커뮤니티 사이의 연결도 더 가치 있을 것이다.

그러나 NFT는 단순히 예술이 아니다. NFT는 디지털 소유권을 나타내기 위한 범용 컨테이너다. 이는 여러분이 공식적인 작품 혹은 작가가 서명한 작품을 구매하는 것 이상의 가치를 지닌 NFT를 설계할 수 있다는 뜻이다. 예를 들어, 한 인기 높은 NFT는 소유자에게 비밀 접속 자격이나 사적인 논의 그룹의 회원 자격을 부여한다. 또한 NFT는 투표권을 부여해 사람들이 인물과 이야기의 향후 전개 방향을 선택할 수 있게 한다(320쪽 '협업형 스토리텔링: 판타지 할리우드'에서 좀 더 자세히 다루겠다).

때때로 회의론자들은 NFT가 미디어 공유를 제한할 것이라 주장한다. 사실상 NFT는 제약을 완화하는 효과를 제공한다. 비디오 게임 플레이어가 증가하면 가상 상품의 가치가 올라가는 것처럼, 일반적으로 복제와 리믹싱은 NFT의 가치를 높인다. 실제 예술작품에도 같은 효과가 나타난다. 예술작품은 더 널리 알려질수록 작품의 가치가 올라갈 수 있으므로 소유주와 예술가는 복제를 통해 이익을 얻을 수 있다. 극단적인 경우로, 〈모나리자〉 같은 예술작품은 널리 재현되는 문화 아이콘이 될 수 있었다.

일반적으로 예술작품에는 저작권이 내장돼 있지 않다. 그림을 구매한다고 저작권을 구매하는 것은 아니다. 대신 여러분은 실제 작품과 그 작품을 이용하고 전시할 수 있는 라이선스를 구매한다. 작품 가치는 좀 더 감정적이고 주관적이다. 여러분은 현금 흐름을 분석할 수도, 다른 객관적인 가치 평가 방법을 사용할 수도 없다. 서명된 복사본을 나타내는 NFT도 비슷하다.

그러나 NFT는 유연해서 창작자들이 원한다면 저작권을 내장할 수 있다. 가장 간단한 예로, 구매하면 저작권까지 제공하는 NFT 플러스 저작권이 있다. NFT는 코드도 포함할 수 있으므로 실제 세상에서는 구현하기 힘든 저작권 변형을 만들 수 있다. 예를 들어, 여러분은 구매하면 상업화 권리를 함께 받고, 수익 일부를 원창작자에게 공유해야 하는 NFT를 설계할 수 있다. 더 나아가 리믹스와 파생 작업에 대한 새로운 규칙을 만들 수도 있다. 블록체인의 감사 추적 기능을 이용하면, 수익을 소유자와 기여자에게 배분하는 규칙을 코딩해 넣을 수 있다. 예를 들어, 수정본의 수정본에서 마지막으로 수정한 사람은 매출의 3분의 1만 취하고, 3분의 1은 처음 수정한 사람에게, 나머지 3분의 1은 원창작자에게 가는 식이다. NFT는 소프트웨어다. 따라서 여러분은 원하는 모든 방식으로 NFT를 설계할 수 있다.

316

또한 NFT는 창작자 경제를 변화시킬 수 있다.[19] 음반 비즈니스를 다시 한번 생각해보자.[20] 스트리밍 서비스 스포티파이에는 약 900만 명의 음악가가 있다.[21] 그런데 2022년 5만 달러 이상의 수입을 거둔 음악가는 1만 8000명이 채 되지 않았다. 수익 대부분은 스트리밍 서비스 업체와 음반 기업으로 간다. 토큰을 사용하면 높은 수수료율을 요구하는 중개자 계층을 없앤다. NFT를 사용하면 음악가는 수익 대부분을 가져가기 때문에 팬이 많지 않더라도 작품활동을 이어나갈 수 있다.

음악가들은 종종 CD 같은 실물 상품을 판매해 높은 수수료율을 요구하는 중개자 계층을 없앴다. 그러나 실물 상품은 디지털 상품 대비 시장 규모가 훨씬 작은 경향이 있다. 2018년 음악 산업은 35억 달러의 상품을 팔았다.[22] 이에 반해, 2018년 비디오 게임 산업은 가상 상품 판매만으로 360억 달러의 매출을 올렸으며,[23] 이후 매출은 거의 두 배 증가했다. 디지털 상품은 또한 이익률이 높다. 덕분에 상품 관련 새로운 시도를 해볼 여지가 크고, 팬과 지속적인 상호작용을 유지하기 쉽다.

NFT 기반 비즈니스는 기업 네트워크에 익숙해진 사람들에게 생각의 전환을 요구한다. 기업식 접근에서 보면, 기업은 전체 서비스를 '처음부터 끝까지' 방식으로 관리한다. 기업은 핵심 서비스를 만들고, 이를 지원하는 앱과 툴을 제공하며, 관련 비즈니스 모델을 수립한다. 처음부터 끝까지 명령과 제어다.

NFT에서 창작자는 단순한 NFT 모음 같은 최소한의 핵심 구성요소를 가지고 시작하며, 이후 독립적인 제삼자 개발자들이 네트워크 및 토큰을 중심으로 개별 애플리케이션들을 제작한다. 예를 들면, 밴드는 후원자와 핵심 팬을 끌어들이기 위해 NFT를 발행할 수 있다. 이후에 개인 이벤트, 포럼 혹은 독점 상품에 대한 접근 등 NFT 관련 경험을 제공하는 타사 애플리케이션이 개발되어 뒤따라 출시될 수 있다.

제삼자 관계의 개발자들이 NFT 관련 애플리케이션을 개발하는 두 가지 주요한 이유는 다음과 같다.

첫째, 그렇게 하면 이미 존재하는 커뮤니티가 자신들이 개발한 제품과 서비스를 더 빠르게 채택하기 때문이다. 마케팅 담당자는 NFT 소유자에게 새 제품에 대한 우선 사용이나 무료 사용 같은 혜택을 제공할 수 있다. 블록체인 모델에서 상호연동성은 고객을 확보하는 전략이 된다.

둘째, NFT는 확실히 중립적이다. 사용자는 NFT를 소유하고, NFT를 발행한 창작자는 그 규칙을 바꿀 수 없다(코드에 의해 명확히 활성화되지 않는다면). 인센티브는 기업 네트워크의 인센티브와는 매우 다르다. 기업 네트워크에서는 기업 소유주가 언제나 제멋대로 규칙을 바꾸기 때문에 상호연동성은 위험하다.

여기에서 다시 테마파크와 도시의 비유를 사용하면 이해에 도움이 될 듯하다. 기업 모델은 매우 잘 관리되며 모든 사용자 경험을 '처음부터 끝까지' 방식으로 구축하는 테마파크와 유사하다. 반면에 블록체인 네트워크는 핵심 빌딩 블록들로부터 시작해 바닥에서부터 하나씩 만들어나가는 기업가 정신을 장려한다. 복제를 허용하는 NFT는 제삼자의 혁신을 장려해 도시 모델에 잘 맞는다.

NFT는 아직 진화 중이지만 성공의 초기 조짐이 보인다.[24] 2018년에 NFT 표준이 만들어졌으며, 2020년에는 NFT 판매가 증가하기 시작했다.[25] 2020년에서 2023년 초기 사이에 창작자들은 NFT 판매를 통해 약 90억 달러를 받았다.[26] 유튜브는 같은 기간 동안 약 470억 달러를 지급했다(이는 유튜브가 같은 기간 거둔 850억 달러 매출 중 55%에 해당하는 것으로 창작자에게 지급되었다).[27] 인스타그램, 틱톡, 트위터 등은 창작자에게 거의 아무것도 주지 않았다.

이미 인상적인 시각예술, 음악, 글을 창작할 수 있는 생성형 AI가 빠르게 발전하고 있는 데다, 그 발전 속도가 너무 빨라서 조만간 인간의 능력을 압도할 듯하다. 소셜 네트워크가 콘텐츠의 배포를 민주화했듯이, AI는 콘텐츠 창작을 민주화할 것이다. 이는 저작권 모델처럼 미디어를 제약하는 모델은 살아남기 어렵게 만든다. 사람들은 AI를 사용해 강력한 대체재를 생성할 수 있는 만큼 미디어에 대해 많은 돈을 내려 하지 않을 것이다.

다행스럽게도 가치는 사라지지 않는다. 8장 〈수수료율〉에서 다루었듯이, 풍선을 쥐어짜면 가치는 인접한 계층으로 이동한다. 체스를 두는 인공지능은 지난 20년간 인간을 압도해왔지만 chess. com 같은 웹사이트에서 체스를 보거나, 체스 시합을 하는 일은 예전보다 훨씬 인기가 높다. 사람들은 기계의 지능이 발전할수록 다른 사람들과의 교류를 원한다. AI 이후의 예술 표현은 미디어 그 자체보다는 미디어를 중심으로 한 큐레이션, 커뮤니티 및 문화에 초점을 맞출 것이다.

NFT는 풍성한 미디어의 바다 위로 희소가치 계층을 더한다. 또한, 주목과 수익 딜레마에 고상한 해결책을 제시한다. NFT 창작자들은 비디오 게임의 가상 상품에서 영감을 받아 새로운 비즈니스 모델을 통해 수익을 거둘 수 있다. 인터넷은 인터넷이 가장 잘하는 복제, 리믹싱을 계속할 수 있다. 한마디로 윈-윈이다.

협업형 스토리텔링: 판타지 할리우드

1893년 영국 작가 아서 코난 도일이 자신의 가장 유명한 캐릭터인 셜록 홈즈를 스위스의 한 폭포 위에서 죽게 하자, 팬들은 당황하며 큰 충격에 빠졌다.[28] 수천 명의 셜록 홈즈 팬은 소설을 연재하던 잡지 〈스트랜드〉의 구독을 끊었다. 그들은 애도하는 마음으로 검은색 상복을 입었고, 홈즈의 부활을 요청하는 편지를 수없이 써 보냈다(코난 도일은 수년간 이런 요청을 무시하다가 종국에는 항복하고 홈즈를 다시 등장시켰다).

오늘날까지도 재미있는 이야기만큼 사람들의 열정을 자극하는 것은 없다. 인터넷은 해리포터, 스타워즈 같은 광대한 이야기 세계의 팬들로 가득 차 있다. 그들은 새로운 이야기가 업데이트되면 계속 살펴보고, 관련 지식을 자세히 조사해 분석하며, 사소한 줄거리에 담긴 의미와 맥락을 놓고 옥신각신 말다툼을 벌인다. 때때로 그들은 자신만의 줄거리와 캐릭터를 만들며, 심지어 왓패드 같은 팬픽션 사이트에서 완전한 책을 집필하기도 한다(《그레이의 50가지 그림자》는 트와일라잇 시리즈에 대한 팬픽션으로 시작했다).

사람들은 시리즈물에 너무 깊이 빠져든 나머지 그것이 자신의 정체성 일부라고 여기기도 한다. 하지만 이것은 착각에 지나지 않는다. 물론 팬들은 스토리의 전개 방향에 어느 정도 영향을 미칠 수는 있다. 짜증 나는 외계인 자자 빙크스를 싫어하는 팬들이 많아, 조지 루카스가 스타워즈 후속편에서 이 캐릭터의 역할을 줄였다고 믿는 사람들도 많으니 말이다.[29] 그러나 대부분의 경우, 팬은 공식적인 의견을 낼 수 없고 금전적인 지분도 갖고 있지 않은 수동적인 관찰자일 뿐이다.

한편, 미디어 분야는 새로운 창작물을 시상에 내놓을 때 위험 부담을 줄이기 위해 속편과 리부트에 집착한다. 미디어 제작 기업들은 새로운 스토리를 흥행시키기 위해 수천만 달러의 돈을 써야 하므로, 기존에 검증된 작품을 재활용하는 것이 더 안전하다.

그런데, 팬들이 정말로 소유주가 되고, 미디어 기업이 독창적인 스토리를 만들고 전파하는 데 팬들의 힘을 활용할 수 있게 된다면 어떨까? 팬들이 서사적 세계를 만들 수 있도록 하는 새로운 블록체인 프로젝트 이면에는 바로 이런 아이디어가 들어 있다.

적당한 툴만 있다면, 다양한 그룹의 낯선 사람들이 무언가 훌륭한 것을 만들기 위해 함께 작업할 수 있다. 이는 '읽기-쓰기 시대'에서 배웠던 핵심 교훈이며, 위키피디아는 가장 훌륭한 예다. 2001년 위키피디아는 인터넷을 통해 여러 사람의 의견을 모아 백과사전을 만들었다. 회의론자들은 이를 유토피아적 급진주의자들이 운영하는 디지털 낙서장쯤으로 간주했지만, 위키피디아는 그들의 비웃음을 견뎌냈다. 오늘날 대부분의 사람은 마이크로소프트가 돈을 주고 전문가를 고용해서 집필한 자체 지식 백과사전인 엔카르타를 거의 알지 못한다.[30] 한때 이 백과사전은 디지털 백과사전 전쟁에서 승리할 수 있는 가장 유력한 사전으로 알려졌지만 지금은 거의 모든 곳에서 폐쇄되었다. 위키피디아는 끝없는 스팸과 훼손 문제에 직면해 있지만, 커뮤니티는 이에 굴하지 않고 사이트를 계속 수정하고 개선해나가고 있다. 그리고 이러한 편집 방식의 긍정적인 면이 부정적인 면을 능가하며 꾸준히 발전 중이다.

오늘날, 위키피디아는 인터넷에서 일곱 번째로 유명한 웹사이트다.[31] 사람들은 위키피디아를 신뢰할 수 있는 참고 자료라고 생각한다. 위키피디아의 성공은 쿼라와 스택 오버플로 같은 Q&A 사이트 등 다른 협업형 지식 프로젝트에 영감을 불어넣었다.[32]

협업형 스토리텔링은 위키피디아의 교훈을 신뢰할 수 있는 중립성, 낮은 수수료율, 팬들에게 소유권을 보상으로 제공하는 블록체인 네트워크의 힘과 결합한다. 협업형 스토리텔링이 실제 작동하는 일반적인 방법은 사용자가 서사적 글에 공헌한 분량에 비례해 토큰을 제공하는 것이다. 이렇게 생성된 지적소유권은 커뮤니티가 제어하며, 제삼자에게 라이선스를 부여하여 책, 만화, 게임, TV쇼, 영화 등을 제작하게 할 수 있다. 라이선스 수입은 블록체인 네트워크의 추가 개발을 지원하거나 토큰 소유자에게 분배하기 위해 트레저리에 보관할 수 있다.

이러한 프로젝트들은 사용자에게 캐릭터와 스토리가 어떻게 발전해나가야 할지 의견을 말할 기회를 준다. 그들이 현재의 줄거리를 좋아하지 않는다면, 그들은 캐릭터를 복제하고 복제된 캐릭터를 자신들이 좋아하는 유형의 캐릭터로 바꾸어 '분기'할 수 있다. 심지어 새로운 시간의 흐름과 세계를 만들며 스토리를 통째로 분기할 수도 있다. 캐릭터와 스토리는 사람들이 섞고, 맞추고, 수정하고, 리믹스할 수 있는 조합 가능한 레고블록이 된다.

협업형 스토리텔링 모델에는 여러 이점이 있다.

재능 있는 인재 발굴 경로 확대　허가 없이 접속할 수 있고 통제자가 없기 때문에 글쓰기 과정에 기여할 수 있는 사람들의 범위가 넓어진다. 전통적인 미디어 모델에서는 사람들과 프로젝트를 허가해주는 통제자가 있다. 창의적인 일자리는 여전히 적절한 도시에 거주하며 적절한 사람들을 아는 일에 달려 있는 경우가 많다. 그러나 이는 재능 있는 다양한 인재를 놓치기 쉬운 좁은 깔때기다. 위키피디아는 성당 모델이 지배하던 백과사전 산업에 시장 모델을 적용했다. 협업형 스토리텔링 또한 미디어에 대해 같은 모델을 적용할 수 있다.

바이럴 마케팅　팬덤을 이용하는 것은 수백만 달러의 광고료를 쓰지 않고도 새로운 스토리를 세상에 마케팅하는 강력한 방법이다. 도지코인 같은 밈코인이 가진 바이럴 마케팅의 힘을 생각해보라. 그리고 그런 마케팅의 힘을 무의미한 투기 대신 의미 있는 스토리텔링에 집중한다고 상상해보라. 열정적인 팬은 수동적인 소비자에서 적극적인 전도사가 된다.

창작자 수입 증가　토큰 보상은 창작자의 수입을 늘릴 수 있다. 블록체인 네트워크는 수수료율이 낮다. 이는 발생한 수익 대부분이 창작자에게 돌아간다는 뜻이다. 여러 단계의 중계자를 없애면 창작자의 경제 상태를 바꿀 수 있다. 100만 달러는 거대 제작사에는 큰돈이 아니지만, 개별 창작자들에게는 큰돈일 수 있다.

위키피디아는 회의론자들의 공격을 물리치고 사람들에게 꼭 필요한 지식자원이 되었다. 블록체인 네트워크는 위키피디아가 개척한 모델을 협업형 창작으로 확장할 수 있으며, 그 결과 창작자들은 자신들이 만든 것에 대한 지분을 소유한다. 비자(Visa)의 암호화폐 책임자인 쿠이 셰필드는 이런 협업형 창작 아이디어를 '판타지 풋볼' 게임에 비유해 '판타지 할리우드'라 부른다.[33] 판타지 풋볼 같은 모델은 팬들을 적극적인 참여자로 만들고, 팬들은 경기를 상상하는 것이 아니라 사실상 경기에 참여한다.

금융 인프라를 공공재로 만들기

1990년대 상용 인터넷이 부상하던 때, 상용 인터넷은 결제의 현대화를 약속했다. 그러나 온라인으로 돈을 이체하는 것은 어려운 일로 판명 났다. 암호화된 인터넷 트래픽 같은 기본적인 보안 조치가 미성숙한 데다 논쟁의 여지도 있었다.[34] 사람들은 온라인에서 신용카드 정보 입력하기를 꺼렸다. 아마존 같은 몇몇 기업들은 그럭저럭 고객의 신뢰를 얻는 데 성공했지만, 대부분의 기업은 사용자가 전자결제를 하도록 유도하는 데 어려움을 겪었다.

그래서 수많은 인터넷 서비스가 광고로 몰려들었다. 광고는 처음부터 효과적이었고 거부감도 없었다. AT&T가 구매한 첫 번째 배너 광고는 1994년 〈와이어드〉의 웹사이트인 hotwired.com에 등장했다.[35] 몇 년 후 더블클릭(DoubleClick) 같은 광고 회사늘이 고대하던 주식상장을 했다.

2010년대에 접어들어서야 결제 기반 비즈니스 모델이 광고 기반 비즈니스 모델을 따라잡았고, 전자상거래가 가장 큰 혜택을 누렸다. 오늘날 사람들은 전 세계 다양한 가맹점에서 신용카드와 체크카드를 편하게 사용한다. 소규모 전자상거래 상인들에게 서비스를 제공하는 쇼피파이(Shopify)는 이런 트렌드에 올라타 아마존의 확실한 라이벌이 되었다.

무료미엄(Freemium, Free와 Premium의 합성어. 동음이의어인 Premium과 혼란을 피하기 위해 무료미엄이란 신조어로 번역-옮긴이)과 가상 상품 역시 인기 있는 결제 기반 모델이다. 무료미엄 제공자는 기본 기능만 갖춘 서비스 제품을 무료로 제공하고 이후 추가 기능을 갖춘 프리미엄 제품을 유료로 판매한다. 이런 비즈니스 모델은 〈뉴욕타임스〉와 스포티파이 같은 미디어 기업들, 링크드인과 틴더 같은 소셜 네트워크 기업들, 드롭박스와 줌 같은 소프트웨어 기업들에서 사용한다.

'NFT: 풍요로움의 시대에 희소성의 가치'(308쪽)에서 다루었듯이, 비디오 게임 스튜디오는 가상 상품 모델을 개척했다. 무료미엄 모델에서처럼 제공자는 일부 사용자가 아이템 등을 구매하리라 기대하며 기본 제품(이 경우에는 게임)을 제공한다. 이런 단품 아이템 가운데 일부는 무기처럼 게임에 유용할 수도 있지만, 상당수 아이템은 게이머의 아바타를 위한 새로운 의상처럼 순전히 꾸미기용이다. 이런 가상 상품 모델은 캔디크러쉬사가, 클래시 오브 클랜, 포트나이트 같은 메가 히트 게임들에서 사용하였다.

오늘날 인터넷 결제가 보편화돼 있기는 하지만, 여전히 저항감이 높다. 사용자는 신용카드 정보를 입력해야 하며, 부정 사용 및 환불 사고도 자주 발생한다. 신용카드 수수료율은 2~3%로 다른 인터넷 서비스 수수료율보다는 매우 낮지만, 다른 많은 용도로 사용을 고려하기에는 너무 높다(앞서 다루었듯이, 모바일 플랫폼에서는 최대 30%에 이를 만큼 훨씬 높은 수수료율을 부과한다).

돈을 옮기는 일이 이렇게 어려워서는 안 된다. 송금은 문자 발송만큼 쉽고 싸야 한다. 인터넷은 정보를 옮기고 관리하는 일에서 역사상 가장 훌륭한 툴이지만, 결제가 작동하는 메커니즘에는 거의 영향을 끼치지 못했다. 결제 문제는 다른 종류의 정보를 옮기는 문제보다 훨씬 어렵다는 것이 증명된 셈이다.

다른 정보에 비해 돈을 다루기 힘든 데는 몇 가지 원인이 있다. 통상적으로 소비자가 결제한 돈은 최종 판매자가 받기까지 여러 계층의 중개자들을 거친다. 이 과정에서 은행, 가맹점, 신용카드 네트워크, 결제 처리자가 각각 운영하는 모든 시스템을 서로 연동해야 한다. 또한, 컴플라이언스, 사기, 절도 등을 관리하고 법 집행을 지원하기 위한 시스템이 필요하다.

이런 문제들은 오랫동안 성공적으로 관리됐지만, 개별 금융 조직 내에서 중복되고, 때론 비효율적으로 관리됐다. 이 문제들은 통합된 최신 시스템 내에서 훨씬 효율적으로 다룰 수 있다. 문제는 이러한 다양한 조직을 단일 시스템에 맞추어 조정하는 것이다.

집단행동 문제를 해결하는 방법은 새로운 네트워크를 만드는 것이다. 이 책 전반에 걸쳐 주장했듯이, 새로운 네트워크 후보에는 기업 네트워크, 프로토콜 네트워크, 블록체인 네트워크가 있다.

기업 결제 네트워크는 모든 기업 네트워크와 동일한 문제를 안고 있을 것이다. 기업 결제 네트워크의 시장 점유율이 상대적으로 낮고 네트워크 효과가 약하다면 사용자, 가맹점, 은행 및 다른 파트너들을 유치하기 위해 혜택을 제공할 것이다. 그러나 네트워크 효과가 충분히 강해지면, 기업 결제 네트워크는 파트너들에게서 더 많은 수수료를 걷고 경쟁을 제한하는 규칙을 만드는 데 그 힘을 사용할 것이다. 은행과 결제 서비스 제공업체는 플랫폼 리스크에 대해 잘 알고 있으며, 어떤 문제가 발생할지 알고 있기에 기업 네트워크에 권한을 넘기는 일을 꺼린다(이런 기업들은 많은 권한을 비자와 마스터카드에 양도했지만, 이는 비자 신용카드가 비영리이고, 마스터카드가 은행들의 연합체였을 때다. 이후 양쪽 결제 시스템은 모질라와 OpenAI를 연상시키는 독립적이고 영리적인 기업이 되었다).[36]

프로토콜 결제 네트워크에는 두 가지 문제점이 있다. 첫 번째는 프로토콜은 자금을 모으고 개발자를 채용할 수 있는 고유한 방법이 없으므로 네트워크를 구축할 사람을 채용하는 것이 어렵다는 점이다. 두 번째는 기능의 한계다. 결제 네트워크는 거래를 추적해야 하는데, 이는 곧 데이터베이스를 유지해야 한다는 뜻이다. 프로토콜 네트워크에는 핵심 서비스가 없으므로 중립적인 중앙집중형 데이터베이스를 관리할 방법이 없다.

블록체인 네트워크는 제약 없이 기업 네트워크와 프로토콜 네트워크의 장점을 모두 제공할 수 있다. 블록체인 네트워크는 개발자 지원에 필요한 자금을 모을 수 있으며, 거래 장부 역할을 하는 핵심 소프트웨어에 결재 기록을 저장할 수 있다. 또한 규제 준수를 보장하는 규칙들을 실행할 수 있으며, 법 집행에 유용한 감사 추적 기록을 내장하고 있다. 블록체인 네트워크는 앞서 반복해 이야기했듯이 수수료율이 낮고, 개발자들에게 인센티브를 제공하는 규칙들이 예측 가능하다. 지금쯤이면 여러분 모두 블록체인 네트워크의 이런 장점을 확실히 알고 있어야 한다.

이런 네트워크는 자금을 모을 수 있고, 공유 데이터를 유지하며, 사용자에게 확실하게 약속할 수 있는 중립 계층을 만들어 다른 결제 네트워크를 괴롭히는 기술 문제와 조정 문제 모두를 해결할 수 있을 것이다. 블록체인 네트워크는 결제를 실제 세상에서 상거래와 개발을 촉진하는 고속도로 같은 공공재로 만들 수 있다. 민간 기업들은 여전히 새로운 금융 상품을 개발하는 역할을 할 것이다. 다만, 확실히 중립적인 블록체인 네트워크를 기반으로 새로운 금융 상품을 개발할 것이다. 기술 측면에서는 민간의 자원과 공공의 자원을 혼합하는 것이 최적이지만, 금융 측면에서는 결제 계층을 중립적인 공공재로 만드는 것이 타당하다(206쪽 '기술 산업에서의 수익 경쟁은 결국 제로섬 게임일까?' 측면에서, 결제 네트워크는 풍선의 가느다란 부분이어야만 한다).

비트코인을 기반으로 이런 시스템을 구축할 수 있다. 비트코인은 중립적이며, 허가가 필요 없는 무허가형 시스템이다. 최초의 비트코인 논문은 비트코인을 '전자결제 시스템'으로 기술했다. 그러나 높은 거래비용과 급격히 변하는 가격 때문에 실제로 사용하지는 못하고 있다. 거래비용이 높은 이유는 블록 공간의 제한적인 공급 때문인데, 이는 곧 몇 개의 거래가 한 개의 블록 안에 들어갈 수 있느냐와 연관 있다. 비트코인을 기반으로 다수의 프로젝트가 이런 제약을 없애는 시도를 하고 있으며, 이들 가운데 용량을 확장해 거래비용을 낮춘 거래 네트워크인 라이트닝(Lightning)이 가장 유명하다. 가격 변동성은 여전히 문제일 수 있지만, 결제 시간이 더 짧아지면 이러한 문제는 완화된다.

비트코인 외에 이더리움도 고려할 수 있다. 이더리움을 기반으로 구축한, 소위 롤업 같은 시스템은 거래비용을 낮추고 처리 시간도 개선하였다. 가격 변동 위험을 피하고자 USDC 같은 달러 연동 스테이블코인을 사용할 수도 있다.[37] 이더리움에서 USDC로 송금하는 일은 일반적으로 은행에서 송금하는 것보다 빠르고 싸다. 일상적인 소규모 거래를 다루기에는 거래비용이 여전히 비싸기는 하지만, 이더리움의 플랫폼-앱 피드백 루프 덕분에 좀 더 확장성 있는 솔루션들이 등장하고 있는 만큼 분명 문제가 개선될 것이다.

국제 결제 시스템은 여러 장점을 가질 것이다. 첫째, 현 결제 시스템의 문제가 해결될 것이다. 신용카드 결제 수수료율은 다른 인터넷 수수료율에 비해 상대적으로 낮지만, 여전히 불필요한 저항감을 불러일으킨다. 심지어 국제 송금은 수수료가 더 비싸며, 해외에 있는 가족들에게 돈을 송금하는 저소득층에게는 역진세처럼 운영된다. 모든 인터넷 소매업체는 특히 개발도상국과 관련된 국제 결제를 처리하는 것이 곤란하다고 말할 것이다.

이런 문제들은 스마트폰 이전에 전화와 문자 메시지 비용에 영향을 끼쳤던 것들과 비슷하다. 사용자는 사용 시간과 메시지 개수에 따라 전화 요금과 메시지 송신 비용을 내야 했으며, 국제전화의 경우 요금이 비쌌다. 왓츠앱과 페이스타임 같은 애플리케이션이 등장해 옛 네트워크를 대체하는 새 네트워크를 구축하자 문제가 해결되었다. 새로운 국제 결제 시스템은 '돈'에 대해 같은 일을 할 수 있다.

둘째, 이전에는 가능하지 않았던 새로운 애플리케이션이 등장할 것이다. 거래 수수료가 충분히 낮아지면, 소액 결제가 가능해질 수 있다. 사용자는 새로운 기사를 읽거나, 미디어에 접속하고자 할 때 약간의 수수료만 내면 된다. 음악 관련 로열티는 쉽게 검증할 수 있는 블록체인 기반 결제 영수증을 사용해 권한을 가진 올바른 소유주에게 지급할 수 있다. 컴퓨터들은 데이터, 컴퓨팅 시간, API 호출 등의 자원 사용에 대해 프로그래밍 방식으로 서로에게 돈을 지급할 수 있다. 뒤에서 다루겠지만, 인공지능 시스템은 학습 데이터 확보에 기여한 콘텐츠 창작자에게 보상할 수도 있다.

소액 결제는 수십 년간 논의되었고 심지어 시도되기도 했지만 성공한 적은 없었다. 거래비용이 가장 큰 장애물이었다. 일부 업계 종사자들은 소액 결제 시 사용자에게 너무 많은 것을 질문한다고 주장한다. 이런 장애물들 역시 극복할 수 있다. 확장성이 뛰어난 블록체인은 거래비용을 낮출 수 있으며, 규칙에 기반한 자동화는 사용자에게 많은 것을 요구하지 않는다. 언젠가는 사용자가 몇 가지 간단한 규칙으로 예산을 수립한 후, 이를 스마트 지갑에 맡겨 결제를 진행하게 될지도 모른다.

셋째, 조합성이라는 이점이 있을 것이다. GIF와 JPEG 같은 표준 파일 포맷으로 저장된 디지털 사진의 조합성을 생각해보라. 이 파일들은 거의 모든 응용 속으로 자연스럽게 통합될 수 있으며, 그 결과 사진을 중심으로 혁신의 물결이 일고 있다. 어떤 혁신은 필터와 밈처럼 창의적이며, 어떤 혁신은 인스타그램과 핀터레스트 같은 서비스다. 이제 기업 네트워크가 API를 통해 모든 사진을 제어하는 세계를 상상해보자. 그런 세상에서 사진은 기업이 허용하는 방식으로만 사용할 수 있다. API 제공자는 중간에서 사용자와 개발자가 할 수 있는 것을 제어할 것이다. 그들은 사진을 잠그고 경쟁을 억제하려 할 것이다. 이것이 오늘날 인터넷에서 돈이 작동하는 방식이다.

블록체인 기반 시스템은 돈을 오늘날의 디지털 사진처럼 합성이 가능하게 만들 것이다. 혹은 한발 더 나아가, 돈을 오픈소스 코드로 변환할 것이다. 금융을 조합성 있는 오픈소스로 만드는 것은 정확히 탈중앙형 금융 네트워크의 목적이다. 탈중앙형 금융 네트워크는 블록체인을 사용한다는 것만 다를 뿐, 은행이나 다른 금융기관들과 똑같은 기능을 수행한다. 가장 인기 있는 탈중앙형 금융 네트워크들은 지난 몇 년간 수백억 달러 규모의 거래를 다루어왔다. 최근 시장 변동성이 커지면서 여러 중앙집중형 기관들이 문제를 일으키는 동안, 탈중앙형 금융 네트워크는 별문제 없이 계속 작동하고 있다.[38] 사용자는 탈중앙형 금융 네트워크 코드를 검사해 자신들의 자금이 안전한지 확인할 수 있으며, 단 몇 번의 클릭만으로 돈을 인출할 수 있다. 이런 시스템들은 간단하고, 투명하며, 확실히 중립적이다. 이는 기존의 차별적 관행의 위험을 완화하는 특성들이다.

비평가들은 탈중앙형 금융 네트워크가 지나치게 자기 참조적이며, 외부 세계는 건드리지 않는 내부 미시경제라고 비난한다. 일부 맞는 부분도 있다. 탈중앙형 금융 네트워크는 단지 조합성 있는 돈에 대해서만 작동할 수 있다. 이에 적용 범위가 블록체인으로 한정되며, 인터넷 사용자의 일부에게만 사용을 유도할 수 있다. 그러나 만약 인터넷에 조합성 있는 화폐 시스템이 생긴다면, 탈중앙형 금융 네트워크가 개척한 개념은 미시에서 거시로 확장될 수 있다.

금융은 언제나 중앙집중형이었으며, 대개 영리 기업이 운영했다. 그러나 꼭 그럴 필요는 없다. 블록체인 네트워크는 인터넷을 '비트'뿐만 아니라 돈도 다루도록 업그레이드하여 금융 인프라를 공공재로 만들 수 있다.

인공지능: 창작자를 위한 새로운 경제 약속

인터넷은 암묵적인 경제적 약속 위에서 동작한다. 작가, 비평가, 블로거, 디자이너 같은 콘텐츠 창작자들은 조직에 속해 있거나 프리랜서로 일하거나 상관없이 소셜 네트워크나 검색엔진 같은 콘텐츠 배포자가 자신들에게 '관심'이라는 보상을 가져다줄 것으로 생각하며 작품을 공개한다. 이처럼 창작자들은 공급을, 배포자는 수요를 담당한다. 이것이 바로 거래다.

구글 검색은 약속의 예다.[39] 구글 검색기는 웹을 탐색하고, 콘텐츠를 분석하고 분류하며, 발견한 것 일부를 검색 결과로 보여준다. 콘텐츠를 분류하고 발췌한 결과로 구글은 순위화된 링크에 따라 트래픽을 콘텐츠 제공자에게 보낸다. 이러한 방식은 언론사와 같은 콘텐츠 제공자가 광고, 구독 혹은 선택한 비즈니스 모델을 통해 돈을 벌게 한다.

1990년대 이런 관계가 시작되었을 때, 수많은 콘텐츠 제공자는 이해관계의 변화를 예상하지 못했다. 콘텐츠 제공자가 손을 놓고 있는 동안 검색엔진은 저작권법의 공정 사용 예외 조항 아래에 숨었다. 시간이 지나 인터넷이 성장하면서 양측 사이 힘의 균형은 점점 배포자 쪽으로 기울었다. 콘텐츠가 넘쳐나자 몇몇 배포자는 콘텐츠를 필터링하면서 우위를 점했다. 그 결과는? 현재 구글은 인터넷 검색의 80% 이상을 장악하고 있다.[40] 그 어떤 콘텐츠 배포자도 이 정도 시장 점유율을 차지하지 못했다.

일부 미디어 기업들은 자신들의 실수를 만회하려고 노력했다. 거대 미디어 기업인 뉴스 코퍼레이션은 구글의 무임승차에 항의해왔으며,[41] 10년 이상 독점금지 소송을 벌이는 등 콘텐츠 제공과 검색 과정에서 더 많은 수익을 얻고자 하였다(2021년 두 기업은 광고 수익 공유를 합의했다). 리뷰 사이트 옐프는 구글의 영향력을 통제하자고 주장해왔으며,[42] 그런 주장은 옐프의 CEO인 제러미 스토플먼의 국회 증언까지 이어졌다.

거대 기술 기업들로 인한 문제는 그들이 배포 채널을 제어한다는 것입니다. 배포는 정말로 중요해요. 구글이 웹에 접속하는 모든 사람의 출발점이고, 고객 앞에서 고객이 최고의 정보를 찾는 것을 막는다면, 이는 정말로 문제이며 혁신을 막을 수도 있습니다.

앞을 막아선 배급업자 탓에 콘텐츠 제공자는 영향력을 잃었다. 2000년대 구글의 지배력이 너무 커지자, 구글의 검색 결과에서 빠지는 일은 생각할 수도 없었다. 옐프, 뉴스 코퍼레이션과 같은 개별 기업들이 구글의 검색 결과에서 빠진다면, 그들을 향한 트래픽은 사라지고, 그들의 경쟁자들이 그 빈틈을 채울 것이다.

콘텐츠 제공자가 1990년대에 이런 일을 예측했다면, 그들은 선제적으로 조직화해 단체 행동을 취했을지도 모른다. 그랬다면 지금보다 더 강력한 위치에 있었을지도 모른다. 오늘날 콘텐츠 제공자들은 너무 분산돼 있어서 개별적인 영향력을 발휘하지 못하는 데다, 조직화하지도 못한다. (몇몇 눈치 빠른 콘텐츠 제공자들은 끝이 다가오고 있음을 보았다. 남아프리카공화국의 미디어 기업 나스퍼스는 신문 발행을 그만두고 인터넷 투자로 비즈니스 방향을 바꾸었다.)[43]

결국 배포가 이겼다. 구글은 검색과 배포로 큰 수익을 거두었다. 이 검색 거인은 콘텐츠 제공자와 자신이 공생관계에 있다는 것을 알았으며, 규제 압박에 직면해 있었기 때문에 콘텐츠 제공자들이 생존하도록 충분한 수익이 흘러가게 하였다. 그러나 수년간에 걸친 합의와 거래는 구글의 막대한 초과 이익에 비하면 보잘것없었다.

구글은 때때로 약속을 어기기도 한다.[44] 웹사이트 검색에서 발생할 수 있는 최악의 일 가운데 하나는 '원박싱(one-boxing)'이다. 이는 검색한 웹사이트의 내용을 요약하고 그 요약을 검색 결과 상단에 두어 굳이 웹사이트를 클릭할 필요가 없게 만든 것으로, 영화나 노래 혹은 식당 관련 검색이 대개 그렇게 처리된다. 트래픽을 구글에만 의존하는 스타트업들에게 원박싱은 사형 선고나 다름없다. 슬프게도 나는 내가 관여해온 몇몇 기업이 원박싱 때문에 문닫는 것을 보았다. 트래픽은 하룻밤 사이에 사라졌고, 그와 함께 매출도 사라졌다.

인공지능은 원박싱의 완성도를 최고 수준으로 끌어올릴 수 있는 잠재력을 갖고 있다. 새로운 인공지능 툴은 사용자가 콘텐츠 제공자의 웹사이트를 클릭할 필요가 없도록 콘텐츠를 생성하고 요약한다. OpenAI가 출시한 초강력 챗봇인 챗GPT는 이런 미래를 미리 보여주고 있다. 여러분이 챗봇에게 가볼 만한 식당 목록이나 뉴스 요약을 요청하면, 챗GPT는 다른 사이트를 클릭할 필요가 없는 완전한 형태의 답변을 제공할 것이다. 이것이 새로운 검색 방식이 된다면, 인공지능은 인터넷 전체를 원박싱할 수 있으며, 이는 검색엔진과 검색엔진이 분류하는 콘텐츠 사이의 수십 년간에 걸친 약속을 깰 수 있다.

최신 인공지능 제품들은 더 놀라운 결과를 보여준다. 거대 언어 모델을 이용하는 챗봇부터 미드저니(Midjourney) 같은 생성형 예술 시스템에 이르기까지, 인공지능은 폭발적인 속도로 발전하고 있다. 인공지능 분야의 향후 10년은 흥미진진할 것이다. 새로운 애플리케이션들은 경제 생산성을 높이고 사람들의 삶의 질을 향상 시킬 것이다. 그러나 인공지능의 발전은 또한 콘텐츠 제공자를 위한 새로운 경제 모델이 필요하다는 것을 의미한다.

인공지능 시스템이 사용자의 질문에 답할 수 있다면, 원하는 콘텐츠를 찾기 위해 검색 결과를 일일이 클릭할 필요가 없고 아예 검색엔진 자체를 사용할 필요가 사라질 수도 있다. 인공지능 시스템이 사용자가 찾고 있는 이미지를 즉시 만들어낼 수 있다면, 굳이 허가를 받거나 라이선스해야 하는 인간 창작자의 이미지를 왜 찾아 헤매겠는가? 인공지능이 뉴스를 요약할 수 있다면, 굳이 뉴스의 주요 출처를 일일이 검색하고 확인할 필요가 있겠는가? 인공지능 시스템은 원스톱 상점이 될 것이다.

현재 인공지능 시스템 대부분은 창작자에 대한 경제 모델을 갖고 있지 않다. 이미지를 생성하는 인공지능 시스템을 생각해보자. 미드저니 같은 생성형 이미지 시스템은 뉴럴 네트워크 학습을 위해 수억 장의 설명이 달린 이미지를 입력받는다. 뉴럴 네트워크는 설명을 입력받아 그 설명에 들어맞는 새로운 이미지를 어떻게 생성할지 학습한다. 그리고 결과물은 인간이 그린 것과 구별하기 어렵다. 인터넷 데이터를 사용해 학습했지만, 참조한 것에 대해 특별히 보상하지 않는다. 인공지능 기업들은 이런 시스템이 단지 입력 이미지에서 학습했을 뿐, 결과물이 저작권을 침해하지는 않았다고 주장한다. 그들이 보기에 인공지능 시스템은 다른 화가의 미술작품을 보고 영감을 얻어 새로운 작품을 그린 인간 화가와 비슷

하다.[45]

현 저작권법을 고려하면 완전히 합당한 생각이다(법원 판례와 판례를 이끈 법률들이 있을 것이다). 그러나 결국 인공지능 시스템과 콘텐츠 제공자 사이에 경제적 약속이 필요할 것이다. 인공지능 시스템은 최신 상태를 유지하기 위해 언제나 새로운 데이터가 필요하다. 세상은 진화한다. 취향은 변하고, 새로운 장르가 등장하며, 새로운 대상이 발명될 것이다. 그러므로 인공지능 시스템에 입력할 콘텐츠를 만드는 사람들에게 보상이 주어져야 할 것이다.

몇 가지 가능한 미래가 있다. 한 가지 미래는 현재 인공지능 시스템이 이미 하고 있는 일을 확장하는 것이다. 즉, '우리는 여러분의 작업 결과물을 가져와서 사용하고 그 결과물을 저작자 표시 없이 다른 사람들에게 보여줄 겁니다' 하고 하던 대로 행동하는 것이다. 이런 태도는 창작자로 하여금 자신의 작업물을 인터넷에서 지우거나 유료 구독화하여 인공지능 시스템이 학습에 사용할 수 없도록 대응하게 할 것이다. 우리는 이미 많은 인터넷 서비스가 API 접근을 줄이고 잠금 상태에 들어가는 것을 보고 있다.[46]

어쩌면 인공지능 시스템은 스스로 콘텐츠를 조달해 문제를 해결할지도 모른다. 이미 인공지능 학습 데이터를 보충할 특정 콘텐츠를[47] 만드는 사람들이 근무하는 '콘텐츠 농장'이 생기고 있다.[48] 인공지능 시스템을 생각하면 효과가 있겠지만, 세상을 생각하면 이러한 결과는 비관적으로 보인다. 기계가 발전 방향을 주도하고, 인간은 톱니바퀴처럼 일하기 때문이다.

훨씬 더 나은 결과는 인공지능 시스템과 창작자 사이에 콘텐츠 농장보다 더 깊이 있고 진정성 있는 창작물을 북돋는 새로운 계약을 체결하는 것이다. 새로운 계약을 맺는 가장 좋은 방법은 둘 사이의 경제적 관계를 중재하는 새로운 네트워크를 설계하는 것이다.

왜 새로운 네트워크가 필요할까? 개별 창작자가 창작물을 학습 데이터로 사용할지 말지를 선택할 수 있게 해서 새로운 계약을 유기적으로 끌어낼 수는 없을까?

우리는 1990년대 '검색'에서 힘들게 배운 한 가지 교훈이 있다. 웹 표준화 그룹은 'noindex' 태그를 사용해 웹사이트가 자체적으로 검색엔진의 검색 대상에서 빠지는 방법을 제시했다. 콘텐츠 제공자들은 자신들은 검색 대상에서 빠지고 다른 콘텐츠 제공자들은 그렇지 않을 때, 콘텐츠 접속 트래픽이 현저히 줄고 그 대가로 얻는 것도 없다는 것을 배웠다. 개별 웹사이트는 아무런 힘이 없다. 웹사이트가 힘을 가질 수 있는 유일한 방법은 그룹으로 뭉쳐서 협상하는 것이지만, 그들은 그렇게 하지 않았다.

제한된 콘텐츠를 이용하는 인공지능 시스템 솔루션도 똑같은 결과를 가져올 것이다. 다른 콘텐츠 제공자가 콘텐츠를 제공할 것이고, 부족한 부분은 콘텐츠 농장이 채울 것이다. 더 심각한 문제는 콘텐츠 아이디어와 이미지의 암묵적 영향을 차단하기 어렵다는 점이다. 배제된 콘텐츠의 요소들은 다른 콘텐츠 속으로 스며들어갈 것이며, 이는 인공지능 시스템이 필요한 것을 얻는 데 충분할 것 같다. 창작자 홀로 행동한다면, 인공지능 시스템은 어떤 식으로든 필요한 것을 얻게 될 것이다.

블록체인 네트워크는 새로운 계약의 토대가 될 수 있다. 무엇보다 블록체인 네트워크는 집단 거래 장치이므로, 대규모 경제 조정 문제를 해결하는 데 완벽하게 적합하다. 특히, 네트워크 참여자의 한 무리가 다른 참여자 무리보다 강한 힘을 갖고 있을 때 적합하다. 블록체인 네트워크에서는 규칙을 고정할 수 있고, 수수료가 낮으며, 빌더에게 혜택이 있다. 또한 네트워크가 원래의 목적에 충실하도록 창작자와 인공지능 서비스 제공자가 함께 네트워크 지배구조를 관리할 수 있다.

창작자들은 자신들의 작품을 사용하기 위한 조건을 정할 수 있으며, 이 조건은 인공지능 학습을 포함해 상업적 사용에 초점을 맞춘 저작권과 블록체인 네트워크 소프트웨어가 강제하는 규칙으로 뒷받침할 수 있다. 블록체인 네트워크는 인공지능 시스템을 사용해 얻은 수익 일부를 학습에 기여한 창작자들에게 배분하는 귀속 시스템을 강제로 시행할 것이다. 인공지능 기업들은 개별 창작자들에게 자신들의 힘을 휘두르는 대신, 창작자 그룹이 제시한 조건을 수용할지 안 할지 선택해야 할 것이다. 이는 노동조합이 고용주와 단체 교섭을 하는 것과 같은 이유다. 집단의 크기에는 힘이 있다.

누군가 기업 네트워크를 사용해 이 같은 시스템을 설계할 수 있을까? 물론이다. 아마도 누군가는 그렇게 할 것이다. 그러나 이런 네트워크는 유인-추출 사이클을 포함해 기업 네트워크와 동일한 문제를 초래할 것이다. 기업 소유주는 자신이 가진 수단을 이용해 결국 수수료 수익을 빼앗고 자기 자신을 위한 규칙을 넣을 것이다.

나는 사람들이 창의성을 발휘하고, 그런 방식으로 생계를 유지할 수 있는 인터넷을 보고 싶다. 사람들이 무언가 새로 만들고, 그것을 공개된 인터넷에 둔다면, 인터넷은 훨씬 나아질 것이다. 인공지능은 인간 창작자를 창작 파이프라인의 끝이 아닌 시작에 둔다. 창작자가 프로세스의 일부가 된 것에 대해 돈을 보상으로 받으면 안 되는가?[49] 엄청난 규모의 돈이 검색엔진과 소셜 네트워크를 통해 흘러 다닌다. 그리고 이는 검색과 소셜 네트워크를 유용하게 만드는 콘텐츠의 창작자들에게 일부 주고도 충분히 남을 만한 금액의 돈이다.

인터넷을 사용하는 사람이라면 누구나 자신에게 '내가 가치 있는 일을 하고 있다면, 내가 그 일에 대해 보상받고 있는가?'라고 자문해야 한다. 흔히, 그 대답은 '아니오'이다. 일부 거대 기술 기업들은 기업 네트워크를 이용해 교섭 능력을 키워왔다. 그들은 자신을 제외한 모든 이에게 경제적 조건을 강요한다. 속박이 강한 검색과 소셜 네트워크같이 발전이 거의 끝난 영역에서 힘의 균형점을 움직이기란 어렵다. 이에 반해, 인공지능의 경제적 불균형을 조정하는 네트워크 같은 새로운 영역은 처음부터 시작하는 것이 가능한 기회의 영역이다.

이 문제를 다루고 해결할 적합한 시점은 시장 구조가 굳어지기 전인 바로 지금이다. 콘텐츠 농장이 인공지능에 충분한 데이터를 공급할까? 혹은 기계와 창작자가 행복하게 공존할 수 있을까? 기계가 사람을 섬길까? 혹은 사람이 기계를 섬길까? 이런 질문들은 인공지능 시대의 핵심 질문이다.

딥페이크: 튜링 테스트를 넘어서며

1968년 출간된 소설 《안드로이드는 전기양의 꿈을 꾸는가?》에서 릭 데커드라는 현상금 사냥꾼은 로봇을 사냥한다. 고전 공상 과학 영화인 〈블레이드 러너〉에 영감을 준 이 책의 주요 줄거리는 데커드가 '리플리컨트(복제인간을 뜻한다-옮긴이)'를 인간과 구분하려는 시도를 담고 있다.

삶이 예술을 모방한다면, 현재 예술은 삶을 모방하고 있다. 인간형 로봇, 즉 안드로이드는 사실상 우리 가운데 있다. 인공지능을 사용하면 실제처럼 보이고 들리지만 실은 기계가 생성한 미디어인 '딥페이크(deepfake)'를 쉽게 만들 수 있다. 딥페이크 동영상은 정치가, 유명 인사 혹은 심지어 일반 사람이 실제로는 하지 않은 말을 하고 있는 것처럼 보여주거나, 음모론을 먹여 살리는 뉴스 사건을 조작해 마치 실제 사실인 것처럼 영상을 보여준다. 사건에 대한 서로 다른 해석이 넘쳐나는 인터넷에서 동영상은 종종 가장 명백한 진실의 역할을 한다. 딥페이크는 동영상을 더 이상 신뢰할 수 없게 만든다.

딥페이크와 싸우기 위한 한 가지 방법은 규제를 통해 인공지능을 억제하는 것이다.[50] 그중 일부는 정부의 인증 절차를 통해 승인된 기관만 인공지능 서비스를 제공할 수 있도록 하자고 주장한다.[51] 일론 머스크와 현대 인공지능의 선구자인 요슈아 벤지오를 비롯해 수많은 인공지능 및 기술 리더들은 모든 인공지능 연구를 6개월 동안 중단할 것을 요구하는 청원서에 서명했다.[52] 미국과 EU는 종합적인 인공지능 규제 체계를 만드는 중이다.[53]

그러나 규제는 답이 아니다. 아무도 생성 능력이 있는 지니를 램프에 가두어둘 수는 없다. 현대 인공지능의 핵심 기술인 뉴럴 네트워크는 선형대수라는 수학을 활용한 것으로, 정부 당국이 좋아하든 싫어하든 상관없이 이제는 되돌릴 수 없는 기술이다. 오픈소스 시스템은 이미 속아 넘어갈 만한 딥페이크를 만들 수 있고, 이런 능력은 계속 나아질 것이다. 또한, 다른 나라들도 그 기술을 계속 추구할 것이다.

규제 제한은 이미 첨단 인공지능 기술을 보유하고 있는 거대 기술 기업의 힘만 강화할 것이다. 즉, 가진 자는 배불리고 갖지 못한 자는 배제할 것이다. 번거로운 규칙들은 혁신의 발목을 잡을 것이며, 거대 기술 기업의 지배력을 강화해 사용자를 고생하게 할 것이고, 인터넷 통합 문제를 더 악화시킬 것이다.

또한 규제는 '인터넷에서 효과적으로 권위를 부여하는 시스템의 부족'이라는 진짜 문제를 해결하지 못한다. 기술을 막기보다는 기술을 발전시키는 것이 더 좋다. 우리는 사용자와 애플리케이션이 미디어의 신빙성을 검증할 수 있는 시스템을 구축해야 한다. 한 가지 아이디어는 사용자와 기관이 개별 미디어에 대해 보증할 수 있도록 디자인된 블록체인 위에서 인증서를 운용하는 것이다. 이 인증서는 암호화된 디지털 서명이 뒷받침한다.

작동 방식은 다음과 같다. 동영상, 사진, 음악의 창작자는 '내가 이 콘텐츠를 만들었습니다'라는 뜻의 미디어 식별자에 디지털 방식으로 서명할 수 있다. 미디어 기업 같은 또 다른 조직은 '이 콘텐츠가 진짜임을 증명합니다'라는 뜻의 서명을 기존 서명에 추가할 수 있다. 콘텐츠 사용자는 도메인 네임(예: nytimes.com), 이더리움 네임서비스와 같이 블록체인 기반 네이밍 서비스와 묶인 식별자(예: nytimes.eth), 페이스북/트위터 같은 옛날 시스템의 식별자(예: @nytimes)에 대한 제어권을 암호를 이용해 입증함으로써 서명을 통해 자신의 신원을 증명할 수 있다.

미디어 인증서를 블록체인에 저장해 얻는 이점은 세 가지다. 첫째, 투명하고 변하지 않는 감사 기록이다. 누구라도 전체 콘텐츠와 인증서 이력을 확인할 수 있지만, 누구도 그것을 수정하지는 못한다. 둘째, 확실한 중립성이다. 기업이 인증 데이터베이스를 제어한다면, 그 기업은 접근에 제약을 두거나 대가를 요구하기 위해 제어 능력을 이용할 수 있다. 데이터베이스의 중립성을 신뢰할 수 있다면, 플랫폼 리스크를 없애고 접근성을 크게 높여 공공재로서의 데이터베이스를 보장할 수 있다. 셋째, 조합성이다. 소셜 네트워크는 신뢰할 수 있는 출처가 보장한 미디어에 검증 확인 표시를 보여주며 인증을 통합할 수 있다. 제삼자는 인증서의 추적 기록을 평가하는 평판 시스템을 구축하고 신뢰 점수를 할당한다. 앱과 서비스의 생태계는 데이터베이스를 중심으로 발전하며, 사용자가 원본 콘텐츠와 조작된 콘텐츠를 구별할 수 있게 한다.

인증서는 또한 봇과 위조 인간의 확산을 해결할 수 있다. 인공지능은 사용자가 진짜 인간과 가짜 인간을 구분할 수 없을 만큼 정교한 봇을 만들 것이다(이미 이런 일들은 벌어지고 있다). 이 경우, 미디어 대신 소셜 네트워크 식별자에 인증서를 붙여 해결한다. 예를 들어, 〈뉴욕타임스〉는 새로운 소셜 네트워크의 @nytimes 핸들을 웹사이트 www.nytimes.com을 제어하는 기관이 제어하도록 인증할 수 있다. 사용자는 인증서의 진위를 검증히기 위해 블록체인을 시험하거나, 시험하는 제삼자 서비스를 이용할 수 있다.

그런 인증 시스템은 스팸과 사칭자를 막는 데 유용할 것이다. 소셜 미디어 서비스는 신뢰할 수 있는 인증서를 보유한 사용자에게 검증 확인 표시를 보여줄 수 있으며, 사용자가 봇을 배제하도록 하는 설정을 제공할 수 있다("신뢰할 만한 출처의 인증서에 서명한 사람들만 내게 보여주세요"). 검증 확인 표시는 구매할 수 없어야 하고, 호의로 나누어 주어서도 안 되며, 기업 직원들의 편견에 좌우되어서도 안 된다. 그들은 객관적으로 검증하고 감사할 수 있어야만 한다.

인터넷의 마지막 시대가 주는 교훈 가운데 하나는 필요한 서비스는 결국 누군가 만들고, 공공재로 만들지 않으면 기업이 만든다는 것이다. 웹사이트를 꼼꼼히 조사하는 평판 시스템이 필요할 때, 구글은 처음으로 페이지랭크(PageRank)라는 시스템을 만들었고 오늘날까지 다수의 순위 시스템을 만들었다. 당시 블록체인이 있었다면, 그와 같은 평판 시스템은 공공재로 만들어져 한 기업 대신 모든 사람이 소유했을 것이다. 그리고 웹사이트의 순위는 공개적으로 검증할 수 있고, 제삼자들이 그 위에 서비스들을 만들 수 있을 것이다.

튜링 테스트는 더 이상 사람과 봇을 구분하지 못하며, 사람들 또한 진짜 미디어와 조작된 미디어를 구분하지 못한다. 확실히 중립적이고, 커뮤니티가 소유하며, 신뢰성을 인터넷의 요소가 되게 하는 블록체인 네트워크가 적절한 해결 방법이다.

결론

↳ 왜 지금이 중요한가

배를 만들고 싶다면 사람들을 모아 일을 나누어주되 명령하지 마라.
대신 광대하고 끝없는 바다를 동경하도록 가르치라.[1]

— 생 텍쥐페리

우리의 상상 속 최악의 미래에서 혁신을 가로막는 소수의 기업은 네트워크 대부분을 소유하고 사용자, 개발자, 창작자, 기업가 등은 남은 자리를 놓고 경쟁한다. 인터넷은 깊이 없이 폭넓기만 한 콘텐츠를 선호하는 대중매체가 되고, 사용자는 기업이라는 대군주의 이익을 위해 밭에서 힘들게 일하는 농노와 다를 바 없는 존재가 된다.

이것은 내가 보고 싶은 인터넷도, 내가 살고 싶은 세상도 아니다. 이 문제는 '인터넷의 미래'를 넘어서는 문제다. 인터넷의 미래는 우리, 바로 여러분과 나다. 인터넷은 점점 더 많이 우리가 삶을 영위하는 곳이며, 점점 더 실제 세상과 겹친다. 여러분이 삶에서 얼마나 많은 시간을 온라인에서 보내고 있는지, 정체성의 얼마나 많은 부분이 온라인에 있는지, 인터넷을 통해 사귄 친구들과 얼마나 많이 교류하고 있는지 생각해보라.

여러분은 누가 그 세상을 제어하기를 원하는가?

인터넷 재발명

인터넷을 올바른 길로 되돌려놓는 방법은 더 나은 구조의 새로운 네트워크를 만드는 것이다. 초기 인터넷의 민주적이고 평등한 정신을 유지하는 네트워크는 프로토콜 네트워크와 블록체인 네트워크, 이 두 가지뿐이다. 새로운 프로토콜 네트워크가 성공할 수 있다면, 나는 그 네트워크를 지지하는 첫 번째 사람이 될 것이다. 그러나 지난 수십 년간 실망해서인지 회의적이다. 이메일과 웹은 기업 네트워크와 심각한 경쟁이 없을 때 발전했다. 그 이후, 프로토콜 네트워크는 핵심적인 구조 제약 때문에 기업 네트워크와 경쟁할 수 없었다.

블록체인은 프로토콜 네트워크의 사회적 이점과 기업 네트워크의 경쟁 우위를 모두 갖춘 네트워크를 구축할 수 있는, 유일하게 신뢰할 수 있다고 알려진 아키텍처다.

구글의 모토는 한때 '사악해지지 말자'였다. 기업 네트워크에서 무언가 하기 위해서는 기업 경영진을 신뢰할 필요가 있다. 이는 네트워크가 성장하는 동안에는 유효하다. 그러나 지금까지 살펴봤듯이, 반드시 문제가 생긴다. 블록체인은 훨씬 강력한 약속을 보장한다. '사악해지지 말자' 같은 규칙들은 수정할 수 없는 코드로 만들어져 네트워크에 내장된다. 개발자와 창작자는 낮은 수수료율만 부담하며, 인센티브도 예측할 수 있다. 규칙은 투명하고, 사용자는 지배구조와 네트워크의 수익 분배에 참여한다. 블록체인 네트워크는 이런 방식으로 프로토콜 네트워크의 가장 좋은 특징들을 확장한다.

동시에 블록체인 네트워크는 기업 네트워크의 가장 좋은 면들을 채택한다. 블록체인 네트워크는 고용과 성장에 투자할 자금을 모아 축적할 수 있다. 덕분에 자본력을 갖춘 인터넷 기업들과 같은 수준에서 경쟁할 수 있다. 또한, 블록체인 네트워크는 사용자가 오늘날 인터넷 서비스에서 기대하는 것에 부합하는 소프트웨어 경험을 개발하게 한다. 블록체인을 사용하면 PART 5에서 다룬 소셜 네트워크, 비디오 게임, 마켓, 금융 서비스뿐만 아니라 기업가들이 꿈꾸는 다른 모든 것을 구축할 수 있다.

네트워크의 다음 물결이 블록체인 구조를 채택한다면, 세상은 인터넷 통합의 추세를 되돌리고 소수의 기업이 아닌 커뮤니티가 미래의 관리자가 되는 올바른 위치를 회복할 수 있다.

나는 이에 대해 낙관적이며, 지금까지 내가 공유한 모든 이야기를 읽은 여러분 또한 그렇게 생각하기를 바란다.

낙관론의 근거

내가 희망을 품는 이유는 기술이 작동하기 때문이다. 블록체인 네트워크는 사용자를 끌어들이고 있으며, 매 순간 점점 나아지고 있다. 다수의 복합적인 피드백 루프가 블록체인 네트워크의 성장을 이끌고 있으며, 또 다른 컴퓨팅 사이클이 진행 중인 것으로 보인다.

플랫폼-앱 피드백 루프　현재 인프라는 인터넷 규모의 앱을 지원할 만큼 충분히 좋아졌다. 앱의 성장은 다시 인프라에 대한 투자로 이어진다. PC, 인터넷, 모바일의 성장을 이끌었던 복합적 피드백 루프가 현재 블록체인의 성장을 주도하고 있다.

소셜 기술들의 태생적인 네트워크 효과　블록체인 네트워크는 이전의 프로토콜 네트워크와 기업 네트워크처럼 대규모 멀티플레이어 소셜 기술이다. 사용자, 창작자, 개발자가 많아질수록 점점 더 유용해진다.

조합성　블록체인 네트워크 코드는 오픈소스이므로 한 번만 작성하면 반복적으로 사용할 수 있으며, 더 큰 규모의 소프트웨어를 작성할 때 레고블록처럼 사용할 수 있다. 이는 전 세계 지식의 축적량이 복리의 속도로 늘어나게 한다.

블록체인 네트워크를 발전시키는 또 다른 힘은 인터넷에 자신의 성과를 남기고자 하는 새로운 인재들이 기술 분야로 유입되고 있다는 점이다. 모든 세대교체 과정에는 단지 기술을 위해 일하는 것 이상을 원하는 사람들이 있다. 그들은 혼자의 힘으로 시작해, 새로운 것을 시도하며, 기득권에 도전하려 한다. 나는 이런 모습을 내 회사에서 직접 목격하고 있다. 매년 수천 명의 학생과 사회 초년생들이 블록체인 프로젝트에 협력하고 싶다며 회사를 방문한다. 그들에게 이유를 물어보면, 그들은 자신의 시간을 구글 혹은 메타가 더 많은 광고를 판매하는 일을 도우며 낭비하고 싶지 않다고 말한다. 그들은 기술의 최전선에서 일하기를 원한다.

미래의 훌륭한 네트워크, 즉 경제적·사회적·문화적 기반을 구축할 기회가 우리 앞에 있다. 네트워크는 인터넷의 킬러 앱이다. 프로토콜 네트워크는 정보에 대한 접근을 공평하게 만드는 반면, 이 네트워크의 약점은 네트워크 자체의 미래 경쟁력을 제한한다. 기업 네트워크는 인터넷의 능력을 키우고 확장시켰지만, 잘 통제된 테마파크 같은 경험을 추구하기 때문에 성장을 억누른다.

블록체인을 제외한 오늘날의 모든 주요 기술의 움직임은 기존 산업 구조를 강화할 것으로 보이는 존속적 기술과 관련이 있다. 인공지능은 자본과 데이터를 비축한 거대 기술 기업에 유리하다. 가상현실 헤드셋과 자율주행차 같은 새로운 장치는 개발하는 데 수십억 달러가 필요하다. 블록체인은 이런 중앙집중형 힘에 대항할 수 있는 유일한 균형추다.

블록체인 네트워크는 거주민이 밑바닥부터 짓기 시작한 도시와 같다. 기업가는 기업을 만들고, 창작자는 팬을 만든다. 그리고 사용자는 선택권과 자율성을 가진다. 네트워크는 투명하게 동작하고, 커뮤니티가 관리한다. 네트워크에 기여한 사람들은 금전적 보상을 받는다. 모든 사람을 위해 모든 사람이 구축한 인터넷이다.

인터넷의 '읽기-쓰기-소유하기 시대'는 디지털 세상에서 건강한 도시 생활의 유지를 약속한다. 도시 생활은 개인 소유권과 공동체 소유권의 균형을 통해 번성한다. 공공 인도는 보행자들이 새로운 음식점, 책방, 가게를 발견하게 한다. 주택 소유자는 리모델링에 몇 주씩 시간을 보내고 그 결과 더 좋은 이웃을 맞이한다. 개인과 공동체의 소유권이 모두 없는 세상은 창의성과 사람의 번성을 억압하는 세상이다.

지금까지 나는 오늘날 블록체인 네트워크를 발전시키기 위한 최선의 아이디어라고 생각되는 몇 가지를 제시했다. 그러나 기업가들은 나 같은 사람들이 미래를 예측하는 것보다 미래를 더 잘 만든다. 아마도 최고의 아이디어는 오늘날 기준으로는 이상해 보이거나 아직 상상조차 해보지 못한 것일 가능성이 높다. 만약 여러분이 블록체인 네트워크에 참여하는 데 익숙하다면, 사람들이 여러분을 재미있게 바라보거나, 여러분이 하는 일을 어리석거나 사기라고 생각하는 상황도 익숙할 것이다. 여러분이 하고 있는 일에 이름이 없는 경우도 종종 있다. 인사이드아웃 기술은 판매 준비를 잘 마치고 멋지게 포장돼 시장에 등장한다. 반면에 아웃사이드인 기술은 번잡하고, 비밀스러우며, 다른 것으로 변장한 채 등장한다. 그런 기술의 잠재력을 알아보려면 노력이 필요하다.

블록체인은 1980년대 PC, 1990년대 인터넷, 2010년대 스마트폰이 그랬듯이, 컴퓨팅의 최전선에 있다. 오늘날 사람들은 컴퓨팅의 상징적인 순간들을 회상하며, 그 순간 그 자리에 있었다면 기분이 어땠을지 궁금해한다. 노이스와 무어. 잡스와 워즈니악. 페이지와 브린. 이들은 취미로 컴퓨터에 몰두하고 치열하게 논쟁하며 앞으로 밀고 나간 사람들이었으며, 주말도 없이 밤낮으로 문제 해결을 고민하고 이것저것 시도한 사람들이었다.

늦은 것처럼 보일 때가 실은 이른 법이다. 지금이야말로 네트워크가 무엇이고 무엇을 할 수 있는지 다시 상상할 시간이다. 소프트웨어는 창의력을 발휘할 수 있는 최고의 놀이터다. 여러분은 인터넷을 있는 그대로 받아들일 필요가 없다. 여러분은 빌더로서, 창작자로서, 사용자로서 그리고 가장 중요한 소유자로서 더 좋은 무언가를 만들 수 있다.

여러분은 지금 여기에 있다. 그리고 지금이 바로 좋은 시절이다.

감사의 말

이 책은 오랫동안 인터넷과 암호화폐 커뮤니티 분야에 참여해 내가 생각한 것을 토대로 블로그를 운영하고 칼럼을 기고하며 나온 결과물이다. 그러므로 이 책에서 기술한 것들 속에는 내가 받았던 무수히 많은 영감이 숨어 있다. 나는 특히 함께 일해온 동료들과 공동창업자들에게 감사한다. 이 책의 가장 훌륭한 내용들은 그들과 이야기하며 배운 것들이다. 또한, 이 책의 구성을 도와주고 이 책이 세상에 나오도록 도와준 모든 분들께도 진심으로 감사드린다.

먼저 로버트 해킷에게 감사의 말을 전하고 싶다. 그는 이 책의 편집자이자 책을 쓰는 내내 귀중한 생각의 파트너였다. 그는 이 작업에 큰 관심을 가지고 긴 시간 동안 많은 도움을 주었다. 또한, 내게 더 나은 작가가 되는 방법도 가르쳐주었다.

창작과 관련한 모든 일에서 오랜 시간 함께 해준 킴 밀로셰비

치와 소날 촉시에게도 고맙다. 그들은 시작부터 이 프로젝트를 키워 열매 맺도록 해주었으며, 책이 나오기까지 출판 과정을 안내해주었다.

에이전트인 크리스 패리스-램, 편집자인 벤 그린버그에게 감사하며, 내가 걱정했던 것보다 한결 수월하게 이 책을 출판하게 해준 것에 대해 그레그 쿠비와 윈디 도레스테인을 포함해 랜덤하우스 팀 전체에게도 고맙다는 말을 전하고 싶다. 나는 또한 이 책의 표지를 디자인하고 내부 그래픽을 맡아준 로드리고와 애나 커렐에게도 감사한다.

많은 사람이 여러 단계에서 이 책을 검토하며 통찰력 있는 의견을 주었다. 특히 상세한 의견을 준 팀 러프가든, 셉 캄바, 마일스 제닝스, 엘리나 버거, 아리아나 심프슨, 포터 스미스, 빌 힌먼, 알리 야히야, 브라이언 퀸텐츠, 앤디 홀, 콜린 매컨, 넘 설리번, 에디 라자린, 스콧 코미너스에게 감사의 말을 전하고 싶다. 또한, 자료 수집과 분석을 맡아준 대런 마츠오카, NFT 디자인을 담당한 마이클 블라우, 조사 및 사실 확인을 담당한 마우라 폭스에게도 고맙다.

지난 몇 년간 나의 여러 노력에 대해 변함없는 지원으로 훌륭한 비즈니스 파트너가 되어준 마크 앤드리슨과 벤 호로비츠에게도 감사한다.

항상 내 곁을 지켜주고 나를 믿어준 아내이자 가장 친한 벗인 엘리나에게 이 책을 바친다. 내가 무수히 많은 주말과 휴일을 반납하며 밤낮으로 이 책을 쓰는 동안, 그녀는 묵묵히 지켜봐주고 지지를 보내주었다. 모든 면에서 나의 파트너인 그녀에게 정말 감사한다. 이 책은 내 책인 동시에 그녀의 책이기도 하다.

마지막으로 이 책은 내 아들을 위한 책이기도 하다. 너는 미래이니 이 책이 너를 위해 밝게 빛나기를 바란다.

미주

서문: 인터넷의 다음 시대를 구축하다

1 Freeman Dyson quotation is from Kenneth Brower, *The Starship and the Canoe* (New York: Holt, Rinehart and Winston, 1978).

2 Similarweb: Website traffic—check and analyze any website, Feb. 15, 2023, www.similarweb.com/.

3 Apptopia: App Competitive Intelligence Market Leader, Feb. 15, 2023, apptopia.com/.

4 Truman Du, "Charted: Companies in the Nasdaq 100, by Weight," *Visual Capitalist*, June 26, 2023, www.visualcapitalist.com/cp/nasdaq-100-companies-by-weight/.

5 Adam Tanner, "How Ads Follow You from Phone to Desktop to Tablet," *MIT Technology Review*, July 1, 2015, www.technologyreview.com/2015/07/01/167251/how-ads-follow-you-from-phone-to-desktop-to-tablet/; Kate Cox, "Facebook and Google Have Ad Trackers on Your Streaming TV, Studies Find," *Ars Technica*, Sept. 19, 2019, arstechnica.com/tech-policy/2019/09/studies-google-netflix-and-others-are-watching-how-you-watch-your-tv/.

6 Stephen Shankland, "Ad Blocking Surges as Millions More Seek Privacy, Security, and Less Annoyance," *CNET*, May 3, 2021, www.cnet.com/news/privacy/ad-blocking-surges-as-millions-more-seek-privacy-security-and-less-annoyance/.

7 Chris Stokel-Walker, "Apple Is an Ad Company Now," *Wired*, Oct. 20, 2022, www.wired.com/story/apple-is-an-ad-company-now/.

8 Merrill Perlman, "The Rise of 'Deplatform,'" *Columbia Journalism Review*, Feb. 4, 2021, www.cjr.org/language_corner/deplatform.php.

9 Gabriel Nicholas, "Shadowbanning Is Big Tech's Big Problem," *Atlantic*, April 28, 2022, www.theatlantic.com/technology/archive/2022/04/social-media-shadowbans-tiktok-twitter/629702/.

10 Simon Kemp, "Digital 2022: Time Spent Using Connected Tech Continues to Rise," DataReportal, Jan. 26, 2022, datareportal.com/reports/digital-2022-time-spent-with-connected-tech.

11 Yoram Wurmser, "The Majority of Americans' Mobile Time Spent Takes Place in Apps," *Insider Intelligence*, July 9, 2020, www.insiderintelligence.com/content/the-majority-of-americans-mobile-time-spent-takes-place-in-apps.

12 Ian Carlos Campbell and Julia Alexander, "A Guide to Platform Fees," *Verge*, Aug. 24, 2021, www.theverge.com/21445923/platform-fees-apps-games-business-marketplace-apple-google/.

13 "Lawsuits Filed by the FTC and the State Attorneys General Are Revisionist History," Meta, Dec. 9, 2020, about .fb.com/news/2020/12/lawsuits-filed-by-the-ftc-and-state-attorneys-general-are-revisionist-history/.

14 Aditya Kalra and Steve Stecklow, "Amazon Copied Products and Rigged Search Results to Promote Its Own Brands, Documents Show," *Reuters*, Oct. 13, 2021, www.reuters.com/investigates/special-report/amazon-india-rigging/.

15 Jack Nicas, "Google Uses Its Search Engine to Hawk Its Products," *Wall Street Journal*, Jan. 9, 2017, www.wsj.com/articles/google-uses-its-search-engine-to-hawk-its-products-1484827203.

16 Ashley Belanger, "Google's Ad Tech Dominance Spurs More Antitrust Charges, Report Says," *Ars Technica*, June 12, 2023, www.arstechnica.com/tech-policy/2023/06/googles-ad-tech-dominance-spurs-more-antitrust-charges-report-says/.

17 Ryan Heath and Sara Fischer, "Meta's Big AI Play: Shoring Up Its Ad Business," *Axios*, Aug. 7, 2023, www.axios.com/2023/08/07/meta-ai-ad-business/.

18 Hope King, "Amazon Sees Huge Potential in Ads Business as AWS Growth Flattens," *Axios*, April 27, 2023, www.axios.com/2023/04/28/amazon-earnings-aws-retail-ads/.

19 Adrianne Jeffries and Leon Yin, "Amazon Puts Its Own 'Brands' First Above Better-Rated Products," *Markup*, Oct. 14, 2021, www.themarkup.org/amazons-advantage/2021/10/14/amazon-puts-its-own-brands-first-above-better-rated-products/.

20 James Vincent, "EU Says Apple Breached Antitrust Law in Spotify Case, but Final Ruling Yet to Come," *Verge*, Feb. 28, 2023, www.theverge.com/2023/2/28/23618264/eu-antitrust-case-apple-music-streaming-spotify-updated-statement-objections; Aditya Kalra, "EXCLUSIVE Tinder-Owner Match Ups Antitrust Pressure on Apple in India with New Case," *Reuters*, Aug. 24, 2022, www.reuters.com/technology/exclusive-tinder-owner-match-ups-antitrust-pressure-apple-india-with-new-case-2022-08-24/; Cat Zakrzewski, "Tile Will Accuse Apple of Worsening Tactics It Alleges Are Bullying, a Day After iPhone Giant Unveiled a Competing Product," *Washington Post*, April 21, 2021, www.washington post.com/technology/2021/04/21/tile-will-accuse-apple-tactics-it-alleges-are-bullying-day-after-iphone-giant-unveiled-competing-product/.

21 Jeff Goodell, "Steve Jobs in 1994: The Rolling Stone Interview," *Rolling Stone*, Jan. 17, 2011, www.rollingstone.com/culture/culture-news/steve-jobs-in-1994-the-rolling-stone-interview-231132/.

22 Robert McMillan, "Turns Out the Dot-Com Bust's Worst Flops Were Actually Fantastic Ideas," *Wired*, Dec. 8, 2014, www.wired.com/2014/12/da-bom/.

23 "U.S. Share of Blockchain Developers Is Shrinking," Electric Capital Developer Report, March 2023, www.developerreport.com/developer-report-geography.

01 네트워크가 중요한 이유

1 John von Neumann quotation is from Ananyo Bhattacharya, *The Man from the Future* (New York: W. W. Norton, 2022), 130.

2 Derek Thompson, "The Real Trouble with Silicon Valley," *Atlantic*, Jan./Feb. 2020, www.theatlantic.com/magazine/archive/2020/01/wheres-my-flying-car/603025/; Josh Hawley, "Big Tech's 'Innovations' That Aren't," *Wall Street Journal*, Aug. 28, 2019, www.wsj.com/articles/big-techs-innovations-that-arent-11567033288.

3 Bruce Gibney, "What Happened to the Future?," Founders Fund, accessed March 1, 2023, foundersfund.com/the-future/; Pascal-Emmanuel Gobry, "Facebook Investor Wants Flying Cars, Not 140 Characters," *Business Insider*, July 30, 2011, www.businessinsider.com/founders-fund-the-future-2011-7.

4 Kevin Kelly, "New Rules for the New Economy," *Wired*, Sept. 1, 1997, www.wired.com/1997/09/newrules/.

5 "Robert M. Metcalfe," IEEE Computer Society, accessed March 1, 2023, www.computer.org/profiles/robert-metcalfe.

6 Antonio Scala and Marco Delmastro, "The Explosive Value of the Networks," *Scientific Reports* 13, no. 1037 (2023), www.ncbi.nlm.nih.gov/pmc/articles/PMC9852569/.

7 David P. Reed, "The Law of the Pack," *Harvard Business Review*, Feb. 2001, hbr.org/2001/02/the-law-of-the-pack.

8 "Meta Reports First Quarter 2023 Results," Meta, April 26, 2023, investor.fb.com/investor-news/press-release-details/2023/Meta-Reports-First-Quarter-2023-Results/default.aspx.

9 "FTC Seeks to Block Microsoft Corp.'s Acquisition of Activision Blizzard, Inc.," Federal Trade Commission, Dec. 8, 2022, www.ftc.gov/news-events/news/press-releases/2022/12/ftc-seeks-block-microsoft-corps-acquisition-activision-blizzard-inc; Federal Trade Commission, "FTC Seeks to Block Virtual Reality Giant Meta's Acquisition of Popular App Creator Within," July 27, 2022, www.ftc.gov/news-events/

news/press-releases/2022/07/ftc-seeks-block-virtual-reality-giant-metas-acquisition-popular-app-creator-within.

10 Augmenting Compatibility and Competition by Enabling Service Switching Act, H.R. 3849, 117th Cong. (2021).

11 Joichi Ito, "In an Open-Source Society, Innovating by the Seat of Our Pants," *New York Times*, Dec. 5, 2011, www.nytimes.com/2011/12/06/science/joichi-ito-innovating-by-the-seat-of-our-pants.html.

02 프로토콜 네트워크

1 Tim Berners-Lee with Mark Fischetti, *Weaving the Web: The Original Design and Ultimate Destiny of the World Wide Web by Its Inventor* (New York: Harper, 1999), 36.

2 "Advancing National Security Through Fundamental Research," accessed Sept. 1, 2023, Defense Advanced Research Projects Agency.

3 John Perry Barlow, "A Declaration of the Independence of Cyberspace," Electronic Frontier Foundation, 1996, www.eff.org/cyberspace-independence.

4 Henrik Frystyk, "The Internet Protocol Stack," World Wide Web Consortium, July 1994, www.w3.org/People/Frystyk/thesis/TcpIp.html.

5 Kevin Meynell, "Final Report on TCP/IP Migration in 1983," Internet Society, Sept. 15, 2016, www.internetsociety.org/blog/2016/09/final-report-on-tcpip-migration-in-1983/.

6 "Sea Shadow," DARPA, www.darpa .mil/about-us/timeline/sea-shadow/; Catherine Alexandrow, "The Story of GPS," *50 Years of Bridging the Gap*, DARPA, 2008, www.darpa.mil/attachments/(2O10)%20Global%20Nav%20-%20About%20Us%20-%20History%20-%20Resources%20-%2050th%20-%20GPS%20(Approved).pdf.

7 Jonathan B. Postel, "Simple Mail Transfer Protocol," Request for Comments: 788, Nov. 1981, www.ietf.org/rfc/rfc788 .txt.pdf.

8 Katie Hafner and Matthew Lyon, *Where Wizards Stay Up Late* (New York: Simon & Schuster, 1999).

9 "Mosaic Launches an Internet Revolution," National Science Foundation, April 8, 2004, new.nsf.gov/news/mosaic-launches-internet-revolution.

10 "Domain Names and the Network Information Center," SRI International, Sept. 1, 2023, www.sri.com/hoi/domain-names-the-network-information-center/.

11 Cade Metz, "Why Does the Net Still Work on Christmas? Paul Mockapetris," *Wired*, July 23, 2012, www.wired.com/2012/07/paul-mockapetris-dns/.

12 "Brief History of the Domain Name System," Berkman Klein Center for Internet & Society at Harvard University, 2000, cyber.harvard.edu/icann/pressingissues2000/

briefingbook/dnshistory.html.

13 Cade Metz, "Remembering Jon Postel—and the Day He Hijacked the Internet," *Wired*, Oct. 15, 2012, www.wired.com/2012/10/joe-postel/.

14 "Jonathan B. Postel: 1943–1998," *USC News*, Feb. 1, 1999, www.news.usc.edu/9329/Jonathan-B-Postel-1943-1998/.

15 Maria Farrell, "Quietly, Symbolically, US Control of the Internet Was Just Ended," *Guardian*, March 14, 2016, www.theguardian.com/technology/2016/mar/14/icann-internet-control-domain-names-iana.

16 Molly Fischer, "The Sound of My Inbox," *Cut*, July 7, 2021, www.thecut.com/2021/07/email-newsletters-new-literary-style.html.

17 Sarah Frier, "Musk's Volatility Is Alienating Twitter's Top Content Creators," *Bloomberg*, Dec. 18, 2022, www.bloomberg.com/news/articles/2022-12-19/musk-s-volatility-is-alienating-twitter-s-top-content-creators.; Taylor Lorenz, "Inside the Secret Meeting That Changed the Fate of Vine Forever," *Mic*, Oct. 29, 2016, www.mic.com/articles/157977/inside-the-secret-meeting-that-changed-the-fate-of-vine-forever; Krystal Scanlon, "In the Platforms' Arms Race for Creators, YouTube Shorts Splashes the Cash," *Digiday*, Feb. 1, 2023, www.digiday.com/marketing/in-the-platforms-arms-race-for-creators-youtube-shorts-splashes-the-cash/.

18 Adi Robertson, "Mark Zuckerberg Personally Approved Cutting Off Vine's Friend-Finding Feature," *Verge*, Dec. 5, 2018, www.theverge.com/2018/12/5/18127202/mark-zuckerberg-facebook-vine-friends-api-block-parliament-documents.; Jane Lytvynenko and Craig Silverman, "The Fake Newsletter: Did Facebook Help Kill Vine?," *BuzzFeed News*, Feb. 20, 2019, www.buzzfeednews.com/article/janelytvynenko/the-fake-newsletter-did-facebook-help-kill-vine.

19 Gerry Shih, "On Facebook, App Makers Face a Treacherous Path," *Reuters*, March 10, 2013, www.reuters.com/article/uk-facebook-developers/insight-on-facebook-app-makers-face-a-treacherous-path-idUKBRE92A02T20130311.

20 Kim-Mai Cutler, "Facebook Brings Down the Hammer Again: Cuts Off MessageMe's Access to Its Social Graph," *TechCrunch*, March 15, 2013, techcrunch.com/2013/03/15/facebook-messageme/.

21 Josh Constine and Mike Butcher, "Facebook Blocks Path's 'Find Friends' Access Following Spam Controversy," *TechCrunch*, May 4, 2013, techcrunch.com/2013/05/04/path-blocked/.

22 Isobel Asher Hamilton, "Mark Zuckerberg Downloaded and Used a Photo App That Facebook Later Cloned and Crushed, Antitrust Lawsuit Claims," *Business Insider*, Nov. 5, 2021, www.businessinsider.com/facebook-antitrust-lawsuit-cloned-crushed-phhoto-

photo-app-2021-11.

23 Kim-Mai Cutler, "Facebook Brings Down the Hammer Again: Cuts Off MessageMe's Access to Its Social Graph," *TechCrunch*, March 15, 2013, techcrunch.com/2013/03/15/facebook-messageme/.

24 Justin M. Rao and David H. Reiley, "The Economics of Spam," *Journal of Economic Perspectives* 26, no. 3 (2012): 87–110, pubs.aeaweb.org/doi/pdf/10.1257/jep.26.3.87; Gordon V. Cormack, Joshua Goodman, and David Heckerman, "Spam and the Ongoing Battle for the Inbox," *Communications of the Association for Computing Machinery* 50, no. 2 (2007): 24–33, dl.acm.org/doi/10.1145/1216016.1216017.

25 Emma Bowman, "Internet Explorer, the Love-to-Hate-It Web Browser, Has Died at 26," NPR, June 15, 2022, www.npr.org/2021/05/22/999343673/internet-explorer-the-love-to-hate-it-web-browser-will-die-next-year.

26 Ellis Hamburger, "You Have Too Many Chat Apps. Can Layer Connect Them?," *Verge*, Dec. 4, 2013, www.theverge.com/2013/12/4/5173726/you-have-too-many-chat-apps-can-layer-connect-them.

27 Erick Schonfeld, "OpenSocial Still 'Not Open for Business,'" *TechCrunch*, Dec. 6, 2007, techcrunch.com/2007/12/06/opensocial-still-not-open-for-business/.

28 Will Oremus, "The Search for the Anti-Facebook," *Slate*, Oct. 28, 2014, slate.com/technology/2014/10/ello-diaspora-and-the-anti-facebook-why-alternative-social-networks-cant-win.html.

29 Christina Bonnington, "Why Google Reader Really Got the Axe," *Wired*, June 6, 2013, www.wired.com/2013/06/why-google-reader-got-the-ax/.

30 Ryan Holmes, "From Inside Walled Gardens, Social Networks Are Suffocating the Internet As We Know It," *Fast Company*, Aug. 9, 2013, www.fastcompany.com/3015418/from-inside-walled-gardens-social-networks-are-suffocating-the-internet-as-we-know-it.

31 Sinclair Target, "The Rise and Demise of RSS," *Two-Bit History*, Sept. 16, 2018, twobithistory.org/2018/09/16/the-rise-and-demise-of-rss.html.

32 Scott Gilbertson, "Slap in the Facebook: It's Time for Social Networks to Open Up," *Wired*, Aug. 6, 2007, www.wired.com/2007/08/open-social-net/.

33 Brad Fitzpatrick, "Thoughts on the Social Graph," bradfitz.com, Aug. 17, 2007, bradfitz.com/social-graph-problem/.

34 Robert McMillan, "How Heartbleed Broke the Internet—and Why It Can Happen Again," *Wired*, April 11, 2014, www.wired.com/2014/04/heartbleedslesson/.

35 Steve Marquess, "Of Money, Responsibility, and Pride," *Speeds and Feeds*, April 12, 2014, veridicalsystems.com/blog/of-money-responsibility-and-pride/.

36 Klint Finley, "Linux Took Over the Web. Now, It's Taking Over the World," *Wired*, Aug. 25, 2016, www.wired.com/2016/08/linux-took-web-now-taking-world/.

03 기업 네트워크

1 Mark Zuckerberg quoted in Mathias Döpfner, "Mark Zuckerberg Talks about the Future of Facebook, Virtual Reality and Artificial Intelligence," *Business Insider*, Feb. 28, 2016, www.businessinsider.com/mark-zuckerberg-interview-with-axel-springer-ceo-mathias-doepfner-2016-2.

2 Nick Wingfield and Nick Bilton, Apple Shake-Up Could Lead to Design Shift," *New York Times*, Oct. 31, 2012, www.nytimes.com/2012/11/01/technology/apple-shake-up-could-mean-end-to-real-world-images-in-software.html.

3 Lee Rainie and John B. Horrigan, "Getting Serious Online: As Americans Gain Experience, They Pursue More Serious Activities," Pew Research Center: Internet, Science & Tech, March 3, 2002, ww.pewresearch.org/internet/2002/03/03/getting-serious-online-as-americans-gain-experience-they-pursue-more-serious-activities/.

4 William A. Wulf, "Great Achievements and Grand Challenges," National Academy of Engineering, *The Bridge* (vol. 30, issue 3/4), Sept. 1, 2000, www.nae.edu/7461/GreatAchievementsandGrandChallenges/.

5 "Market Capitalization of Amazon," CompaniesMarketCap.com, accessed Sept. 1, 2023, companiesmarketcap.com/amazon/marketcap/.

6 John B. Horrigan, "Broadband Adoption at Home," Pew Research Center: Internet, Science & Tech, May 18, 2003, www.pewresearch.org/internet/2003/05/18/broadband-adoption-at-home/.

7 Richard MacManus, "The Read/Write Web," *ReadWriteWeb*, April 20, 2003, web.archive.org/web/20100111030848/http:/www.readwriteweb.com/archives/the_readwrite_w.php.

8 Adam Cohen, *The Perfect Store: Inside eBay* (Boston: Little, Brown, 2022).

9 Jennifer Sullivan, "Investor Frenzy over eBay IPO," *Wired*, Sept. 24, 1998, www.wired.com/1998/09/investor-frenzy-over-ebay-ipo/.

10 Erick Schonfeld, "How Much Are Your Eyeballs Worth? Placing a Value on a Website's Customers May Be the Best Way to Judge a Net Stock. It's Not Perfect, but on the Net, What Is?," *CNN Money*, Feb. 21, 2000, money.cnn.com/magazines/fortune/fortune_archive/2000/02/21/273860/index.htm.

11 John H. Horrigan, "Home Broadband Adoption 2006," Pew Research Center: Internet, Science & Tech, May 28, 2006, www.pewresearch.org/internet/2006/05/28/home-

broadband-adoption-2006/.

12 Jason Koebler, "10 Years Ago Today, YouTube Launched as a Dating Website," *Vice*, April 23, 2015, www.vice.com/en/article/78xqjx/10-years-ago-today-youtube-launched-as-a-dating-website.

13 Chris Dixon, "Come for the Tool, Stay for the Network," cdixon.org, Jan. 31, 2015, cdixon.org/2015/01/31/come-for-the-tool-stay-for-the-network.

14 Avery Hartmans, "The Rise of Kevin Systrom, Who Founded Instagram 10 Years Ago and Built It into One of the Most Popular Apps in the World," *Business Insider*, Oct. 6, 2020, www.businessinsider.com/kevin-systrom-instagram-ceo-life-rise-2018-9.

15 James Montgomery, "YouTube Slapped with First Copyright Lawsuit for Video Posted Without Permission," MTV, July 19, 2006, www.mtv.com/news/dtyii2/youtube-slapped-with-first-copyright-lawsuit-for-video-posted-without-permission.

16 Doug Anmuth, Dae K. Lee, and Katy Ansel, "Alphabet Inc.: Updated Sum-of-the-Parts Valuation Suggests Potential Market Cap of Almost 2T; *Reiterate OW & Raising PT to* 2,575," North America Equity Research, J. P. Morgan, April 19, 2021.

17 John Heilemann, "The Truth, the Whole Truth, and Nothing but the Truth," *Wired*, Nov. 1, 2000, www.wired.com/2000/11/microsoft-7/.

18 Adi Robertson, "How the Antitrust Battles of the '90s Set the Stage for Today's Tech Giants," *Verge*, Sept. 6, 2018, www.theverge.com/2018/9/6/17827042/antitrust-1990s-microsoft-google-aol-monopoly-lawsuits-history.

19 Brad Rosenfeld, "How Marketers Are Fighting Rising Ad Costs," *Forbes*, Nov. 14, 2022, www.forbes.com/sites/forbescommunicationscouncil/2022/11/14/how-marketers-are-fighting-rising-ad-costs/.

20 Dean Takahashi, "MySpace Says It Welcomes Social Games to Its Platform," *VentureBeat*, May 21, 2010, venturebeat.com/games/myspace-says-it-welcomes-social-games-to-its-platform/; Miguel Helft, "The Class That Built Apps, and Fortunes," *New York Times*, May 7, 2011, www.nytimes.com/2011/05/08/technology/08class.html.

21 Mike Schramm, "Breaking: Twitter Acquires Tweetie, Will Make It Official and Free," *Engadget*, April 9, 2010, www.engadget.com/2010-04-09-breaking-twitter-acquires-tweetie-will-make-it-official-and-fr.html.

22 Mitchell Clark, "The Third-Party Apps Twitter Just Killed Made the Site What It Is Today," *Verge*, Jan. 22, 2023, www.theverge.com/2023/1/22/23564460/twitter-third-party-apps-history-contributions.

23 Ben Popper, "Twitter Follows Facebook Down the Walled Garden Path," *Verge*, July 9, 2012, www.theverge.com/2012/7/9/3135406/twitter-api-open-closed-facebook-walled-garden.

24 Eric Eldon, "Q&A with RockYou—Three Hit Apps on Facebook, and Counting," *VentureBeat*, June 11, 2007, venturebeat.com/business/q-a-with-rockyou-three-hit-apps-on-facebook-and-counting/.

25 Claire Cain Miller, "Google Acquires Slide, Maker of Social Apps," *New York Times*, Aug. 4, 2010, archive.nytimes.com/bits.blogs.nytimes.com/2010/08/04/google-acquires-slide-maker-of-social-apps/.

26 Ben Popper, "Life After Twitter: StockTwits Builds Out Its Own Ecosystem," *Verge*, Sept. 18, 2012, www.theverge.com/2012/9/18/3351412/life-after-twitter-stocktwits-builds-out-its-own-ecosystem.

27 Mark Milian, "Leading App Maker Said to Be Planning Twitter Competitor," CNN, April 13, 2011, www.cnn.com/2011/TECH/social.media/04/13/ubermedia.twitter/index.html.

28 Adam Duvander, "Netflix API Brings Movie Catalog to Your App," *Wired*, Oct. 1, 2008, www.wired.com/2008/10/netflix-api-brings-movie-catalog-to-your-app/.

29 Sarah Mitroff, "Twitter's New Rules of the Road Mean Some Apps Are Roadkill," *Wired*, Sept. 6, 2012, www.wired.com/2012/09/twitters-new-rules-of-the-road-means-some-apps-are-roadkill/.

30 Chris Dixon, "The Inevitable Showdown Between Twitter and Twitter Apps," Business Insider, Sept. 16, 2009, www.businessinsider.com/the-coming-showdown-between-twitter-and-twitter-apps-2009-9.

31 Elspeth Reeve, "In War with Facebook, Google Gets Snarky," *Atlantic*, Nov. 11, 2010, www.theatlantic.com/technology/archive/2010/11/in-war-with-facebook-google-gets-snarky/339626/.

32 Brent Schlender, "Whose Internet Is It, Anyway?" *Fortune*, Dec. 11, 1995.

33 Dave Thier, "These Games Are So Much Work," *New York*, Dec. 9, 2011, www.nymag.com/news/intelligencer/zynga-2011-12/.

34 Jennifer Booten, "Facebook Served Disappointing Analyst Note in Wake of Zynga Warning," Fox Business, March 3, 2016, www.foxbusiness.com/features/facebook-served-disappointing-analyst-note-in-wake-of-zynga-warning.

35 Tomio Geran, "Facebook's Dependence on Zynga Drops, Zynga's Revenue to Facebook Flat," *Forbes*, July 31, 2012, www.forbes.com/sites/tomiogeron/2012/07/31/facebooks-dependence-on-zynga-drops-zyngas-revenue-to-facebook-flat/.

36 Harrison Weber, "Facebook Kicked Zynga to the Curb, Publishers Are Next," *VentureBeat*, June 30, 2016, www.venturebeat.com/mobile/facebook-kicked-zynga-to-the-curb-publishers-are-next/; Josh Constine, "Why Zynga Failed," *TechCrunch*, Oct. 5, 2012, www.techcrunch.com/2012/10/05/more-competitors-smarter-gamers-expensive-

ads-less-virality-mobile/.

37 Aisha Malik, "Take-Two Completes *12.7B Acquisition of Mobile Games Giant Zynga*," TechCrunch, May 23, 2022, www.techcrunch.com/2022/05/23/take-two-completes-acquisition-of-mobile-games-giant-zynga/.

38 Simon Kemp, "Digital 2022 October Global Statshot Report," DataReportal, Oct. 20, 2022, datareportal.com/reports/digital-2022-october-global-statshot.

04 블록체인

1 Vitalik Buterin quoted in "Genius Gala," Liberty Science Center, Feb. 26, 2021, www.lsc.org/gala/vitalik-buterin-1.

2 David Rotman, "We're not prepared for the end of Moore's Law," *MIT Technology Review*, Feb. 24, 2020, www.technologyreview.com/2020/02/24/905789/were-not-prepared-for-the-end-of-moores-law/.

3 Chris Dixon, "What's Next in Computing?," *Software Is Eating the World*, Feb. 21, 2016, medium.com/software-is-eating-the-world/what-s-next-in-computing-e54b870b80cc.

4 Filipe Espósito, "Apple Bought More AI Companies Than Anyone Else Between 2016 and 2020," *9to5Mac*, March 25, 2021, 9to5mac.com/2021/03/25/apple-bought-more-ai-companies-than-anyone-else-between-2016-and-2020/; Tristan Bove, "Big Tech Is Making Big AI Promises in Earnings Calls as ChatGPT Disrupts the Industry: 'You're Going to See a Lot from Us in the Coming Few Months,'" *Fortune*, Feb. 3, 2023, fortune.com/2023/02/03/google-meta-apple-ai-promises-chatgpt-earnings/; Lauren Feiner, "Alphabet's Self-Driving Car Company Waymo Announces 2.5 Billion Investment Round," CNBC, June 16, 2021, www.cnbc.com/2021/06/16/alphabets-waymo-raises-2point5-billion-in-new-investment-round.html.

5 Chris Dixon, "Inside-out vs. Outside-in: The Adoption of New Technologies," Andreessen Horowitz, Jan. 17, 2020, www.a16z.com/2020/01/17/inside-out-vs-outside-in-technology/; cdixon.org, Jan. 17, 2020, www.cdixon.org/2020/01/17/inside-out-vs-outside-in/.

6 Lily Rothman, "More Proof That Steve Jobs Was Always a Business Genius," *Time*, March 5, 2015, www.time.com/3726660/steve-jobs-homebrew/.

7 Michael Calore, "Aug. 25, 1991: Kid from Helsinki Foments Linux Revolution," *Wired*, Aug. 25, 2009, www.wired.com/2009/08/0825-torvalds-starts-linux/.

8 John Battelle, "The Birth of Google," *Wired*, Aug. 1, 2005, www.wired.com/2005/08/battelle/.

9 Ron Miller, "How AWS Came to Be," *TechCrunch*, July 2, 2016, techcrunch.

com/2016/07/02/andy-jassys-brief-history-of-the-genesis-of-aws/.

10 Satoshi Nakamoto, "Bitcoin: A Peer-to-Peer Electronic Cash System," Oct. 31, 2008, bitcoin.org/bitcoin.pdf.

11 Trevor Timpson, "The Vocabularist: What's the Root of the Word Computer?," BBC, Feb. 2, 2016, www.bbc.com/news/blogs-magazine-monitor-35428300.

12 Alan Turing, "On Computable Numbers, with an Application to the Entscheidungsproblem," *Proceedings of the London Mathematical Society* 42, no. 2 (1937): 230–65, londmathsoc.onlinelibrary.wiley.com/doi/10.1112/plms/s2-42.1.230.

13 "IBM VM 50th Anniversary," IBM, Aug. 2, 2022, www.vm.ibm.com/history/50th/index.html.

14 Alex Pruden and Sonal Chokshi, "Crypto Glossary: Cryptocurrencies and Blockchain," a16z crypto, Nov. 8, 2019, www.a16zcrypto.com/posts/article/crypto-glossary/.

15 Daniel Kuhn, "CoinDesk Turns 10: 2015—Vitalik Buterin and the Birth of Ethereum," *CoinDesk*, June 2, 2023, www.coindesk.com/consensus-magazine/2023/06/02/coindesk-turns-10-2015-vitalik-buterin-and-the-birth-of-ethereum/.

16 Gian M. Volpicelli, "Ethereum's 'Merge' Is a Big Deal for Crypto—and the Planet," *Wired*, Aug. 18, 2022, www.wired.com/story/ethereum-merge-big-deal-crypto-environment/.

17 "Ethereum Energy Consumption," Ethereum.org, accessed Sept. 23, 2023, ethereum.org/en/energy-consumption/; George Kamiya and Oskar Kvarnström, "Data Centres and Energy—From Global HeadDixo lines to Local Headaches?" International Energy Agency, Dec. 20, 2019, iea.org/commentaries/data-centres-and-energy-from-global-headlines-to-local-headaches; "Cambridge Bitcoin Energy Consumption Index: Comparisons," Cambridge Centre for Alternative Finance, accessed July 2023, ccaf.io/cbnsi/cbeci/comparisons; Evan Mills et al., "Toward Greener Gaming: Estimating National Energy Use and Energy Efficiency Potential," *The Computer Games Journal*, vol. 8(2), Dec. 1, 2019, researchgate.net/publication/336909520_Toward_Greener_Gaming_Estimating_National_Energy_Use_and_Energy_Efficiency_Potential; "Cambridge Blockchain Network Sustainability Index: Ethereum Network Power Demand," Cambridge Centre for Alternative Finance, accessed July 2023, ccaf.io/cbnsi/ethereum/1; "Google Environmental Report 2022," Google, June 2022, gstatic.com/gumdrop/sustainability/google-2022-environmental-report.pdf; "Netflix Environmental Social Governance Report 2021," Netflix, March 2022, assets.ctfassets.net/4cd45et68cgf/7B2bKCqkXDfHLadrjrNWD8/e44583e5b288bdf61e8bf3d7f8562884/2021_US_EN_Netflix_EnvironmentalSocialGovernanceReport-2021_Final.pdf; "PayPal Inc. Holdings—Climate Change 2022," Carbon Disclosure Project, May

2023, s202.q4cdn.com/805890769/files/doc_downloads/global-impact/CDP_Climate_ Change_PayPal-(1).pdf; "An Update on Environmental, Social, and Governance (ESG) at Airbnb," Airbnb, Dec. 2021, s26.q4cdn.com/656283129/files/doc_downloads/ governance_doc_updated/Airbnb-ESG-Factsheet-(Final).pdf; "The Merge— Implications on the Electricity Consumption and Carbon Footprint of the Ethereum Network," Crypto Carbon Ratings Institute, accessed Sept. 2022, carbon-ratings. com/eth-report-2022; Rachel Rybarczyk et al., "On Bitcoin's Energy Consumption: A Quantitative Approach to a Subjective Question," Galaxy Digital Mining, May 2021, docsend.com/view/adwmdeeyfvqwecj2.

18 Andy Greenberg, "Inside the Bitcoin Bust That Took Down the Web's Biggest Child Abuse Site," *Wired*, April 7, 2022, www.wired.com/story/tracers-in-the-dark-welcome-to-video-crypto-anonymity-myth/.

19 Lily Hay Newman, "Hacker Lexicon: What Are Zero-Knowledge Proofs?," *Wired*, Sept. 14, 2019, www.wired.com/story/zero-knowledge-proofs/; Elena Burger et al., "Zero Knowledge Canon, part 1 & 2," a16z crypto, Sept. 16, 2022, www.a16zcrypto.com/ posts/article/zero-knowledge-canon/.

20 Joseph Burlseon et al., "Privacy-Protecting Regulatory Solutions Using Zero-Knowledge Proofs: Full Paper," a16z crypto, Nov. 16, 2022, a16zcrypto.com/posts/article/ privacy-protecting-regulatory-solutions-using-zero-knowledge-proofs-full-paper/; Shlomit Azgad-Tromer et al., "We Can Finally Reconcile Privacy and Compliance in Crypto. Here Are the New Technologies That Will Protect User Data and Stop Illicit Transactions," *Fortune*, Oct. 28, 2022, fortune.com/2022/10/28/finally-reconcile-privacy-compliance-crypto-new-technology-celsius-user-data-leak-illicit-transactions-crypto-tromer-ramaswamy/.

21 Steven Levy, "The Open Secret," *Wired*, April 1, 1999, www.wired.com/1999/04/crypto/.

22 Vitalik Buterin, "Visions, Part 1: The Value of Blockchain Technology," Ethereum Foundation Blog, April 13, 2015, www.blog.ethereum.org/2015/04/13/visions-part-1-the-value-of-blockchain-technology.

23 Osato Avan-Nomayo, "Bitcoin SV Rocked by Three 51% Attacks in as Many Months," *CoinTelegraph*, Aug. 7, 2021, cointelegraph.com/news/bitcoin-sv-rocked-by-three-51-attacks-in-as-many-months; Osato Avan-Nomayo, "Privacy-Focused Firo Cryptocurrency Suffers 51% Attack," *CoinTelegraph*, Jan. 20, 2021, cointelegraph.com/ news/privacy-focused-firo-cryptocurrency-suffers-51-attack.

24 Killed by Google, accessed Sept. 1, 2023, killedbygoogle.com/.

05 토큰

1 César Hidalgo quoted in Denise Fung Cheng, "Reading Between the Lines: Blueprints for a Worker Support Infrastructure in the Emerging Peer Economy," MIT master of science thesis, June 2014, wiki.p2pfoundation.net/Worker_Support_Infrastructure_in_the_Emerging_Peer_Economy.

2 Field Level Media, "Report: League of Legends Produced *1.75 Billion in Revenue in 2020*," Reuters, *Jan. 11, 2021, www.reuters.com/article/esports-lol-revenue-idUSFLM2vzDZL*.; Jay Peters, "*Epic Is Going to Give 40 Percent of Fortnite's Net Revenues Back to Creators*," Verge, March 22, 2023, www.theverge.com/2023/3/22/23645633/fortnite-creator-economy-2-0-epic-games-editor-state-of-unreal-2023-gdc.

3 Maddison Connaughton, "Her Instagram Handle Was 'Metaverse.' Last Month, It Vanished," *New York Times*, Dec. 13, 2021, www.nytimes.com/2021/12/13/technology/instagram-handle-metaverse.html.

4 Jon Brodkin, "Twitter Commandeers @X Username from Man Who Had It Since 2007," *Ars Technica*, July 26, 2023, arstechnica.com/tech-policy/2023/07/twitter-took-x-handle-from-longtime-user-and-only-offered-him-some-merch/.

5 Veronica Irwin, "Facebook Account Randomly Deactivated? You're Not Alone," *Protocol*, April 1, 2022, www.protocol.com/bulletins/facebook-account-deactivated-glitch; Rachael Myrow, "Facebook Deleted Your Account? Good Luck Retrieving Your Data," KQED, Dec. 21, 2020, www.kqed.org/news/11851695/facebook-deleted-your-account-good-luck-retrieving-your-data.

6 Anshika Bhalla, "A Quick Guide to Fungible vs. Non-fungible Tokens," Blockchain Council, Dec. 9, 2022, www.blockchain-council.org/blockchain/a-quick-guide-to-fungible-vs-non-fungible-tokens/.

7 Garth Baughman et al., "The Stable in Stablecoins," Federal Reserve FEDS Notes, Dec. 16, 2022, www.federalreserve.gov/econres/notes/feds-notes/the-stable-in-stablecoins-20221216.html.

8 "Are Democrats Against Crypto? Rep. Ritchie Torres Answers," *Bankless*, May 11, 2023, video, www.youtube.com/watch?v=ZbUHWwrplxE&ab_channel=Bankless.

9 Amitoj Singh, "China Includes Digital Yuan in Cash Circulation Data for First Time," *CoinDesk*, Jan. 11, 2023, www.coindesk.com/policy/2023/01/11/china-includes-digital-yuan-in-cash-circulation-data-for-first-time/.

10 Brian Armstrong and Jeremy Allaire, "Ushering in the Next Chapter for USDC," Coinbase, Aug. 21, 2023, www.coinbase.com/blog/ushering-in-the-next-chapter-for-usdc.

11 Lawrence Wintermeyer, "From Hero to Zero: How Terra Was Toppled

in Crypto's Darkest Hour," *Forbes*, May 25, 2022, www.forbes.com/sites/lawrencewintermeyer/2022/05/25/from-hero-to-zero-how-terra-was-toppled-in-cryptos-darkest-hour/.

12 Eileen Cartter, "Tiffany & Co. Is Making a Very Tangible Entrance into the World of NFTs," *GQ*, Aug. 1, 2022, www.gq.com/story/tiffany-and-co-cryptopunks-nft-jewelry-collaboration.

13 Paul Dylan-Ennis, "Damien Hirst's 'The Currency': What We'll Discover When This NFT Art Project Is Over," *Conversation*, July 19, 2021, theconversation.com/damien-hirsts-the-currency-what-well-discover-when-this-nft-art-project-is-over-164724.

14 Andrew Hayward, "Nike Launches .Swoosh Web3 Platform, with Polygon NFTs Due in 2023," *Decrypt*, Nov. 14, 2022, decrypt.co/114494/nike-swoosh-web3-platform-polygon-nfts.

15 Max Read, "Why Your Group Chat Could Be Worth Millions," *New York*, Oct. 24, 2021, nymag.com/intelligencer/2021/10/whats-a-dao-why-your-group-chat-could-be-worth-millions.html.

16 Geoffrey Morrison, "You Don't Really Own the Digital Movies You Buy," Wirecutter, *New York Times*, Aug. 4, 2021, www.nytimes.com/wirecutter/blog/you-dont-own-your-digital-movies/.

17 John Harding, Thomas J. Miceli, and C. F. Sirmans, "Do Owners Take Better Care of Their Housing Than Renters?," *Real Estate Economics* 28, no. 4 (2000): 663–81; "Social Benefits of Homeownership and Stable Housing," National Association of Realtors, April 2012, www.nar.realtor/sites/default/files/migration_files/social-benefits-of-stable-housing-2012-04.pdf.

18 Alison Beard, "Can Big Tech Be Disrupted? A Conversation with Columbia Business School Professor Jonathan Knee," *Harvard Business Review*, Jan.–Feb. 2022, hbr.org/2022/01/can-big-tech-be-disrupted.

19 Chris Dixon, "The Next Big Thing Will Start out Looking Like a Toy," cdixon.org, Jan. 3, 2010, www.cdixon.org/2010/01/03/the-next-big-thing-will-start-out-looking-like-a-toy.

20 Clayton Christensen, "Disruptive Innovation," claytonchristensen.com, Oct. 23, 2012, claytonchristensen.com/key-concepts/.

21 "The Telephone Patent Follies: How the Invention of the Phone was Bell's and not Gray's, or...," The Telecommunications History Group, Feb. 22, 2018, www.telcomhistory.org/the-telephone-patent-follies-how-the-invention-of-the-hone-was-bells-and-not-grays-or/.

22 Brenda Barron, "The Tragic Tale of DEC. The Computing Giant That Died Too Soon," Digital.com, June 15, 2023, digital.com/digital-equipment-corporation/; Joshua

Hyatt, "The Business That Time Forgot: Data General Is Gone. But Does That Make Its Founder a Failure?" Forbes, April 1, 2023, money.cnn.com/magazines/fsb/fsb_archive/2003/04/01/341000/.

23 Charles Arthur, "How the Smartphone Is Killing the PC," Guardian, June 5, 2011, www.theguardian.com/technology/2011/jun/05/smartphones-killing-pc.

24 Jordan Novet, "Microsoft's 13 Billion Bet on OpenAI Carries Huge Potential Along with Plenty of Uncertainty," CNBC, April 8, 2023, www.cnbc.com/2023/04/08/microsofts-complex-bet-on-openai-brings-potential-and-uncertainty.html.

25 Ben Thompson, "What Clayton Christensen Got Wrong," Stratechery, Sept. 22, 2013, stratechery.com/2013/clayton-christensen-got-wrong/.

26 Olga Kharif, "Meta to Shut Down Novi Service in September in Crypto Winter," Bloomberg, July 1, 2022, www.bloomberg.com/news/articles/2022-07-01/meta-to-shut-down-novi-service-in-september-in-crypto-winter#xj4y7vzkg.

06 블록체인 네트워크

1 Jane Jacobs, The Death and Life of Great American Cities (New York, N.Y.: Random House, 1961).

07 오픈소스 소프트웨어

1 Linus Torvalds, Just for Fun: The Story of an Accidental Revolutionary (New York: Harper, 2001).

2 David Bunnell, "The Man Behind the Machine?," PC Magazine, Feb.–March 1982, www.pcmag.com/news/heres-what-bill-gates-told-pcmag-about-the-ibm-pc-in-1982.

3 Dylan Love, "A Quick Look at the 30-Year History of MS DOS," Business Insider, July 27, 2011, www.businessinsider.com/history-of-dos-2011-7; Jeffrey Young, "Gary Kildall: The DOS That Wasn't," Forbes, July 7, 1997, www.forbes.com/forbes/1997/0707/6001336a.html?sh=16952ca9140e.

4 Tim O'Reilly, "Freeware: The Heart & Soul of the Internet," O'Reilly, March 1, 1998, www.oreilly.com/pub/a/tim/articles/freeware_0398.html.

5 Alexis C. Madrigal, "The Weird Thing About Today's Internet," Atlantic, May 16, 2017, www.theatlantic.com/technology/archive/2017

6 "Smart Device Users Spend as Much Time on Facebook as on the Mobile Web," Marketing Charts, April 5, 2013, www.marketingcharts.com/industries/media-and-entertainment-28422.

7 Paul C. Schuytema, "The Lighter Side of Doom," *Computer Gaming World*, Aug. 1994, 140, www.cgwmuseum.org/galleries/issues/cgw_121.pdf.

8 Alden Kroll, "Introducing New Ways to Support Workshop Creators," Steam, April 23, 2015, steamcommunity.com/games/SteamWorkshop/announcements/detail/208632365237576574.

9 Brian Crecente, "League of Legends Is Now 10 Years Old. This Is the Story of Its Birth," *Washington Post*, Oct. 27, 2019, www.washingtonpost.com/video-games/2019/10/27/league-legends-is-now-years-old-this-is-story-its-birth/; Joakim Henningson, "The History of Counter-strike," Red Bull, June 8, 2020, www.redbull.com/se-en/history-of-counterstrike.

10 "History of the OSI," Open Source Initiative, last modified Oct. 2018, opensource.org/history/.

11 Richard Stallman, "Why Open Source Misses the Point of Free Software," GNU Operating System, last modified Feb. 3, 2022, www.gnu.org/philosophy/open-source-misses-the-point.en.html; Steve Lohr, "Code Name: Mainstream," *New York Times*, Aug. 28, 2000, archive.nytimes.com/www.nytimes.com/library/tech/00/08/biztech/articles/28code.html.

12 Frederic Lardinois, "Four Years After Being Acquired by Microsoft, GitHub Keeps Doing Its Thing," *TechCrunch*, Oct. 26, 2022, www.techcrunch.com/2022/10/26/four-years-after-being-acquired-by-microsoft-github-keeps-doing-its-thing/.

13 James Forson, "The Eighth Wonder of the World—Compounding Interest," Regenesys Business School, April 13, 2022, www.regenesys.net/reginsights/the-eighth-wonder-of-the-world-compounding-interest/.

14 "Compound Interest Is Man's Greatest Invention," Quote Investigator, Oct. 31, 2011, quoteinvestigator.com/2011/10/31/compound-interest/.

15 Eric Raymond, *The Cathedral and the Bazaar: Musings on Linux and Open Source by an Accidental Revolutionary* (Sebastopol, Calif.: O'Reilly Media, 1999).

08 수수료율

1 Adam Lashinsky, "Amazon's Jeff Bezos: The Ultimate Disrupter," *Fortune*, Nov. 16, 2012, fortune.com/2012/11/16/amazons-jeff-bezos-the-ultimate-disrupter/.

2 Alicia Shepard, "Craig Newmark and Craigslist Didn't Destroy Newspapers, They Outsmarted Them," *USA Today*, June 17, 2018, www.usatoday.com/story/opinion/2018/06/18/craig-newmark-craigslist-didnt-kill-newspapers-outsmarted-them-column/702590002/.

3   Julia Kollewe, "Google and Facebook Bring in One-Fifth of Global Ad Revenue," *Guardian*, May 1, 2017, www.theguardian.com/media/2017/may/02/google-and-facebook-bring-in-one-fifth-of-global-ad-revenue.

4   Linda Kinstler, "How TripAdvisor Changed Travel," *Guardian*, Aug. 17, 2018, www.theguardian.com/news/2018/aug/17/how-tripadvisor-changed-travel.

5   Peter Kafka, "Facebook Wants Creators, but YouTube Is Paying Creators Much, Much More," *Vox*, July 15, 2021, www.vox.com/recode/22577734/facebook-1-billion-youtube-creators-zuckerberg-mr-beast.

6   Matt Binder, "Musk Says Twitter Will Share Ad Revenue with Creators… Who Give Him Money First," *Mashable*, Feb. 3, 2023, mashable.com/article/twitter-ad-revenue-share-creators.

7   Zach Vallese, "In the Three-way Battle Between YouTube, Reels and Tiktok, Creators Aren't Counting on a Big Payday," CNBC, February 27, 2023, www.cnbc.com/2023/02/27/in-youtube-tiktok-reels-battle-creators-dont-expect-a-big-payday.html.

8   Hank Green, "So… TikTok Sucks," hankschannel, Jan. 20, 2022, video, www.youtube.com/watch?v=jAZapFzpP64&ab_channel=hankschannel.

9   "Five Fast Facts," Time to Play Fair, Oct. 25, 2022, timetoplayfair.com/facts/.

10 Geoffrey A. Fowler, "iTrapped: All the Things Apple Won't Let You Do with Your iPhone," *Washington Post*, May 27, 2021, www.washingtonpost.com/technology/2021/05/27/apple-iphone-monopoly/.

11 "Why Can't I Get Premium in the App?," Spotify, support.spotify.com/us/article/why-cant-i-get-premium-in-the-app/.

12 "Buy Books for Your Kindle App," Help & Customer Service, Amazon, www.amazon.com/gp/help/customer/display.html?nodeId=GDZF9S2BRW5NWJCW.

13 Epic Games Inc. v. Apple Inc., *U.S. District Court for the Northern District of California*, Sept. 10, 2021; Bobby Allyn, *"What the Ruling in the Epic Games v. Apple Lawsuit Means for iPhone Users,"* All Things Considered, NPR, Sept. 10, 2021, www.npr.org/2021/09/10/1036043886/apple-fortnite-epic-games-ruling-explained.

14 Foo Yun Chee, "Apple Faces *1 Billion UK Lawsuit by App Developers over App Store Fees,"* Reuters, July 24, 2023, www.reuters.com/technology/apple-faces-1-bln-uk-lawsuit-by-apps-developers-over-app-store-fees-2023-07-24/.

15 "Understanding Selling Fees," eBay, accessed Sept. 1, 2023, www.ebay.com/sellercenter/selling/seller-fees.

16 "Fees & Payments Policy," Etsy, accessed Sept. 1, 2023, www.etsy.com/legal/fees/.

17 Sam Aprile, "How to Lower Seller Fees on StockX," StockX, Aug. 25, 2021, stockx.com/

news/how-to-lower-seller-fees-on-stockx/.

18 Jefferson Graham, "There's a Reason So Many Amazon Searches Show You Sponsored Ads," *USA Today*, Nov. 9, 2018, www.usatoday.com/story/tech/talkingtech/2018/11/09/why-so-many-amazon-searches-show-you-sponsored-ads/1858553002/.

19 Jason Del Rey, "Basically Everything on Amazon Has Become an Ad," *Vox*, Nov. 10, 2022, www.vox.com/recode/2022/11/10/23450349/amazon-advertising-everywhere-prime-sponsored-products.

20 "Meta Platforms Gross Profit Margin (Quarterly)," YCharts, last modified Dec. 2022, ycharts.com/companies/META/gross_profit_margin.

21 "Fees," Uniswap Docs, accessed Sept. 1, 2023, docs.uniswap.org/contracts/v2/concepts/advanced-topics/fees; Coin Metrics data to calculate Ethereum take rate, accessed July 2023, charts.coinmetrics.io/crypto-data/.

22 Moxie Marlinspike, "My First Impressions of Web3," moxie.org, Jan. 7, 2022, moxie.org/2022/01/07/web3-first-impressions.html.

23 Callan Quinn, "What Blur's Success Reveals About NFT Marketplaces," *Forbes*, March 17, 2023, www.forbes.com/sites/digital-assets/2023/03/17/what-blurs-success-reveals-about-nft-marketplaces/.

24 Clayton M. Christensen and Michael E. Raynor, *The Innovator's Solution: Creating and Sustaining Successful Growth* (Brighton, Mass.: Harvard Business Review Press, 2013).

25 Daisuke Wakabayashi and Jack Nicas, "Apple, Google, and a Deal That Controls the Internet," *New York Times*, Oct. 25, 2020, www.nytimes.com/2020/10/25/technology/apple-google-search-antitrust.html.

26 Alioto Law Firm, "Class Action Lawsuit Filed in California Alleging Google Is Paying Apple to Stay out of the Search Engine Business," PRNewswire, Jan. 3, 2022, www.prnewswire.com/news-releases/class-action-lawsuit-filed-in-california-alleging-google-is-paying-apple-to-stay-out-of-the-search-engine-business-301453098.html.

27 Lisa Eadicicco, "Google's Promise to Simplify Tech Puts Its Devices Everywhere," *CNET*, May 12, 2022, www.cnet.com/tech/mobile/googles-promise-to-simplify-tech-puts-its-devices-everywhere/; Chris Dixon, "What's Strategic for Google?," cdixon.org, Dec. 30, 2009, cdixon.org/2009/12/30/whats-strategic-for-google.

28 Joel Spolsky, "Strategy Letter V," *Joel on Software*, June 12, 2002, www.joelonsoftware.com/2002/06/12/strategy-letter-v/.

09 토큰 인센티브가 있는 네트워크 구축

1 Quote widely attributed to Charlie Munger as in Joshua Brown, "Show me the

incentives and I will show you the outcomes," *Reformed Broker*, Aug. 26, 2018, thereformedbroker.com/2018/08/26/show-me-the-incentives-and-i-will-show-you-the-outcome/.

2   David Weinberger, David Searls, and Christopher Locke, *The Cluetrain Manifesto: The End of Business as Usual* (New York: Basic Books, 2000).

3   Uniswap Foundation, "Uniswap Grants Program Retrospective," June 20, 2022, mirror. xyz/kennethng.eth/0WHWvyE4Fzz50aORNg3ixZMlvFjZ7frkqxnY4UIfZxo; Brian Newar, "Uniswap Foundation Proposal Gets Mixed Reaction over *74M Price Tag*," CoinTelegraph, Aug. 5, 2022, cointelegraph.com/news/uniswap-foundation-proposal-gets-mixed-reaction-over-74m-price-tag.

4   "What Is Compound in 5 Minutes," *Cryptopedia*, Gemini, June 28, 2022, www.gemini. com/en-US/cryptopedia/what-is-compound-and-how-does-it-work.

5   Daniel Aguayo et al., "MIT Roofnet: Construction of a Community Wireless Network," MIT Computer Science and Artificial Intelligence Laboratory, Oct. 2003, pdos.csail. mit.edu/~biswas/sosp-poster/roofnet-abstract.pdf; Marguerite Reardon, "Taking Wi-Fi Power to the People," *CNET*, Oct. 27, 2006, www.cnet.com/home/internet/taking-wi-fi-power-to-the-people/; Bliss Broyard, "'Welcome to the Mesh, Brother': Guerrilla Wi-Fi Comes to New York," *New York Times*, July 16, 2021, www.nytimes.com/2021/07/16/nyregion/nyc-mesh-community-internet.html.

6   Ali Yahya, Guy Wuollet, and Eddy Lazzarin, "Investing in Helium," a16z crypto, Aug. 10, 2021, a16zcrypto.com/content/announcement/investing-in-helium/.

7   C+Charge, "C+Charge Launch Revolutionary Utility Token for EV Charging Station Management and Payments That Help Organize and Earn Carbon Credits for Holders," press release, April 22, 2022, www.globenewswire.com/news-release/2022/04/22/2427642/0/en/C-Charge-Launch-Revolutionary-Utility-Token-for-EV-Charging-Station-Management-and-Payments-That-Help-Organize-and-Earn-Carbon-Credits-for-Holders.html; Swarm, "Swarm, Ethereum's Storage Network, Announces Mainnet Storage Incentives and Web3PC Inception," Dec. 21, 2022, news.bitcoin.com/swarm-ethereums-storage-network-announces-mainnet-storage-incentives-and-web3pc-inception/; Shashi Raj Pandey, Lam Duc Nguyen, and Petar Popovski, "FedToken: Tokenized Incentives for Data Contribution in Federated Learning," last modified Nov. 3, 2022, arxiv.org/abs/2209.09775.

8   Adam L. Penenberg, "PS: I Love You. Get Your Free Email at Hotmail," *TechCrunch*, Oct. 18, 2009, techcrunch.com/2009/10/18/ps-i-love-you-get-your-free-email-at-hotmail/.

9   Juli Clover, "Apple Reveals the Most Downloaded iOS Apps and Games of 2021,"

MacRumors, Dec. 1, 2021, www.macrumors.com/2021/12/02/apple-most-downloaded-apps-2021.

10 Rita Liao and Catherine Shu, "TikTok's Epic Rise and Stumble," *TechCrunch*, Nov. 16, 2020, techcrunch.com/2020/11/26/tiktok-timeline/.

11 Andrew Chen, "How Startups Die from Their Addiction to Paid Marketing," andrewchen.com, accessed March 1, 2023 (originally tweeted May 7, 2018), andrewchen.com/paid-marketing-addiction/.

12 Abdo Riani, "Are Paid Ads a Good Idea for Early-Stage Startups?," *Forbes*, April 2, 2021, www.forbes.com/sites/abdoriani/2021/04/02/are-paid-ads-a-good-idea-for-early-stage-startups/; Willy Braun, "You Need to Lose Money, but a Negative Gross Margin Is a Really Bad Idea," *daphni chronicles*, Medium, Feb. 28, 2016, medium.com/daphni-chronicles/you-need-to-lose-money-but-a-negative-gross-margin-is-a-really-bad-idea-82ad12cd6d96; Anirudh Damani, "Negative Gross Margins Can Bury Your Startup," *ShowMeDamani*, Aug. 25, 2020, www.showmedamani.com/post/negative-gross-margins-can-bury-your-startup.

13 Grace Kay, "The History of Dogecoin, the Cryptocurrency That Surged After Elon Musk Tweeted About It but Started as a Joke on Reddit Years Ago," *Business Insider*, Feb. 9, 2021, www.businessinsider.com/what-is-dogecoin-2013-12.

14 "Dogecoin," Reddit, Dec. 8, 2013, www.reddit.com/r/dogecoin/.

15 "To Have and to HODL: Welcome to Love in the Age of Cryptocurrency," *Money*, Oct. 20, 2021, money.com/cryptocurrency-nft-bitcoin-love-relationships/.

16 "Introducing Uniswap V3," Uniswap, March 23, 2021, uniswap.org/blog/uniswap-v3.

17 Cam Thompson, "DeFi Trading Hub Uniswap Surpasses *1T in Lifetime Volume*," *CoinDesk*, May 25, 2022, www.coindesk.com/business/2022/05/24/defi-trading-hub-uniswap-surpasses-1t-in-lifetime-volume/.

18 Brady Dale, "Uniswap's Retroactive Airdrop Vote Put Free Money on the Campaign Trail," *CoinDesk*, Nov. 3, 2020, www.coindesk.com/business/2020/11/03/uniswaps-retroactive-airdrop-vote-put-free-money-on-the-campaign-trail/.

19 Ari Levy and Salvador Rodriguez, "These Airbnb Hosts Earned More Than 15,000 on Thursday After the Company Let Them Buy IPO Shares," CNBC, Dec. 10, 2020, www.cnbc.com/2020/12/10/airbnb-hosts-profit-from-ipo-pop-spreading-wealth-beyond-investors.html; Chaim Gartenberg, "Uber and Lyft Reportedly Giving Some Drivers Cash Bonuses to Use Towards Buying IPO Stock," Verge, Feb. 28, 2019, www.theverge.com/2019/2/28/18244479/uber-lyft-drivers-cash-bonus-stock-ipo-sec-rules.

20 Andrew Hayward, "Flow Blockchain Now 'Controlled by Community,' Says Dapper Labs," *Decrypt*, Oct. 20, 2021, decrypt.co/83957/flow-blockchain-controlled-

community-dapper-labs; Lauren Stephanian and Cooper Turley, "Optimizing Your Token Distribution," Jan. 4, 2022, lstephanian.mirror.xyz/kB9Jz_5joqbY0ePO8rU1NN DKhiqvzU6OWyYsbSA-Kcc.

10 토크노믹스

1 Thomas Sowell quoted in Mark J. Perry, "Quotations of the Day from Thomas Sowell," American Enterprise Institute, April 1, 2014, www.aei.org/carpe-diem/quotations-of-the-day-from-thomas-sowell-2/.

2 Laura June, "For Amusement Only: The Life and Death of the American Arcade," *Verge*, Jan. 16, 2013, www.theverge.com/2013/1/16/3740422/the-life-and-death-of-the-american-arcade-for-amusement-only.

3 Kyle Orland, "How EVE Online Builds Emotion out of Its Strict In-Game Economy," *Ars Technica*, Feb. 5, 2014, arstechnica.com/gaming/2014/02/how-eve-online-builds-emotion-out-of-its-strict-in-game-economy/.

4 Scott Hillis, "Virtual World Hires Real Economist," *Reuters*, Aug. 16, 2007, www.reuters.com/article/us-videogames-economist-life/virtual-world-hires-real-economist-idUSN0925619220070816.

5 Steve Jobs quoted in Brent Schlender, "The Lost Steve Jobs Tapes," *Fast Company*, April 17, 2012, www.fastcompany.com/1826869/lost-steve-jobs-tapes.

6 Sujha Sundararajan, "Billionaire Warren Buffett Calls Bitcoin 'Rat Poison Squared,'" *CoinDesk*, Sept. 13, 2021, www.coindesk.com/markets/2018/05/07/billionaire-warren-buffett-calls-bitcoin-rat-poison-squared/

7 Theron Mohamed, "'Big Short' Investor Michael Burry Slams NFTs with a Quote Warning 'Crypto Grifters' Are Selling Them as 'Magic Beans,'" Markets, *Business Insider*, March 16, 2021, markets.businessinsider.com/currencies/news/big-short-michael-burry-slams-nft-crypto-grifters-magic-beans-2021-3-1030214014.

8 Carlota Perez, *Technological Revolutions and Financial Capital: The Dynamics of Bubbles and Golden Ages* (Northampton, Mass.: Edward Elgar, 2014).

9 "Gartner Hype Cycle Research Methodology," Gartner, accessed Sept. 1, 2023, www.gartner.com/en/research/methodologies/gartner-hype-cycle. (Gartner and Hype Cycle are registered trademarks of Gartner, Inc. and/or its affiliates in the U.S. and internationally and are used herein with permission. All rights reserved.)

10 Doug Henton and Kim Held, "The Dynamics of Silicon Valley: Creative Destruction and the Evolution of the Innovation Habitat," *Social Science Information* 52(4): 539–57, 2013, https://journals.sagepub.com/doi/10.1177/0539018413497542.

11 David Mazor, "Lessons from Warren Buffett: In the Short Run the Market Is a Voting Machine, in the Long Run a Weighing Machine," *Mazor's Edge*, Jan. 7, 2023, mazorsedge.com/lessons-from-warren-buffett-in-the-short-run-the-market-is-a-voting-machine-in-the-long-run-a-weighing-machine/.

11 네트워크 지배구조

1 Winston Churchill, House of Commons speech, Nov. 11, 1947, quoted in Richard Langworth, *Churchill By Himself: The Definitive Collection of Quotations* (New York, N.Y.: PublicAffairs, 2008), 574.

2 "Current Members and Testimonials," World Wide Web Consortium, accessed March 2, 2023, www.w3.org/Consortium/Member/List.

3 "Introduction to the IETF," Internet Engineering Task Force, accessed March 2, 2023, www.ietf.org/.

4 A. L. Russell, "'Rough Consensus and Running Code' and the Internet-OSI Standards War," *Institute of Electrical and Electronics Engineers Annals of the History of Computing* 28, no. 3 (2006), https://ieeexplore.ieee.org/document/1677461.

5 Richard Cooke, "Wikipedia Is the Last Best Place on the Internet," *Wired*, Feb. 17, 2020, www.wired.com/story/wikipedia-online-encyclopedia-best-place-internet/.

6 "History of the Mozilla Project," Mozilla, accessed Sept. 1, 2023, www.mozilla.org/en-US/about/history/.

7 Steven Vaughan-Nichols, "Firefox Hits the Jackpot with Almost Billion Dollar Google Deal," *ZDNET*, Dec. 22, 2011, www.zdnet.com/article/firefox-hits-the-jackpot-with-almost-billion-dollar-google-deal/.

8 Jordan Novet, "Mozilla Acquires Read-It-Later App Pocket, Will Open-Source the Code," *VentureBeat*, Feb. 27, 2017, venturebeat.com/mobile/mozilla-acquires-read-it-later-app-pocket-will-open-source-the-code/; Paul Sawers, "Mozilla Acquires the Team Behind Pulse, an Automated Status Updater for Slack," *TechCrunch*, Dec. 1, 2022, techcrunch.com/2022/12/01/mozilla-acquires-the-team-behind-pulse-an-automated-status-update-tool-for-slack/.

9 Devin Coldewey, "OpenAI Shifts from Nonprofit to 'Capped-Profit' to Attract Capital," *TechCrunch*, March 11, 2019, techcrunch.com/2019/03/11/openai-shifts-from-nonprofit-to-capped-profit-to-attract-capital/.

10 Elizabeth Dwoskin, "Elon Musk Wants a Free Speech Utopia. Technologists Clap Back," *Washington Post*, April 18, 2022, www.washingtonpost.com/technology/2022/04/18/musk-twitter-free-speech/.

11 Taylor Hatmaker, "Jack Dorsey Says His Biggest Regret Is That Twitter Was a Company At All," *TechCrunch*, Aug. 26, 2022, techcrunch.com/2022/08/26/jack-dorsey-biggest-regret/.

12 "The Friend of a Friend (FOAF) Project," FOAF Project, 2008, web.archive.org/web/20080904205214/http://www.foaf-project.org/projects; Sinclair Target, "Friend of a Friend: The Facebook That Could Have Been," *Two-Bit History*, Jan. 5, 2020, twobithistory.org/2020/01/05/foaf.html#fn:1.

13 Erick Schonfeld, "StatusNet (of Identi.ca Fame) Raises *875,000 to Become the WordPress of Microblogging*," TechCrunch, Oct. 27, 2009, techcrunch.com/2009/10/27/statusnet-of-identi-ca-fame-raises-875000-to-become-the-wordpress-of-microblogging/.

14 George Anadiotis, "Manyverse and Scuttlebutt: A Human-Centric Technology Stack for Social Applications," *ZDNET*, Oct. 25, 2018, www.zdnet.com/article/manyverse-and-scuttlebutt-a-human-centric-technology-stack-for-social-applications/.

15 Harry McCracken, "Tim Berners-Lee Is Building the Web's 'Third Layer.' Don't Call It Web3," *Fast Company*, Nov. 8, 2022, www.fastcompany.com/90807852/tim-berners-lee-inrupt-solid-pods.

16 Barbara Ortutay, "Bluesky, Championed by Jack Dorsey, Was Supposed to Be Twitter 2.0. Can It Succeed?" *AP*, June 6, 2023, apnews.com/article/bluesky-twitter-jack-dorsey-elon-musk-invite-f2b4fb2fefd34f0149cec2d87857c766.

17 Gregory Barber, "Meta's Threads Could Make—or Break—the Fediverse," *Wired*, July 18, 2023, www.wired.com/story/metas-threads-could-make-or-break-the-fediverse/.

18 Stephen Shankland, "I Want to Like Mastodon. The Decentralized Network Isn't Making That Easy," *CNET*, Nov. 14, 2022, www.cnet.com/news/social-media/i-want-to-like-mastodon-the-decentralized-network-isnt-making-that-easy/.

19 Sarah Jamie Lewis, "Federation Is the Worst of All Worlds," *Field Notes*, July 10, 2018, fieldnotes.resistant.tech/federation-is-the-worst-of-all-worlds/.

20 Steve Gillmor, "Rest in Peace, RSS," *TechCrunch*, May 5, 2009, techcrunch.com/2009/05/05/rest-in-peace-rss/; Erick Schonfeld, "Twitter's Internal Strategy Laid Bare: To Be 'the Pulse of the Planet,'" *TechCrunch*, July 16, 2009, techcrunch.com/2009/07/16/twitters-internal-strategy-laid-bare-to-be-the-pulse-of-the-planet-2/.

21 "HTTPS as a Ranking Signal," *Google Search Central*, Aug. 7, 2014, developers.google.com/search/blog/2014/08/https-as-ranking-signal; Julia Love, "Google Delays Phasing Out Ad Cookies on Chrome Until 2024," *Bloomberg*, July 27, 2022, www.bloomberg.com/news/articles/2022-07-27/google-delays-phasing-out-ad-cookies-on-chrome-until-2024?leadSource=uverify%20wall; Daisuke Wakabayashi, "Google Dominates Thanks to an Unrivaled View of the Web," *New York Times*, Dec. 14, 2020, www.nytimes.

com/2020/12/14/technology/how-google-dominates.html.

22 Jo Freeman, "The Tyranny of Structurelessness," 1972, www.jofreeman.com/joreen/
tyranny.htm.

12 컴퓨터 vs 카지노

1   Andy Grove quoted in Walter Isaacson, "Andrew Grove: Man of the Year," *Time*, Dec.
29, 1997, time.com/4267448/andrew-grove-man-of-the-year/.

2   Andrew R. Chow, "After FTX Implosion, Bahamian Tech Entrepreneurs Try to Pick
Up the Pieces," *Time*, March 30, 2023, ime.com/6266711/ftx-bahamas-crypto/; Sen.
Pat Toomey (R-Pa.), "Toomey: Misconduct, Not Crypto, to Blame for FTX Collapse,"
U.S. Senate Committee on anking, Housing, and Urban Affairs, Dec. 14, 2022, www.
banking.senate.gov/newsroom/minority/toomey-misconduct-not-crypto-to-blame-
for-ftx-collapse.

3   Jason Brett, "In 2021, Congress Has Introduced 35 Bills Focused on U.S. Crypto Policy,"
Forbes, Dec. 27, 2021, www.forbes.com/sites/jasonbrett/2021/12/27/in-2021-congress-
has-introduced-35-bills-focused-on-us-crypto-policy/.

4   U.S. Securities and Exchange Commission, "Kraken to Discontinue Unregistered Offer
and Sale of Crypto Asset Staking-as-a-Service Program and Pay *30 Million to Settle
SEC Charges," press release, Feb. 9, 2023, www.sec.gov/news/press-release/2023-25; Sam
Sutton, "Treasury: It's Time for a Crypto Crackdown," Politico, Sept. 16, 2022, www.
politico.com/newsletters/morning-money/2022/09/16/treasury-its-time-for-a-crypto-
crackdown-00057144; Jonathan Yerushalmy and Alex Hern, "SEC Crypto Crackdown: US
Regulator Sues Binance and Coinbase," Guardian, June 6, 2023, www.theguardian.com/
technology/2023/jun/06/sec-crypto-crackdown-us-regulator-sues-binance-and-coinbase;
Sidhartha Shukla, "The Cryptocurrencies Getting Hit Hardest Under the SEC Crackdown,"*
Bloomberg, June 13, 2023, www.bloomberg.com/news/articles/2023-06-13/these-are-
the-19-cryptocurrencies-are-securities-the-sec-says.

5   Paxos, "Paxos Will Halt Minting New BUSD Tokens," Feb. 13, 2023, paxos.
com/2023/02/13/paxos-will-halt-minting-new-busd-tokens/; "New Report Shows 1
Million Tech Jobs at Stake in US Due to Regulatory Uncertainty," Coinbase, March 29,
2023, www.coinbase.com/blog/new-report-shows-1m-tech-jobs-at-stake-in-us-crypto-
policy.

6   Ashley Belanger, "America's Slow-Moving, Confused Crypto Regulation Is Driving
Industry out of US," *Ars Technica*, Nov. 8, 2022, arstechnica.com/tech-policy/2022/11/
Americas-slow-moving-confused-crypto-regulation-is-driving-industry-out-of-us/;

Jeff Wilser, "US Crypto Firms Eye Overseas Move Amid Regulatory Uncertainty," *Coindesk*, May 27, 2023, www.coindesk.com/consensus-magazine/2023/03/27/crypto-leaving-us/.

7   "Framework for 'Investment Contract' Analysis of Digital Assets," U.S. Securities and Exchange Commission, 2019, www.sec.gov/corpfin/framework-investment-contract-analysis-digital-assets.

8   Miles Jennings, "Decentralization for Web3 Builders: Principles, Models, How," a16z crypto, April 7, 2022, a16zcrypto.com/posts/article/web3-decentralization-models-framework-principles-how-to/.

9   "Watch GOP Senator and SEC Chair Spar Over Definition of Bitcoin," *CNET* highlights, Sept. 16, 2022, www.youtube.com/watch?v=3H19OF3lbnA; Miles Jennings and Brian Quintenz, "It's Time to Move Crypto from Chaos to Order," *Fortune*, July 15, 2023, fortune.com/crypto/2023/07/15/its-time-to-move-crypto-from-chaos-to-order/; Andrew St. Laurent, "Despite Ripple, Crypto Projects Still Face Uncertainty and Risks," *Bloomberg Law*, July 31, 2023, news.bloomberglaw.com/us-law-week/despite-ripple-crypto-projects-still-face-uncertainty-and-risks; "Changing Tides or a Ripple in Still Water? Examining the SEC v. Ripple Ruling," Ropes & Gray, July 25, 2023, www.ropesgray.com/en/newsroom/alerts/2023/07/changing-tides-or-a-ripple-in-still-water-examining-the-sec-v-ripple-ruling; Jack Solowey and Jennifer J. Schulp, "We Need Regulatory Clarity to Keep Crypto Exchanges Onshore and DeFi Permissionless," Cato Institute, May 10, 2023, www.cato.org/commentary/we-need-regulatory-clarity-keep-crypto-exchanges-onshore-defi-permissionless.

10 *U.S. Securities and Exchange Commission v. W. J. Howey Co. et al.*, 328 U.S. 293 (1946).

11 "Framework for 'Investment Contract' Analysis of Digital Assets," U.S. Securities and Exchange Commission, 2019, www.sec.gov/corpfin/framework-investment-contract-analysis-digital-assets.

12 Maria Gracia Santillana Linares, "How the SEC's Charge That Cryptos Are Securities Could Face an Uphill Battle," *Forbes*, Aug. 14, 2023, www.forbes.com/sites/digital-assets/2023/08/14/how-the-secs-charge-that-cryptos-are-securities-could-face-an-uphill-battle/; Jesse Coghlan, "SEC Lawsuits: 68 Cryptocurrencies Are Now Seen as Securities by the SEC," *Cointelegraph*, June 6, 2023, cointelegraph.com/news/sec-labels-61-cryptocurrencies-securities-after-binance-suit/.

13 David Pan, "SEC's Gensler Reiterates 'Proof-of-Stake' Crypto Tokens May Be Securities," *Bloomberg*, March 15, 2023, www.bloomberg.com/news/articles/2023-03-15/sec-s-gary-gensler-signals-tokens-like-ether-are-securities.

14 Jesse Hamilton, "U.S. CFTC Chief Behnam Reinforces View of Ether as Commodity,"

CoinDesk, March 28, 2023, www.coindesk.com/policy/2023/03/28/us-cftc-chief-behnam-reinforces-view-of-ether-as-commodity/; Sandali Handagama, "U.S. Court Calls ETH a Commodity While Tossing Investor Suit Against Uniswap," *CoinDesk*, Aug. 31, 2023, www.coindesk.com/policy/2023/08/31/us-court-calls-eth-a-commodity-while-tossing-investor-suit-against-uniswap/.

15 Faryar Shirzad, "The Crypto Securities Market is Waiting to be Unlocked. But First We Need Workable Rules," Coinbase, July 21, 2022, www.coinbase.com/blog/the-crypto-securities-market-is-waiting-to-be-unlocked-but-first-we-need-workable-rules; Securities Clarity Act, H.R. 4451, 117th Cong. (2021); Token Taxonomy Act, H.R. 1628, 117th Cong. (2021).

16 Allyson Versprille, "House Stablecoin Bill Would Put Two-Year Ban on Terra-Like Coins," *Bloomberg*, Sept. 20, 2022, www.bloomberg.com/news/articles/2022-09-20/house-stablecoin-bill-would-put-two-year-ban-on-terra-like-coins; Andrew Asmakov, "New York Signs Two-Year Crypto Mining Moratorium into Law," *Decrypt*, Nov. 23, 2022, decrypt.co/115416/new-york-signs-2-year-crypto-mining-moratorium-law.

17 John Micklethwait and Adrian Wooldridge, *The Company: A Short History of a Revolutionary Idea* (New York: Modern Library, 2005); Tyler Halloran, "A Brief History of the Corporate Form and Why It Matters," *Fordham Journal of Corporate and Financial Law*, Nov. 18, 2018, news.law.fordham.edu/jcfl/2018/11/18/a-brief-history-of-the-corporate-form-and-why-it-matters/.

18 Ron Harris, "A New Understanding of the History of Limited Liability: An Invitation for Theoretical Reframing," *Journal of Institutional Economics* 16, no. 5 (2020): 643–64, doi:10.1017/S1744137420000181.

19 William W. Cook, "'Watered Stock'—Commissions—'Blue Sky Laws'—Stock Without Par Value," *Michigan Law Review* 19, no. 6 (1921): 583–98, doi.org/10.2307/1276746.

13 아이폰이 세상을 바꿨던 것처럼

1 Arthur C. Clarke, foreword to Ervin Laszlo, *Macroshift: Navigating the Transformation to a Sustainable World* (Oakland, Calif.: Berrett-Koehler, 2001).

2 Randy Alfred, "Dec. 19, 1974: Build Your Own Computer at Home!," *Wired*, Dec. 19, 2011, www.wired.com/2011/12/1219altair-8800-computer-kit-goes-on-sale/.

3 Michael J. Miller, "Project Chess: The Story Behind the Original IBM PC," *PCMag*, Aug. 12, 2021, www.pcmag.com/news/project-chess-the-story-behind-the-original-ibm-pc.

4 David Shedden, "Today in Media History: Lotus 1-2-3 Was the Killer App of 1983," *Poynter*, Jan. 26, 2015, www.poynter.org/reporting-editing/2015/today-in-media-

history-lotus-1-2-3-was-the-killer-app-of-1983/.

5   "Celebrating the NSFNET," NSFNET, Feb. 2, 2017, nsfnet-legacy.org/.

6   Michael Calore, "April 22, 1993: Mosaic Browser Lights Up Web with Color, Creativity," *Wired*, April 22, 2010, www.wired.com/2010/04/0422mosaic-web-browser/.

7   Warren McCulloch and Walter Pitts, "A Logical Calculus of the Ideas Immanent in Nervous Activity," *Bulletin of Mathematical Biophysics* 5 (1943): 115–33.

8   Alan Turing, "Computing Machinery and Intelligence," *Mind*, n.s., 59, no. 236 (Oct. 1950): 433–60, phil415.pbworks.com/f/TuringComputing.pdf.

9   Rashan Dixon, "Unleashing the Power of GPUs for Deep Learning: A Game-Changing Advancement in AI," *DevX*, July 6, 2023, www.devx.com/news/unleashing-the-power-of-gpus-for-deep-learning-a-game-changing-advancement-in-ai/.

14 앞으로의 애플리케이션

1   Kevin Kelly, "1,000 True Fans," *The Technium*, March 4, 2008, kk.org/thetechnium/1000-true-fans/.

2   "How Much Time Do People Spend on Social Media and Why?," *Forbes India*, Sept. 3, 2022, www.forbesindia.com/article/lifes/how-much-time-do-people-spend-on-social-media-and-why/79477/1.

3   Belle Wong and Cassie Bottorff, "Average Salary by State in 2023," *Forbes*, Aug. 23, 2023, www.forbes.com/advisor/business/average-salary-by-state/.

4   Neal Stephenson, *Snow Crash* (New York: Bantam Spectra, 1992).

5   Dean Takahashi, "Epic's Tim Sweeney: Be Patient. The Metaverse Will Come. And It Will Be Open," *VentureBeat*, Dec. 16, 2016, venturebeat.com/business/epics-tim-sweeney-be-patient-the-metaverse-will-come-and-it-will-be-open/.

6   Daniel Tack, "The Subscription Transition: MMORPGs and Free-to-Play," *Forbes*, Oct. 9, 2013, www.forbes.com/sites/danieltack/2013/10/09/the-subscription-transition-mmorpgs-and-free-to-play/.

7   Kyle Orland, "The Return of the *70 Video Game Has Been a Long Time Coming*," Ars Technica, July 9, 2020, arstechnica.com/gaming/2020/07/the-return-of-the-70-video-game-has-been-a-long-time-coming/.

8   Mitchell Clark, "Fortnite Made More Than *9 Billion in Revenue in Its First Two Years*," Verge, May 3, 2021, www.theverge.com/2021/5/3/22417447/fortnite-revenue-9-billion-epic-games-apple-antitrust-case; Ian Thomas, "How Free-to-Play and In-Game Purchases Took Over the Video Game Industry," CNBC, Oct. 6, 2022, www.cnbc.com/2022/10/06/how-free-to-play-and-in-game-purchases-took-over-video-games.

html.

9 Vlad Savov, "Valve Is Letting Money Spoil the Fun of Dota 2," *Verge*, Feb. 16, 2015, www.theverge.com/2015/2/16/8045369/valve-dota-2-in-game-augmentation-pay-to-win.

10 Felix Richter, "Video Games Beat Blockbuster Movies out of the Gate," *Statista*, Nov. 6, 2018, www.statista.com/chart/16000/video-game-launch-sales-vs-movie-openings/.

11 Wallace Witkowski, "Videogames Are a Bigger Industry Than Movies and North American Sports Combined, Thanks to the Pandemic," *MarketWatch*, Dec. 22, 2020, www.marketwatch.com/story/videogames-are-a-bigger-industry-than-sports-and-movies-combined-thanks-to-the-pandemic-11608654990.

12 Jeffrey Rousseau, "Newzoo: Revenue Across All Video Game Market Segments Fell in 2022," *GamesIndustry.biz*, May 30, 2023, www.gamesindustry.biz/newzoo-revenue-across-all-video-game-market-segments-fell-in-2022.

13 Jacob Wolf, "Evo: An Oral History of Super Smash Bros. Melee," ESPN, July 12, 2017, www.espn.com/esports/story/_/id/19973997/evolution-championship-series-melee-oral-history-evo.

14 Andy Maxwell, "How Big Music Threatened Startups and Killed Innovation," *Torrent Freak*, July 9, 2012, torrentfreak.com/how-big-music-threatened-startups-and-killed-innovation-120709/.

15 David Kravets, "Dec. 7, 1999: RIAA Sues Napster," *Wired*, Dec. 7, 2009, www.wired.com/2009/12/1207riaa-sues-napster/; Michael A. Carrier, "Copyright and Innovation: The Untold Story," *Wisconsin Law Review* (2012): 891–962, www.researchgate.net/publication/256023174_Copyright_and_Innovation_The_Untold_Story.

16 *Pitchbook* data. accessed September 1, 2023.

17 Yuji Nakamura, "Peak Video Game? Top Analyst Sees Industry Slumping in 2019," *Bloomberg*, Jan. 23, 2019, www.bloomberg.com/news/articles/2019-01-23/peak-video-game-top-analyst-sees-industry-slumping-in-2019.

18 The Recording Industry Association of America, "U.S. Music Revenue Database," Sept. 1, 2023, www.riaa.com/u-s-sales-database/. (Note: Chart extrapolates global music revenue figures based on U.S. data.)

19 "The State of Music/Web3 Tools for Artists," *Water & Music*, Dec. 15, 2021, www.waterandmusic.com/the-state-of-music-web3-tools-for-artists/; Marc Hogan, "How NFTs Are Shaping the Way Music Sounds," *Pitchfork*, May 23, 2022, pitchfork.com/features/article/how-nfts-are-shaping-the-way-music-sounds/.

20 Alyssa Meyers, "A Music Artist Says Apple Music Pays Her 4 Times What Spotify Does per Stream, and It Shows How Wildly Royalty Payments Can Vary Between Services,"

Business Insider, Jan. 10, 2020, www.businessinsider.com/how-apple-music-and-spotify-pay-music-artist-streaming-royalties-2020-1; "Expressing the sense of Congress that it is the duty of the Federal Government to establish a new royalty program to provide income to featured and non-featured performing artists whose music or audio content is listened to on streaming music services, like Spotify," H Con.Res. 102, 177th Cong. (2022), www.congress.gov/bill/117th-congress/house-concurrent-resolution/102/text.

21 "Top 10 Takeaways," *Loud & Clear*, Spotify, loudandclear.byspotify.com/.

22 Jon Chapple, "Music Merch Sales Boom Amid Bundling Controversy," *IQ*, July 4, 2019, www.iq-mag.net/2019/07/music-merch-sales-boom-amid-bundling-controversy/.

23 "U.S. Video Game Sales Reach Record-Breaking 43.3 Billion in 2018," Entertainment Software Association, Jan. 23, 2019, www.theesa.com/news/u-s-video-game-sales-reach-record-breaking-43-4-billion-in-2018/.

24 Andrew R. Chow, "Independent Musicians Are Making Big Money from NFTs. Can They Challenge the Music Industry?" *Time*, Dec. 2, 2021, time.com/6124814/music-industry-nft/.

25 William Entriken et al., "ERC-721: Non-Fungible Token Standard," Ethereum.org, Jan. 24, 2018, eips.ethereum.org/EIPS/eip-721/.

26 Nansen Query data, accessed Sept. 21, 2023, nansen.ai/query/; Flipside data, accessed Sept. 21, 2023, flipsidecrypto.xyz/.

27 "Worldwide Advertising Revenues of YouTube as of 1st Quarter 2023," *Statista, accessed* Sept. 21, 2023, statista.com/statistics/289657/youtube-global-quarterly-advertising-revenues/.

28 Jennifer Keishin Armstrong, "How Sherlock Holmes Changed the World," BBC, Jan. 6, 2016, www.bbc.com/culture/article/20160106-how-sherlock-holmes-changed-the-world.

29 "Why Has Jar Jar Binks Been Banished from the Star Wars Universe?," *Guardian*, Dec. 7, 2015, www.theguardian.com/film/shortcuts/2015/dec/07/jar-jar-binks-banished-from-star-wars-the-force-awakens.

30 "Victim of Wikipedia: Microsoft to Shut Down Encarta," *Forbes*, March 30, 2009, www.forbes.com/2009/03/30/microsoft-encarta-wikipedia-technology-paidcontent.html

31 "Top Website Rankings," Similarweb, accessed Sept. 1, 2023, www.similarweb.com/top-websites/.

32 Alexia Tsotsis, "Inspired By Wikipedia, Quora Aims for Relevancy With Topic Groups and Reorganized Topic Pages," *TechCrunch*, June 24, 2011, techcrunch.com/2011/06/24/inspired-by-wikipedia-quora-aims-for-relevancy-with-topic-groups-and-reorganized-topic-pages/.

33 Cuy Sheffield, " 'Fantasy Hollywood'—Crypto and Community-Owned Characters," a16z crypto, June 15, 2021, a16zcrypto.com/posts/article/crypto-and-community-owned-characters/.

34 Steve Bodow, "The Money Shot," *Wired*, Sept. 1, 2001, www.wired.com/2001/09/paypal/.

35 Joe McCambley, "The First Ever Banner Ad: Why Did It Work So Well?," *Guardian*, Dec. 12, 2013, www.theguardian.com/media-network/media-network-blog/2013/dec/12/first-ever-banner-ad-advertising.

36 Alex Rampell, Twitter post, Sept. 2018, twitter.com/arampell/status/1042226753253437440.

37 Abubakar Idris and Tawanda Karombo, "Stablecoins Find a Use Case in Africa's Most Volatile Markets," *Rest of World*, Aug. 19, 2021, restofworld.org/2021/stablecoins-find-a-use-case-in-africas-most-volatile-markets/.

38 Jacquelyn Melinek, "Investors Focus on DeFi as It Remains Resilient to Crypto Market Volatility," *TechCrunch*, July 26, 2022, techcrunch.com/2022/07/26/investors-focus-on-defi-as-it-remains-resilient-to-crypto-market-volatility/.

39 Jennifer Elias, "Google 'Overwhelmingly' Dominates Search Market, Antitrust Committee States," CNBC, Oct. 6, 2020, www.cnbc.com/2020/10/06/google-overwhelmingly-dominates-search-market-house-committee-finds.html.

40 Paresh Dave, "United States vs Google Vindicates Old Antitrust Gripes from Microsoft," *Reuters*, Oct. 21, 2020, www.reuters.com/article/us-tech-antitrust-google-microsoft-idCAKBN27625B.

41 Lauren Feiner, "Google Will Pay News Corp for the Right to Showcase Its News Articles," CNBC, Feb. 17, 2021, www.cnbc.com/2021/02/17/google-and-news-corp-strike-deal-as-australia-pushes-platforms-to-pay-for-news.html.

42 Mat Honan, "Jeremy Stoppelman's Long Battle with Google Is Finally Paying Off," *BuzzFeed News*, Nov. 5, 2019, www.buzzfeednews.com/article/mathonan/jeremy-stoppelman-yelp.

43 John McDuling, "The Former Mouthpiece of Apartheid Is Now One of the World's Most Successful Tech Investors," *Quartz*, Jan. 9, 2014, qz.com/161792/naspers-africas-most-fascinating-company.

44 Scott Cleland, "Google's 'Infringenovation' Secrets," *Forbes*, Oct. 3, 2011, www.forbes.com/sites/scottcleland/2011/10/03/googles-infringenovation-secrets/.

45 Blake Brittain, "AI Companies Ask U.S. Court to Dismiss Artists' Copyright Lawsuit," *Reuters*, April 19, 2023, www.reuters.com/legal/ai-companies-ask-us-court-dismiss-artists-copyright-lawsuit-2023-04-19/.

46 Umar Shakir, "Reddit's Upcoming API Changes Will Make AI Companies Pony Up,"

Verge, April 18, 2023, www.theverge.com/2023/4/18/23688463/reddit-developer-api-terms-change-monetization-ai.

47 Tate Ryan-Mosley, "Junk Websites Filled with AI-Generated Text Are Pulling in Money from Programmatic Ads," *MIT Technology Review*, June 26, 2023, www.technologyreview.com/2023/06/26/1075504/junk-websites-filled-with-ai-generated-text-are-pulling-in-money-from-programmatic-ads/.

48 Sheera Frenkel and Stuart A. Thompson, " 'Not for Machines to Harvest': Data Revolts Break Out Against A.I.," *New York Times*, July 15, 2023, www.nytimes.com/2023/07/15/technology/artificial-intelligence-models-chat-data.html.

49 Gregory Barber, "AI Needs Your Data—and You Should Get Paid for It," *Wired*, Aug. 8, 2019, www.wired.com/story/ai-needs-data-you-should-get-paid/; Jazmine Ulloa, "Newsom Wants Companies Collecting Personal Data to Share the Wealth with Californians," *Los Angeles Times*, May 5, 2019, www.latimes.com/politics/la-pol-ca-gavin-newsom-california-data-dividend-20190505-story.html.

50 Sue Halpern, "Congress Really Wants to Regulate A.I., but No One Seems to Know How," *New Yorker*, May 20, 2023, www.newyorker.com/news/daily-comment/congress-really-wants-to-regulate-ai-but-no-one-seems-to-know-how.

51 Brian Fung, "Microsoft Leaps into the AI Regulation Debate, Calling for a New US Agency and Executive Order," CNN, May 25, 2023, www.cnn.com/2023/05/25/tech/microsoft-ai-regulation-calls/index.html.

52 Kari Paul, "Letter Signed by Elon Musk Demanding AI Research Pause Sparks Controversy," *Guardian*, April 1, 2023, www.theguardian.com/technology/2023/mar/31/ai-research-pause-elon-musk-chatgpt.

53 "Blueprint for an AI Bill of Rights," White House, Oct. 2022, www.whitehouse.gov/wp-content/uploads/2022/10/Blueprint-for-an-AI-Bill-of-Rights.pdf; Billy Perrigo and Anna Gordon, "E.U. Takes a Step Closer to Passing the World's Most Comprehensive AI Regulation," *Time*, June 14, 2023, time.com/6287136/eu-ai-regulation/; European Commission, "Proposal for a Regulation Laying Down Harmonised Rules on Artificial Intelligence," Shaping Europe's Digital Future, April 21, 2021, digital-strategy.ec.europa.eu/en/library/proposal-regulation-laying-down-harmonised-rules-artificial-intelligence.

결론: 왜 지금이 중요한가

1 Paraphrase of a quote widely attributed to Antoine de Saint-Exupéry, Quote Investigator, Aug. 25, 2015, quoteinvestigator.com/2015/08/25/sea/.

옮긴이 김의석

연세대학교 컴퓨터과학과를 졸업한 후 광주과학기술원에서 정보통신공학 석사와 박사 학위를 취득했으며, 삼성종합기술원을 거쳐 삼성전자에서 수석 연구원으로 근무했다. 홍수처럼 쏟아지는 새로운 기술을 정확하면서도 읽기 쉬운 우리글로 알려주는 사람이 되고자 번역가가 되었으며, 글밥 아카데미 수료 후 바른번역 소속 번역가로 활발히 활동하고 있다.
옮긴 책으로는《해결 할 프로덕트》,《괄호로 만든 세계》,《은밀한 설계자들》,《이해하는 미적분 수업》,《계산기는 어떻게 인공지능이 되었을까?》 등이 있다.

읽고 쓰고 소유하다

초판 1쇄 발행 2024년 7월 22일
초판 3쇄 발행 2024년 9월 6일

지은이 크리스 딕슨
옮긴이 김의석
발행인 김형보
편집 최윤경, 강태영, 임재희, 홍민기, 강민영, 송현주, 박지연
마케팅 이연실, 이다영, 송신아 **디자인** 송은비 **경영지원** 최윤영

발행처 어크로스출판그룹(주)
출판신고 2018년 12월 20일 제 2018-000339호
주소 서울시 마포구 동교로 109-6
전화 070-8724-0876(편집) 070-8724-5877(영업) **팩스** 02-6085-7676
이메일 across@acrossbook.com **홈페이지** www.acrossbook.com

한국어판 출판권 ⓒ 어크로스출판그룹(주) 2024

ISBN 979-11-6774-159-2 03320

만든 사람들
편집 임재희 **교정** 하선정 **표지디자인** THISCOVER **본문디자인** 송은비 **조판** 박은진